# STABLE BANKS
## IN CHALLENGING TIMES

# 动荡稳银路

## 安德里亚斯·多布雷特演讲录

Contributions of Andreas Dombret at the Deutsche Bundesbank 2010–2018

[德] 安德里亚斯·多布雷特（Andreas Dombret）◎著

潘　柔◎译

中国财富出版社有限公司

**图书在版编目（CIP）数据**

　　动荡稳银路 ：安德里亚斯·多布雷特演讲录 / (德) 安德里亚斯·多布雷特 (Andreas Dombret) 著；潘柔译. -- 北京 ：中国财富出版社有限公司，2025. 4. -- ISBN 978-7-5047-8393-6

　　Ⅰ. F835.16-53

　　中国国家版本馆CIP数据核字第2025NR3944号

Andreas Dombret

Stable Banks in Challenging Times: Contributions of Andreas Dombret at the Deutsche Bundesbank 2010－2018

English Language edition published by Edward Elgar Publishing Limited, Cheltenham, UK, © Columbia University's School of International and Public Affairs 2020

All rights reserved.

著作权合同登记号：图字01-2024-5874

| | | | | | |
|---|---|---|---|---|---|
| **策划编辑** | 孟　杨 | **责任编辑** | 孟　杨 | **版权编辑** | 武　玥 |
| **责任印制** | 苟　宁 | **责任校对** | 孙丽丽 | **责任发行** | 于　宁 |

**出版发行**　中国财富出版社有限公司

| | | | | |
|---|---|---|---|---|
| **社　　址** | 北京市丰台区南四环西路188号5区20楼 | **邮政编码** | 100070 |
| **电　　话** | 010-52227588 转 2098（发行部） | 010-52227588 转 321（总编室） |
| | 010-52227566（24小时读者服务） | 010-52227588 转 305（质检部） |
| **网　　址** | http：// www.cfpress.com.cn | **排　　版** | 宝蕾元 |
| **经　　销** | 新华书店 | **印　　刷** | 北京九州迅驰传媒文化有限公司 |
| **书　　号** | ISBN 978-7-5047-8393-6 / F · 3785 | | |
| **开　　本** | 710mm × 1000mm　1/16 | **版　　次** | 2025 年4月第1版 |
| **印　　张** | 22.25 | **印　　次** | 2025 年4月第1次印刷 |
| **字　　数** | 329千字 | **定　　价** | 98.00 元 |

# 序 一

安德里亚斯·多布雷特（Andreas Dombret）博士是2018年胡应洲奖学金项目的访问学者。作为胡应洲奖学金项目的负责人，我与他在这个项目中结下了深厚的友谊。

哥伦比亚大学胡应洲奖学金项目（以下简称"项目"）的设立，旨在促进有助于增进人类福祉的相关思想交流。该项目可以追溯到已故胡应洲博士及其家人在推动医学研究发展和促进中美交流方面长达几十年的努力。除了学生研究奖学金和年度圆桌会议以外，该项目的另一核心支柱就是杰出学者访问计划。该项目每年会邀请两位不同领域的"执牛耳者"到哥伦比亚大学交流并进行相关研究。2017年邀请的首批杰出学者分别是乔纳森·格鲁伯教授和姜波博士，两位就如何设计合适的医疗保险制度展开了广泛讨论。2018年受邀来访的则是安德里亚斯·多布雷特博士和高飞博士，他们重点探讨了银行监管和金融市场发展等议题。

胡应洲博士是一位杰出的心脏病学家，将其一生都奉献给了哥伦比亚大学医学教育和研究。作为哥伦比亚大学任职时间最长的董事，胡博士与其家人重建了哥伦比亚大学内外科医学院与北京协和医学院之间的联系，促进了双方在临床知识和专业技能方面的广泛交流。此外，胡应洲与胡曾庆衡分子心脏病学中心的建立，以及五个捐赠教授职位和两个捐赠助理教授职位的设置，都充分体现了胡博士及其家人对医学研究重大而深远的贡献。

人类福祉并不仅关乎身心健康，要想增进人类福祉也并非只能依靠科技进步。正因如此，胡应洲奖学金项目设立在哥伦比亚大学的国际与公共事务学院，以突出公共政策在增进人类福祉方面的建设性、全面性和包容性作用。

银行监管和金融市场听起来与人类福祉风马牛不相及，但它们却是构成我们所处经济环境的重要部分。任何能推动经济发展的力量都值得我们仔细研究，以增进人类福祉。理论研究和实证研究均表明，发展良好的金融市场能够塑造运作良好而高效的经济。在许多发展中国家，受限的金融市场、金融工具、金融机构以及不健全的法律体系都可能导致筹集资金成本高昂，储蓄和投资的回报率因而降低，最终损害其经济的长期增长。就短期而言，欠发达市场很容易陷入金融危机，随后危及整个经济体。与金融系统少有瓜葛的普通群众往往会因此陷入巨大的经济困难和身心困扰。

人类福祉是一个跨学科话题，也是日益全球化的公共利益。我们的生物特征高度相似，极有可能罹患同一种疾病；我们生活在同一个生物圈，共同呼吸着可能被任何地区的污染源污染过的空气；我们同为互联互通的世界经济不可或缺的一部分，受到同样的市场力量的影响，不论这股力量是从纽约到香港还是从伦敦到上海。因此，增进人类福祉所面临的政策挑战值得并需要我们进行多边合作。为了实现这一目标，世界各地的决策制定者们极有必要保持积极的对话。哥伦比亚大学一直是全球思考和行动的先行者，与胡应洲奖学金项目可谓是同心同德。

安德里亚斯一直积极倡导全球合作，也对其优势和局限性有着深刻的思考，力主务实、建设性的金融监管和经济发展机制。他对许多决策制定者和企业领导人产生了重大影响，因此我们很有必要了解他的思想。增进人类福祉是我们所有人上下求索的目标，而本书则将为其增砖添瓦。

美国纽约

哥伦比亚大学

胡应洲奖学金项目原负责人

扎克·何

# 序 二

　　我很高兴能为安德里亚斯·多布雷特博士新书《动荡稳银路——安德里亚斯·多布雷特演讲录》作序。在本书的各个章节中，安德里亚斯就当今主要的经济和金融问题提供了敏锐的见解和政策建议。这些问题对德国和欧洲，以及世界上的其他国家和地区都同样意义重大。安德里亚斯专长于银行监管和金融稳定，他在德意志联邦银行和欧洲中央银行（ECB）的决策职责也集中在这两个领域。2007—2009年重大金融危机后的十二年间，这两个议题一直是重中之重。在他担任决策制定者的八年里，全球金融体系改革一直是政策最优先事项。他在制定金融新规和新监管措施这两方面起到核心作用，为欧洲乃至全世界提高了金融体系的安全性和稳健性。

　　在本书中，安德里亚斯以他一贯的清晰思路阐明了金融政策的挑战以及相关应对措施，同时也展现了他对当下政治经济现状的清醒认识。本书的字里行间都透出他在政策方面的熟练度——他可是参与制定《巴塞尔协议Ⅲ》（*Basel III*）的巴塞尔银行监管委员会成员、欧元危机时期德意志联邦银行的高级决策者，以及欧元体系单一监管机制（SSM）建立时期的高级银行监管决策制定者。

　　2018年以来，安德里亚斯一直担任哥伦比亚大学国际与公共事务学院的兼职高级研究学者，也是2018年哥伦比亚大学胡应洲奖学金项目的访问学者。他与我们学院师生的密切关系，以及对监管和金融稳定方面未解决问题的浓厚兴趣，都为学院的学术氛围增光添彩。

美国纽约

哥伦比亚大学国际与公共事务学院

中央银行与金融政策倡议项目主管

经济政策管理硕士项目主任

帕特里夏·C.莫瑟

# 序 三

非常高兴参加这次中德金融稳定论坛，其成功举办将进一步增强双方在金融稳定政策方面的沟通和合作，推动双方共同探讨宏观审慎制度框架，认真分析金融稳定政策工具及实施效果，反思中央银行在金融稳定中的作用。

此次国际金融危机产生的强烈冲击，把金融稳定的重要性推到了史无前例的高度，改革措施涉及强化宏观审慎管理、增强微观审慎监管有效性、完善市场基础设施等方面。

**增强微观审慎监管有效性，完善监管工具和方法。**

微观监管方面最有力的改革，是《巴塞尔协议Ⅲ》的出台。该协议延续了巴塞尔协议以最低资本要求为监管核心的主张，进一步严格了资本定义，提高最低资本要求，扩大了资本的风险覆盖范围，加强了流动性监管。

"影子银行"体系监管问题受到广泛关注。根据G20（二十国集团）首尔峰会要求，FSB（金融稳定理事会）已经成立了"影子银行"工作组，会同国际标准制定机构就加强"影子银行"体系的法规制定和监管提出建议。

**强化宏观审慎管理，提升系统性风险防范能力，熨平经济金融周期性波动。**

从微观层面考虑监管和风险问题，极易引发"合成谬误"，此次金融危机的重大教训之一就是，必须从系统性角度防范金融风险，加强宏观审慎管理。

首先，构建宏观审慎管理组织框架，明确并强化相关部门防范系统性风险的目标和职责。其次，必须要强化系统重要性金融机构（SIFI）监管，防范"大而不能倒"道德风险。最后，降低金融体系的顺周期性，熨平经济金融周期性波动。要进一步完善现行会计准则，降低公允价值会计等准则的顺周期性。建立逆周期的资本缓冲，并开展前瞻性拨备管理。

**在全球化背景下维护金融稳定，应着力增强财务可持续性。**

危机表明，财政风险是新兴市场和转轨经济体发生系统性金融风险的重要来源。此次欧元区国家出现的主权债务危机原因既有金融危机导致经济增长前景恶化、救助支出不断扩大的影响，也与危机国家财政约束机制失效、债务负担过重、债务统计数据失真有关。

欧盟和欧洲各国采取的一系列危机救助国家、财政整顿、建立稳定机制等应对措施，有助于缓解危机国家的融资困难，稳定欧洲金融市场，相关经验教训值得世界各国学习借鉴，但引发欧债危机的深层次问题需进一步解决。总体而言，"赤字财政"作为一种危机应对政策，不应长期化，应在刺激经济增长与平衡财政之间探寻合理的路径。

**强化中央银行在金融稳定中的作用。**

维护金融稳定是现代中央银行与生俱来的职能。此次危机期间，相关国家的中央银行充分发挥了其作为最后贷款人的传统职能，并超常规地拓展了救助工具和措施，对于遏制危机进一步蔓延起到了至关重要的作用。但是，危机也表明，中央银行与金融监管彻底分离不利于有效监测和防范系统性风险。危机后主要国家提出的改革方案也都不同程度地突出了中央银行系统性风险管理的主体地位。

**中国着力构建逆周期的金融宏观审慎管理制度框架。**

在此次金融危机中，中国金融体系虽然受到了一定冲击，但总体上经受住了考验。中国金融业正处在快速发展中，现行的金融管理体制和改革后的金融机构并未经历一个完整经济周期的考验，发达经济体暴露的问题很可能会在未来遇到。中国金融监管当局采取积极措施防范系统性风险，探索建立逆周期的宏观审慎管理制度框架，继续深化金融改革，提高微观审慎监管有效性，加强系统性风险监测和评估，完善系统重要性金融机构、市场和工具的监管制度，稳步推进金融基础设施建设，建立健全危机管理和系统性风险处置框架，完善央行最后贷款人职能，加快建立存款保险制度。

最后，祝本次论坛圆满成功！

（本序引自易纲在2011年7月11日于法兰克福举行的第一届中德金融稳定论坛上的开幕致辞）

中国人民银行原行长

中国金融学会理事会会长

易　纲

# 序　四

　　我认识安德里亚斯·多布雷特始于九年前我以香港金融管理局（以下简称金管局）副总裁身份参与多个国际金融组织并出席相关会议。这类组织的座位安排多以地区的英文字母排序，中国香港（Hong Kong, China）的左边是德国（Germany）、右边是印度（India）。多年下来，无论是在国际清算银行（BIS）、二十国集团金融稳定理事会，还是在其他金融组织的会议，代表德国央行（德意志联邦银行）的安德里亚斯就成了我的长期"邻居"。地利之便，除了会上的正式商讨，会前会后还有很多机会交换意见，切磋交流甚至挑战对方的想法。讨论多是围绕金融课题，但也会谈及时局观感、生活点滴。

　　安德里亚斯有几个令人印象深刻的特点。其一，他是少数具备丰富商业银行经验的央行领导之一，对私营部门和金融市场的运作有透彻的了解，并将他精辟的见解引入讨论当中，令我们的分析讨论更贴近实际，更加聚焦。其二，他对金融体系的风险软肋所在深具洞察力，在协助处理2010年爆发的欧债危机过程中发挥了重要作用。还有一点就是率直敢言，从不转弯抹角，尽显真性情。

　　我们有幸多次邀得安德里亚斯赴港分享经验，既在年度亚洲金融论坛发言，又到金管局作内部交流，大家的评价都非常正面。亚洲金融论坛是每年一月在香港举办的金融界盛会，吸引逾万名海内外金融精英与会。安德里亚斯最近一次参与的是2018年的论坛，畅谈中国的政策对全球经济发展的影响，他还应邀到金管局与同事们分享他对英国"脱欧"后欧洲前景的看法。数年前他在同一场合谈欧债危机，叫好叫座，这次重临同样向隅者众，足见其"江湖地位"。

　　十年前的欧债危机严重威胁欧洲货币联盟的稳定，欧元区要采取一致、及时的措施去应对系统性冲击，却受制于区内金融监管割裂化、一体化银行拯救机制缺位的制度缺陷。可幸的是，危机过后，经过安德里亚斯和欧洲同仁的共同努力，单一监管机制和单一解决机制相继设立和落实，为欧元区的银行和金融稳定提供了强有力的制度保障。最近一段时间，世界经济形势面临严峻的考验，而欧元区的金融体系得以保持稳健。此前的制度改革，无疑为防范危机波及金融体系构筑了一道防波堤，而且在疫后经济重建的进程中，让欧元区的银行和资金市场更有条件发挥关键作用。我相信，包括安德里亚斯在内的欧洲各国央行同仁都会为他们努力的成果而感到自豪。

书中收录了安德里亚斯多篇演讲，范围涵盖多个与央行和金融监管相关的课题，其深入的分析和独到的观点，处处可见他闪烁的睿智，为我们诊断应对未来的挑战提供宝贵的实战经验。更难能可贵的是，他将自身的国际视野同对各国规管制度的深度了解巧妙地结合起来，在包括落实《巴塞尔协议Ⅲ》等国际规定的工作中，妥善理顺两者的关系。在讲究谋求共识的央行圈子，这种高超的技巧显得尤为重要。

安德里亚斯可以说是德国央行甚至欧洲一位出色的使者，当今各地央行正被赋予更多的历史使命以维持金融稳定和支持实体经济，我们期待着更多像安德里亚斯一样富有能力和使命感的人才加入央行队伍。

谨以此文祝安德里亚斯此书中文版一纸风行，让读者更好地了解央行和金融监管的工作。

香港金融管理局总裁

余伟文

# 序 五

我与安德里亚斯于2010年初识,那时我们都只是初出茅庐的决策制定者。我是墨西哥银行行长,安德里亚斯则是德意志联邦银行执行董事会的成员。对安德里亚斯来说,最初的几个月无疑是严峻的考验。因为那时欧债危机愈演愈烈,他们要想办法阻止这场危机像野火一样蔓延。安德里亚斯说起过,他在那年5月就职后的第一个周末是在巴塞尔的国际清算银行度过的。他在那里参与制定了首个希腊纾困方案。我那时也在巴塞尔。当时的情形让我想起了在墨西哥政府和国际货币基金组织(IMF)经手过的许多个危机处理事件。由于欧元区的分裂,那一次危机空前严重。即便是在那样的危急关头,安德里亚斯还是在金融稳定理事会(FSB)发挥了重要作用,并凭借丰富的银行从业经验大放异彩。

在接下来的八年里,我们定期在巴塞尔和G20会议上见面,但主要还是在金融稳定理事会碰面。我们代表各自的国家参加这个负责识别和评估全球金融系统脆弱性的机构。进入21世纪第二个十年后,脆弱性评估委员会(SCAV)主要关注欧洲及周边地区的债务危机,而有着丰富银行业经验的安德里亚斯常常在委员会的讨论中发挥重要作用。他能够解读金融机构的动态,并将自己在私营部门的经验与在中央银行所扮演的角色结合起来,简直是所向披靡。在2013—2015年我担任脆弱性评估委员会主席期间,他的意见提供了很大的帮助。他另一个非常了不起的特质是能够迅速理解决策的微妙之处。从那以后,每当安德里亚斯讲话时,所有人都会认定他是一个老到的决策制定者。

如果想要深入了解一个问题,就必须让心明眼亮的人来集中讨论。而安德里亚斯就是其中的佼佼者。他很聪明,又经验丰富,在阐述观点时总是条理清晰。他从不绕圈子，讲话开门见山。他还总是能用巧妙的方式来阐述真相。在国际论坛讨论一些全球大事的时候，我们的思维决不能局限在自己国家的疆域内。德国有句俗语：目光要落到餐盘外面去。由本书收录的这些演讲可见，安德里亚斯的眼光显然相当长远。

最后，请允许我衷心地说：安德里亚斯，感谢你在2010—2018年里展现出的实力、决心以及你所作出的贡献和获得的成就。祝愿你未来一切顺利、无往不胜。

瑞士巴塞尔
国际清算银行总经理
阿古斯丁·卡斯滕斯

# 序 六

安德里亚斯·多布雷特曾是一位一流投资银行顾问，又顺利地在中央银行获得一席之地。在这两个领域取得成功并不容易，尽管为本书贡献前言的人中也不乏行业翘楚。

那么究竟是什么特质使安德里亚斯如此成功呢？我最初与安德里亚斯在同一家咨询公司共事。他对自己的专业领域了如指掌，而因为兴趣广泛，他熟知好几个不同领域。我所见过的银行顾问中，没有几个能像他一样，在与欧洲主要银行的首席执行官们交谈时表现得如此出色、观点坚定而口齿清晰。他甚至总能提出恰当的观点！

我希望安德里亚斯在这两个领域的成功不会成为个例。安德里亚斯既做过政府雇员，也做过私企雇员，因此他深谙盈利部门和监管部门各自看待问题的视角。这种双重视角的重要性必将日益增长。在十到十二年前的金融危机中，银行是罪魁祸首之一。现在银行更像是2020年初新冠疫情及其对经济影响的防火墙，与政府和中央银行携手维护经济系统的流动性和偿付能力。我相信通过系列会谈和其他活动，安德里亚斯往后会继续为盈利部门与监管部门的对话作出贡献，这也是银行业的核心宗旨。

这在一定程度上是因为我们仍有很多要做的事。上次金融危机过后，我们做了大量的工作以期提高金融系统和银行系统的稳定性，但时间将证明应运而生的资本和监管机制究竟是否能够达成我们的预期目标。例如，这些机制是否能够应对疫情危机，是否含有不利的顺周期性因素？虽然银行系统的资本基础已经大体恢复，但却仍然声名狼藉。这并不公平。银行、监管机构和民众之间的对话仍需持续进行，我相信安德里亚斯会再次发挥实质性作用。

最后，我想向读者推荐安德里亚斯在气候变化方面的演讲和评论。如他所言，"气候变化可以说是我们这个时代最大的负面外部因素"。他的观点自2017年德国担任G20主席国期间在该问题上的立场发展而来，并较早地强调了环境风险分析对银行的重要性。现在我们比以往任何时候都需要安德里亚斯的意见。

英　国
巴克莱银行董事长
奈杰尔·希金斯

# 序 七

我初遇安德里亚斯·多布雷特时，他还是一位初入公共服务领域的杰出银行家。当时我正在国际货币基金组织任职，他主动来接触我、认识我。回顾我们在国际金融领域共事的时光，即我们各自在国际货币基金组织和德意志联邦银行的八年任期，我不禁想起他的另外两个身份——"消防员"和"建筑师"。

2010年刚入职德意志联邦银行没几天，安德里亚斯就火速投入了"扑灭欧元危机之火"的一线战斗中。而后的几年，他参与为欧洲和世界搭建更强大、更有抗风险能力的金融系统，并为此奠定了新基础。

多亏了安德里亚斯以及其他金融系统建造者，欧洲现在具备更强的抗风险能力，可以更好地应对可能出现的下一次危机。欧洲的单一监管机制将监管大型银行的责任转移给了欧洲中央银行，以确保监管标准统一并防止监管套利。

单一处置机制（SRM）能有序处置破产银行，确保首先承担损失的是银行股东和债权人，而非纳税人。这有助于切断欧洲的银行与主权之间的关系。

作为巴塞尔银行监管委员会的成员，安德里亚斯·多布雷特成功推动了《巴塞尔协议Ⅲ》的制定和落实。他理应为此感到自豪。正是因为这项协议，银行才会持有更多、更优质的资本作为缓冲以应对金融动荡。这项协议还要求全球系统重要性银行具有总损失吸收能力（TLAC），作为对金融系统的额外保护。

安德里亚斯成功将公共部门和私营部门连接起来，并将自己毕生的银行经验融入监管和中央银行工作中。他善于与人合作，在金融业建立了新共识并积极倡导资本和流动性缓冲，因而赢得了当之无愧的盛誉。与此同时，他也在警惕过度监管，认识到了监督和管理严格程度应与银行的规模和复杂程度相符。

在结束德意志联邦银行的任期时，安德里亚斯意识到欧洲银行业联盟仍需继续建设。我们仍然缺少一个能防止破坏性银行挤兑的共同存款保险计划。德国的破产规则和欧洲的处置规则之间仍存在差距。

作为一名德国公民，安德里亚斯履行了保护其国家利益的义务。但他也清楚地意识到自己对欧洲乃至世界的责任。国际货币基金组织的工作之一就是建立一个国际共识，使整个国际社会明白全球经济面临的最大挑战并共同商榷最佳应对方案。如果没有安德里亚斯·多布雷特这样的人，我们永远也无法达成这一目标。

美国华盛顿特区

国际货币基金组织前代理总裁

大卫·利普顿

# 序　八

安德里亚斯·多布雷特于2010年5月加入德意志联邦银行执行董事会，适逢其时，如同蛟龙得水。我时任德意志联邦银行行长。那时安德里亚斯在我眼里是一个能干、果决而雄辩的同事。他的本领和专业知识能够帮助德意志联邦银行加强监管、维护金融稳定。今时今日，作为一家系统重要性银行的董事会主席，我认为安德里亚斯是一位对银行和金融市场具有深刻见解的渊博对话者。

安德里亚斯·多布雷特就职时的局势十分动荡。他在欧洲中央银行走马上任的第一天就启动了首个资产购买计划，也就是证券市场计划（SMP）。接下来几年里，他先后经历了欧元危机的升级、货币政策的量化宽松以及负利率的实施。在过去九年里，全球金融稳定和银行监管领域都发生了重大变革。安德里亚斯最初加入德意志联邦银行时致力于维护金融稳定，随后又负责银行监管工作。他在这两个领域发挥了重要作用，并从德国立场出发参与了这些领域的变革。这些变革包括但不限于以下几个例子：首先是他很早就开始支持的资本市场联盟；其次是单一监管机制，他在欧洲中央银行的监管下督促德国主要银行向该机制过渡；他推动德意志联邦银行外汇储备多元化；他还以果断的态度代表德国参与《巴塞尔协议Ⅲ》的谈判。在全球众多国际组织中，他还积极而有效地维护了德国的利益，并为德意志联邦银行的政策进行有力辩护。

安德里亚斯·多布雷特成功从一个银行家转变成了中央银行家。在私营部门的事业取得成功后，他转而投身于公共部门。而我却是反其道而行之，从公共部门转向了私营部门。我们都认为，中央银行与商业银行之间的交流十分重要，有利于增进监管者与被监管者、中央银行与金融市场之间的相互理解，进而平衡诸方利益，最终实现为大众谋利的目标。随着近年来金融系统由于监管加强而愈发复杂，这种相互理解的重要性只会与日俱增。

我想要借此机会感谢安德里亚斯·多布雷特对德意志联邦银行、欧洲的银行以及全球金融行业的贡献，祝愿他在事业和生活中都能一切顺利。一方面，祝他（以及我们所有人）不再面临他在德意志联邦银行任职期间那样动荡的金融市场。另一方面，我也担心商业银行界、中央银行界和金融市场在未来会面临更多的意外和挑战，如欧洲中央银行陷入无法退出其非常规货币政策的困境、欧洲银行业必要的整合，以及欧元区的凝聚力。像安德里亚斯·多布雷特这样的人，未来很可能会继续在这样的经济环境下为应对这些挑战贡献一份力量，就像他曾经在德意志联邦银行和其他组织的工作一样。

瑞士苏黎世

瑞银集团原董事长

阿克塞尔·韦伯

# 序 九

安德里亚斯·多布雷特于2010年加入德意志联邦银行执行董事会，时值欧元区的危机余烬再次演变成熊熊烈火之际，一些欧元区国家察觉到了债券市场温度的骤升。在这样的危急关头踏入中央银行的世界，对安德里亚斯·多布雷特来说无疑是一场严峻的考验。他加入德意志联邦银行执行董事会后不到十天，委员会成员们就同意执行欧洲中央银行理事会此前的多数决定，将购买希腊、葡萄牙和爱尔兰的政府债券纳入证券市场计划。然而，这一决定引起了许多人的不安和怀疑，因为这样会把个别国家的负债风险转移给德国央行，最终使纳税人承担后果。但欧元体系还是以这种方式介入以扑灭危机之火，随后又出台了更多措施。

伴随这些应急措施而来的，是全球以及欧洲范围内的监管和制度改革。

几个国际组织对全球金融和银行系统的监管要求进行了全面改革，以期增强两者的抗风险能力。我们在这方面确实取得了长足进步。譬如，要求银行持有比危机前更充足的资本。银行现在必须持有质量更优、数量更多的资本，具备更强的损失吸收能力。这也意味着银行的股东面临更多的风险，因此在行动时会更具风险意识。此外，针对系统重要性金融机构的总损失吸收能力新标准也有助于稳定金融系统。这些措施都可以在不动用税款的情况下处置大型银行。这一新机制的基石是《巴塞尔协议Ⅲ》改革——该协议于2017年12月获得巴塞尔银行监管委员会的批准。历时多年的《巴塞尔协议Ⅲ》谈判能够圆满结束，安德里亚斯·多布雷特功不可没。

欧洲层面也采取了一些危机应对措施，即完善欧元区的制度框架。2014年年底，单一监管机制开始在欧元区启动，银行监管责任从国家当局转移到了作为超国家银行监管机构的欧洲中央银行。自那以后，欧元区实行统一的监管标准，并由欧洲中央银行和各国政府组成的联合监管团队来监督系统重要性金融机构。这样做的目的是防止监管套利。单一监管机制也能提高欧元区银行业的抗风险能力。并且，这可能是欧洲货币联盟成立以来，我们在欧洲一体化道路上迈出的最重要一步。从组织层面来说，这是一项浩大的工程。安德里亚斯·多布雷特作为德意志联邦银行最高级别的监管者及其在单一监管机制监事会的代表，以令人钦佩的敬业精神和才干成功主导、推进了这一项目。

单一监管机制是银行业联盟建立的第一支柱。2016年，银行业联盟的第二支柱单一处置机制也建立了。单一处置机制旨在推动破产银行的有序处置，恢复自负盈亏这一市场经济的核心原则，并确立明确的责任层级：如果一家银行需要进行重组或处置，其股东和债权人应首先承担损失，由银行业出资的单一处置基金紧随其后。只有当前两者都无力回天时，才可以请求银行所在国甚至是银行业联盟其他成员国的纳税人承担损失。"内部纾困而非外部求援"现已成为银行陷入困境时的指导原则。

最后，应对危机的另一个举措是建立一个名为欧洲稳定机制（ESM）的常设援助机构，向面临金融危机的国家提供有条件的财政援助。陷入金融危机的国家可以将欧洲稳定机制作为暂时的资产流动桥梁，但必须承诺进行改革，使其政府财政重回可持续水平并使其经济结构更具竞争力。这样就可以防止单一国家的危机祸及整个欧元区金融系统的稳定性。

尽管我简要总结了危机爆发以来的变革，也充分展示出我们为稳定金融和银行系统所付出的努力，但这并不意味着危机后议程上所有项目都已画上了句号。比如，大部分的欧洲稳定机制基金并不只用于弥补财政赤字，同时也用于偿还即将到期的政府债券。如果估值折扣是恢复一个国家持续承受债务能力的最后手段，那么在这种情况下，为此买单的将是欧洲的纳税人而非投资者。这就违背了归责原则，甚至可能削弱成员国进行债务重组的意愿。因此，比起可持续解决方案，"得过且过"的策略可能更得人心。这也是为什么德意志联邦银行提议：当一个国家向欧洲稳定机制求援时，其政府债券应自动延后兑付。这样既保留了原始债权人的责任，又能保证主权债务在必要时进行有序重组，而不会危及金融稳定。这一提议还有一个积极作用，即强化资本市场对不健全公共财政的约束作用，进而预防危机的发生——一个国家的破产风险越大，潜在债权人提供资金时要求的赔偿金就越高。

想要切断主权与银行之间的联系，我们仍然任重道远。除了引入自动延期兑付以外，我们还应该取消政府债券所享受的特殊监管待遇。当前的监管机制假定主权没有风险，因此并不要求银行为主权敞口预留资本。然而主权债务危机彻底推翻了这一观念。目前银行投资政府债券的意愿十分强烈。问题是，这些想要投资政府债券的恰恰是资金短缺的机构。解决问题的关键在于，防止银行以这种方式在资产负债表上积聚越来越多的风险。未来，主权敞口也需要像私人敞口一样，有与风险相称的资本作为支持，并应限制与主权敞口相关的集中风险。

因此，即使我们已经采取了多项措施来稳定金融和银行系统，但危机后议程上仍有许多未完成的工作。我们不应只是回顾过去的发展，也不应仅从上一次的危机中吸取教训。下一次金融危机可能不同于以往任何一次撼动金融世界的危机。因此，相关人员必须识别所有新的潜在风险，并在其未成气候时就制定好应对策略。金融行业现在必须像重视贷款账簿上的风险一样重视网络风险。网络风险也已经成为国际监管机构关注的问题。安德里亚斯·多布雷特早早就预警过这些新的危险，比如，他指出气候变化会给银行资产负债表带来新的气候风险。

爱因斯坦曾经说过一句名言："比起过去，我对未来更感兴趣，因为未来是我要生活的地方。"这也是安德里亚斯·多布雷特在德意志联邦银行任职期间秉持的态度。他大力倡导让金融和银行系统与未来接轨，且在这个过程中以身作则，履行了德意志联邦银行的稳定使命。

德国法兰克福

德意志联邦银行原行长

延斯·魏德曼

# 致　谢

本书的问世离不开许多人的鼎力支持，因此我想要在此表达谢意。

首先我必须感谢哥伦比亚大学国际与公共事务学院的帕特里夏·莫瑟。早在帕特里夏还在纽约联邦储备银行工作时，我便与她相识了。她对这本书的慷慨支持，我实在是感激不尽。但如果没有哥伦比亚大学国际与公共事务学院副院长大卫·考夫林的不懈帮助，这本书也无法顺利出版。他监督了本书从德语译为英语直至出版的每一个步骤，并一直与出版商、帕特里夏和我密切沟通。真的非常感谢你们，帕特里夏和大卫！

胡应洲奖学金项目时任负责人扎克·何是本书的赞助人，为此我向他表达诚挚的谢意。在知悉本书的德语版后，他积极推动了英文版的面世。扎克在2018年邀请我作为胡应洲奖学金项目的访问学者，我也很珍惜与他在该项目中结下的友谊。

值得一提的是2019年出版的德语版中，菲利普·奥托对我进行了深入访谈。该访谈作为独立篇章置于本书第一章之前。德意志联邦银行的安妮卡·萨特勒和塞巴斯蒂安·阿尔菲尔德协助我整理了本书的内容。我再次向他们三位表示感谢。

很感激阿古斯丁·卡斯滕斯、奈杰尔·希金斯、大卫·利普顿、阿克塞尔·韦伯和延斯·魏德曼能为本书写下序言。他们为本书贡献了最好的序言！感谢他们以这种方式为本书点睛。美联储董事会的杰·鲍威尔和兰迪·夸尔斯本想为这本书撰写序言，但由于仍在美联储董事会任职而未果。此外，本书受到了巴里·艾肯格林、奈杰尔·希金斯、斯科特·麦克唐纳和高岛诚的推荐，出版社和我对此表示由衷的感谢。

阿克塞尔·韦伯和延斯·魏德曼是我在德意志联邦银行任职期间的两位行

长。我必须感谢二位，以及我在德意志联邦银行执行董事会和欧洲中央银行监事会的同事，还有国际清算银行董事会的各位董事。我在此向整个中央银行界致以衷心的谢意，因为我非常享受在中央银行界的时光。

最后我要感谢的是本书的出版商爱德华·埃尔加出版社。我们曾在2013年合作出版了 *Stability of the Financial System: Illusion or Feasible Concept?*（《金融系统的稳定：是幻想还是可行的概念？》）。下一个合作的项目又会是什么呢……

诚挚感谢本书所有读者对此主题的关注。

安德里亚斯·多布雷特

# 目　录

## 2　欧洲及其他地区的金融监管

**《巴塞尔协议Ⅲ》: 对一项重大监管项目的反思**

## 8　总　结 315

# 银行业需要重新焕发活力：

## 菲利普·奥托对安德里亚斯·多布雷特的采访记录[1]

"为了缩小与美国的差距，资本市场联盟对欧洲至关重要。"

在安德里亚斯·多布雷特担任德意志联邦银行（央行）执行董事会成员期间，发生了多个关键事件：（1）欧洲主权债务危机；（2）金融稳定性大幅提升；（3）包括《巴塞尔协议Ⅲ》在内的许多新监管措施的出台，以及包括单一监管机制（SSM）在内的新机构的设立。以上都是应对2008年全球金融危机的措施。菲利普·奥托，作为一位金融文献编辑和主要出版商，在对安德里亚斯·多布雷特的采访中不仅涉及了上述内容，还覆盖了银行界内的广泛话题。他通过安德里亚斯·多布雷特的独特经历——从私营部门转入公共部门的德意志联邦银行执行董事会——将公共部门和私营部门的观点连通了起来。

多布雷特博士，您在德国央行的八年任期里参与体验、监测和创造了很多事件。您自身也是一位经验丰富的银行家。在当前经济环境下，做一名成功的银行家是否变得更困难了呢？

当然！现在做一名成功的银行家和以前存在本质上的不同。我从事银行工作的时候，银行业很赚钱，在社会上也备受推崇。不幸的是，现在的情况早已大不相同了。我于1987年大学毕业后进入职场。那时，最聪明的学生中有很大一部分都想要从事银行业。具体表现在，连银行实习岗位都要争得你

---

① 安德里亚斯·多布雷特于2019年1月和6月，在法兰克福接受了菲利普·奥托的采访。菲利普·奥托是弗里茨·克纳普/赫尔穆特·理查迪出版集团的管理合伙人，也是《信贷系统杂志》《银行与市场》《信用卡》《房地产与融资》以及《金融、融资和保理》的主编。

死我活。现在也还有这样的情况，但肯定不如以往激烈了。

由于那时候的行业前景很好，银行业吸引了非常多想要赚快钱、赚大钱的人。因此，银行业中并不全是优秀正派的银行家，也有导致金融危机爆发、银行业名誉扫地的人。

**您觉得意外吗？**

不算很意外。每个职业都不免会发展到衰落的地步。2008年秋天爆发的全球金融危机是决定性事件，甚至可能是最重要的转折点。话虽如此，危机爆发前几年虽然表面风平浪静，风险和管理不善的问题实则已经开始积聚。要不然，2008年的经济衰退不会那么严重。但我想再次强调，这样的动荡并不罕见。我敢肯定再过二十年，银行业的风貌肯定又会和现在完全不同了。

**您如何看待银行业的现状？**

我们现在仍在挣扎着应对金融危机的影响。在德国，信贷行业花了八年半的时间才从动荡中缓过劲来，恢复到金融危机前的水平。这表明我们所谈论的并非一次屡见不鲜的经济衰退，而是一场真正影响深刻的危机。

毕竟，商业危机演变成公信危机之后，问题就尤为棘手了。人们不再信任整个金融系统以及各个银行。银行在当下的社会接受度比起我作为银行家活跃的那个年代，可以说是天壤之别了。所以，现在从事银行业和管理银行所面临的挑战更为艰巨。

**您还会推荐年轻人从事银行业吗？**

从事什么职业是个人选择。对这份职业有兴趣的人当然应该踏上这条道路。但银行业并非唯一选择，还有许多吸引人的职业路径可以试探。比如，金融科技就是一个值得考虑的领域。

如果年轻人不选择这条职业道路仅仅是因为银行业当前的形象，那就真是太可惜了。毕竟，金融危机的动荡并非每个银行家、每家银行都应负责。毫无疑问，行业中存在"害群之马"，但也只有那么少数几个而已。

**如果只有少数人利用了金融系统的漏洞，那么他们为何能引发如此巨大的动荡？**

那是因为有些不良做法绕过了监管，或者监管没有发现或没有处罚这些做法。但我觉得不该捏着别人的错处不放，而更应该检视自身的情况。这一点对于银行家、监事会、管理层还有银行监管者都很适用。我们无疑犯下了重大的集体错误。为此，银行家的各种声誉、威信通通扫地。这在某种程度上是合理的，但也有夸大之处。我对此深感担忧。

**如果有资质的年轻一代远离银行业，这会成为银行业的隐患吗？**

当然了。这绝对是相当大的隐患。每个行业都需要大量满怀兴趣的高质量人才。这不仅是数量问题，更是质量问题。自然，还是会有足够多的银行家和足够多的年轻人走上这一条职业道路。但是我们必须提出这些问题——他们是否能够在艰难时局中做出正确的决策并管理好团队？优秀的人才是不是选择了银行业以外的其他行业？优秀的人才不仅可能被其他行业吸引，也可能被德国以外的国家吸引。因为银行业早就实现了国际化，而在国际舞台上大展拳脚对人才而言极具吸引力。这也是未来争夺优秀人才的重点所在。

**相比美国银行业，您如何看待德国和欧洲的银行业呢？**

既有相同之处，也有不同。当然，欧洲和美国都有只服务于当地且只从事当地金融活动的银行。但几乎所有大型国际投资银行都是美国的银行，只有少数几个德国、英国和瑞士的大型国际投资银行是例外。

形成这种现状是因为，信贷型经济很难对抗盎格鲁-撒克逊世界的资本市场取向。这也是为什么希尔勋爵提出的资本市场联盟对欧洲如此重要，因为它可以缩小欧洲在这方面与美国的差距。法国、荷兰和德国的一组专家将很快着手处理这个问题，以保证在2020年初新一届欧盟委员会走马上任前，欧洲与美国的差距不会更大，而会在2020年下半年就能开始加速追赶美国。至少计划是这样的。

其实，依我之见，没有切实证据能证明资本市场和信贷型金融系统哪个更优越。当然，资本市场在很多方面都比信贷市场更高效，但它也存在缺点和不足。常言道，独木难支，双木成林。因此，欧洲为寻找两者新的平衡点所付出的努力不仅值得赞赏，更具有实际价值和重要性。

**过去几年里政治对银行的影响有增加吗？**

银行一向都忠实地反映着政治所处的经济环境。在一些由银行为企业出资的国家，这一点尤为明显。在市场经济盛行的国家更是如此。因此，经济、金融和预算方面的决策能够直接影响银行业。在信贷密集型经济体中，这些方面的决策会直接体现在银行的资产负债表上，进而影响银行的盈亏。据我观察，这种依赖关系在近几年有增无减。

**银行家的形象向负面转变，且常被描绘为贪婪的骗子，这一点是否会导致银行业与决策制定者之间的交流减少？对于银行业这样一个重要的商业部门，不再受到政治层面的关切难道不危险吗？**

就我作为中央银行家和银行监管者的经验而言，我对此观点持保留态度。例如，在德国的市与州一级，主要行政机构与信贷机构之间的联系仍然很紧密。此处我说的可不只是储蓄银行和州立银行。在整个联邦层面，我同意您的说法。银行业与决策制定者在近年来确实有些渐行渐远，这与金融危机不无关系。但决策制定者肯定会了解并关注银行业的议题。无论是哪个党派都一样！

那么这种疏远危险吗？依我之见，在未来不依赖伦敦、纽约或新加坡等地的银行，而是直接在德国本土得到有竞争力的银行优惠和服务对德国工业一直至关重要。决策制定者也清楚地认识到了这一点。为此，德国联邦财政部长又再次参与银行业和各地区的政策制定工作。所以，我从未觉得银行业和决策制定者疏远，也从未觉得这种疏远会发展到全无交流沟通意愿的地步。现在的情况与您的观点恰恰是相反的。

而从一个银行监管者的角度出发，有一个重要的因素不容忽视。英国央行前行长默文·金曾对此作出贴切的总结，我在此进行引用："银行的发展壮大靠全球化，生死存亡之际却要靠国家。"尽管我们在银行监管和处置方面一直推行欧洲化和国际化政策，但解决大型银行的地区和数量不平衡仍然是国家的首要任务。德国的银行监管部门以及决策制定者都很清楚这一点。

*德国很少有人会跨政商两界跳槽，但这在别的国家却并不罕见。如果多一些企业管理者先从政，再多一些政治家先从商，是否能够增进彼此的相互理解？*

肯定可以！其实我觉得，这不仅适用于您所提及的政商两界，也适用于任何应该定期分享交流的领域，比如经济、政治和科学/人文。但您说得没错，经济和政治在欧洲被视为互相对立的两个领域，人们常认为这两个领域势如水火。

欧洲人眼里的这种矛盾，其重点在于一方面政治家被质疑是否有处理利益冲突的能力，另一方面商界代表被指责纯粹以利润为导向。我认为，这些都是政商两界曾有人玩忽职守后，人们产生的以偏概全的偏见。

我曾是私营银行家，后来受命到中央银行工作，所以我并不能理解这种矛盾。为什么人们会认为商界代表永远不考虑大众的利益呢？为什么政治家就一定不能处理好利益的冲突呢？在其他国家，比如美国，政商两界之间跳槽的机制运转良好。即便时而出现问题，这也不代表就该彻底否决不同领域的交融。

当然，您提出这个疑问是有道理的，它涉及的问题很重要。说起来，欧洲在这方面有相当大的潜力迎头赶上美国。我认为欧洲需要学会接受政治与经济之间更多的自然互动，就像现在政治和经济各自与科学/人文之间的互动一样。

您说过公众对银行以及银行不当行为的怒火日渐加剧，这在某种程度上是合理的，但也有夸大的成分。这会不会对银行管理者构成重大挑战？毕竟他们在做出企业决策时必须考虑到公众情绪，尤其是在做出一些困难决定的时候。

主要问题在于，与金融系统息息相关的大型国际银行通常既有国家层面的决策咨询班子，也有国际层面的。所以大型国际银行可以接收到的意见很多，可选择的行动方案也就更多。但银行不可能让所有人满意。考虑到这一点，银行管理者需要精准考虑的是什么时候"打什么仗"。在国际层面可以接受的事可能很快会在国家层面导致民怨沸腾。

如前所述，运作良好的银行和储蓄银行对实体经济以及我国的经济发展至关重要。运作良好的金融经济可以推动经济增长，反之则会抑制增长。由于金融危机以及在危机中不幸损失的大量资金，人们对金融经济已经产生了强烈的怀疑。人们对银行业的信任几乎荡然无存。这种情况不仅发生在德国，在国际上也是如此。

道德正当性与合法性之间的界限在哪里？

两者之间确实存在界限，但不幸的是这个界限已经在公众讨论中变得越来越模糊了。这也与整个银行业形象的受损有关。银行与储蓄银行花费数十年甚至上百年的艰辛努力建立起的"诚信商人"形象，由于金融危机而持续受损。因此，人们常常怀疑银行业，无凭无据地指责银行做了很多坏事。现在就要靠行业中的活跃参与者来重建民众对我们的信任了。

这不也是监管工作的一部分吗？

毫无疑问，是的。监管在这方面也有重大责任。大家期望监管部门能够整治滥用职权的行为，并在必要情况下迅速查封相关机构。当然这也会带来某种不良压力，但我们绝不能让步。保持客观很重要。

**如果监管者此前曾是银行家，这会对其工作有助益吗？大家会不会因此而对这个监管者更为信服？**

2010年我就职时，一位德国财政部部长曾公开表示："一位真正的银行家将对德国央行有所裨益。"事实上，我是联邦德国历史上第一个在德国央行任职的银行家。

当然，经验丰富的银行家肯定在信贷机构任职时受益良多。这些经验会让他在应对各种事件时更得心应手，并在监管会谈中提出一针见血的问题。因此，政界和银行界人士一直对我寄予厚望，我对此心怀感激。毕竟这些厚望并非理所应当的。如果他们以另一种态度来看待我的任职，就可能怀疑我想要维护银行业以及业内惯例，或者怀疑我与他们有利益冲突。毕竟，在这个行业内我有很多朋友和熟人。如果做错点什么，公众会立马翻脸，因为大家都觉得做过银行家的人应该更懂行才对。所以，这绝对是一把"双刃剑"。

**您是从小就很清楚自己想要从事银行业吗？**

我的父亲也是银行家，所以我从小就耳濡目染。我在很小的时候就开始景仰和敬慕德国央行。因为被问及哪间银行最好的时候，我出生于科隆的父亲答道，科隆本地从未拒付过支票和汇票的私人银行萨尔·奥本海姆银行和德国央行是最好的。他对德国央行的这一评价至今仍然正确。

我从一开始就不知不觉地被银行业吸引。我在德国的文理高中毕业后到德累斯顿银行接受了完整的银行学徒培训，之后才到明斯特大学学习银行管理。我的毕业论文和银行业相关，后来我和格尔克教授合作的博士学位论文也探讨了银行业相关问题。更具体而言，我在博士期间的研究课题是"并购交易框架下的收购溢价"。回顾我的职业生涯，我曾受雇于德意志银行，也在伦敦和法兰克福的摩根大通工作过，后来又做过罗斯柴尔德银行的合伙人、美国银行德国分行行长以及驻伦敦的欧洲副主席。

在这之后，我在德国央行执行董事会度过了八个激动人心的年头。对此，我感到很是自豪。在这八年里，我很庆幸能够有机会参与处理诸多不同事件。前四年，我主要负责维护金融稳定；而后四年，我主要负责银行业的监管。除此之外，我还负责风险控制、数据统计、市场领域、经济教育，并在那段时间里作为德意志联邦银行在海外的代表。这些都是珍贵的机遇。我为此深感荣幸。

您会重返银行业吗？

银行业总是令我着迷，我永远也无法完全脱离银行业。因此，我未来肯定会以某种方式继续涉足这个行业。

从银行的业务经理到德国央行执行董事会的成员，这样的身份转变对您来说顺利吗？

我于2010年5月1日正式就任，就职仪式于2010年5月3日星期一举行。欧洲央行首个希腊纾困方案的谈判就安排在那个星期的周末。韦伯行长和我都参与了在巴塞尔举行的这次谈判会议。也就是说，入职德国央行的第一周，我就开始每天参加金融危机工作组的会议，大部分时候甚至一天开两次会。所以，我开始在德国央行工作的时期十分动荡。我可以向您肯定，这对我的影响至深。

您在工作方式上是否做出很大调整？

没有，完全没有。德国央行的工作效率很高。我要在这里打破大家的偏见。德国央行并不是一个死气沉沉的政府机构。我很幸运能与优秀的阿克塞尔·韦伯行长和延斯·魏德曼行长共事。我从他们身上学到了很多。此外，金融稳定部门、银行监管部门以及其他部门的优秀同事也为我提供了莫大的支持。是他们的帮助使我能够以原来的工作方式处理各项事务。

您有什么特别难忘的经历？

我最引以为豪的经历是G7（七国集团）和G20（二十国集团）的会议。在这些闭门会议中，各方以极为开放且有建设性的态度，在最高层面讨论了多个危机以及潜在的危险。这些讨论极大地加深了我对这些议题的理解。

您觉得，明明公众对一些事情应该享有知情权，然而却不被允许公开发表意见的时候，您会不会感到为难？

不会，我从来不会为这种事感到为难。保密一直是我整个职业生涯的一部分。作为一名并购顾问，也同样得学会保守秘密。

不仅如此，如果想要在迥异的意见中确立一个共同目标并付诸实施，保密就尤为重要了。在G7和G20会议上就全球金融系统所进行的讨论正是如此。要确立目标，首先需要建立谈话的共同基础。这只有在相互信任的情况下才能实现。否则，这样的谈判永远不会有结果。除此之外，银行监管也是如此。作为银行监管者，我们会接触到很多重要的机密信息，其中大部分都不适合对外公开。

但我可以保证，中央银行内部的小团体比您想象中要少得多。

您觉得在国际舞台上维护金融稳定的工作更有趣，还是在银行监管第一线的职位更有意思？

这很难进行比较，我也不想在这里对二者进行评价。为了打消大家的另一个偏见，我想要在此指出金融稳定并不完全是国际化问题，而银行监管也存在国际化因素。我想区分的是微观审慎监管和宏观审慎监管。毕竟，我们从金融危机中得到的一个教训就是，金融系统内所有个体风险的总和远大于各个体风险的简单加总。因此，维护金融稳定是一个很有趣却又很费时费力的工作。在我到德国央行任职前，这部分工作就已经从银行监管工作中分离出来了。我和卡尔海因茨·毕绍夫伯格总干事一起，进一步发展了维护金融稳定领域的工作，并使其与德国联邦金融监管局、德国联邦财政部建立了更紧密的联系。我认为我们在这方面取得了相当大的成功。但要判断我们为维护金融稳定所采取的措施是否正确，还需要相当长的一段时间。

在我看来，这就是维护金融稳定与银行监管工作中监督个体机构的最大区别。在银行监管工作中，我们很快就能得知监管结果以及自身行动的结果。微观审慎监管和宏观审慎监管都让我受益匪浅。在德国央行，既能执行又能管理这两项工作的同事寥寥无几。

**这两个领域和议题之间的关系是否越来越密切？**

很遗憾，我并不这么觉得。相反，微观审慎监管和宏观审慎监管之间的交流分享十分有限。我希望二者在国家和国际层面都有更密切的交流分享。在德国，我在央行任期内发起成立的金融稳定理事会正致力于这项工作，它无疑是连接这两个领域最重要的纽带。

**其他国家是否更成功地解决了这个问题？**

我并不这么认为。总的来说，德国做得还算不错。微观审慎监管和宏观审慎监管之间有很多共同利益，但也有很多不同之处。因此，微观审慎政策和宏观审慎政策之间有着潜在的冲突。在我看来，只有成功平衡并充分利用这两种政策的国家才能取得长期的成功。

如今，我们的微观审慎监管手段已经非常成熟，但也相当烦琐，所以效率并不是很高。而在宏观审慎方面，我们的进展和二十年前的货币政策相当。但据我观察，我们在金融稳定方面的经验越来越充足，金融稳定的重要性也与日俱增。维护金融稳定已经是现代中央银行工作中不可或缺的一部分了。在我看来，这可能也是未来中央银行工作中最有趣的一个领域。

**德国央行先是不得不放弃货币政策方面的职责，而后又不再监管与金融系统相关的机构。这是否等于德国央行已经不那么重要了呢？**

德国央行在货币政策方面的重要性也许是降低了一点。毕竟，作为欧洲最大经济体的货币发行银行，德国央行现在只是参与制定欧洲货币政策的19个央行中的一员。但德国央行在国际上仍然备受尊崇。因此，凭借其国际地位和行事风格，德国央行的意见仍然能在国际舞台上发挥作用并影响相关议题。

*德国央行这种举足轻重的地位是否加重了每位掌权者，尤其是董事们的压力呢？*

当然会！这就是我刚开始任职时很少公开露面的原因。我想要先弄明白自己的定位并全面掌握各项工作。我不想发表日后可能会对自己产生负面影响的观点。因此，除了陈述金融稳定报告之外，我在2010年几乎没有公开露面。直到2011年1月，我才开始频繁出现在公众面前。我建议所有像我这样刚从外部进入某个机构，且尚未完全熟悉岗位工作的后来者都采取这样的方法，比如约阿希姆·纳格尔。

*我前面也提到过，2010—2018年是一段很艰难的时期。您觉得自己在此期间推动了哪些发展并造成了显著影响？*

这也是一个很难回答的问题，因为我很难在众多工作中挑出个别议题。但我会努力试一试。我始终致力于将实践与微观和宏观审慎监管结合起来。对话在这方面很重要，尤其是需要调查和研究某些特定问题的时候。在对话过程中，我们必须重视实践专家的意见。

但您既然问到我所推动的具体发展，那么我就重点强调一下我在很早的时候就开始主张建立欧洲资本市场联盟。我不愿意评判究竟是货币市场型经济更好还是信贷型经济更好。但我一直认为，一国经济若能立足于两个支柱，必然比只依赖一个支柱稳定。因此，对于德国企业和德国经济来说，能有更多货币市场的专业知识以及更广泛的货币市场供给是一件好事。起初，建立货币市场联盟的主张并不受欢迎，但我很欣慰它现在得到了所有银行协会的一致支持。

**还有没有其他值得单独一谈的议题？**

我认为，规模和经营模式上的多样性构成了银行市场的优势。因此，我早期就非常重视银行监管的相称性和合理性。要求风险较低的小型银行满足对大型国际银行的要求是不可行的，因为这会带来高昂的行政成本。在我的督促下，我们在这方面取得了很大的进展。欧洲议会的议员彼得·西蒙也在其出色的报告中对此做出了肯定。

我任期内的第三个重要议题与银行、信任和信心有关。我并没有因内心的疑虑而不为这个问题发声。金融系统经历了严重的公信危机，且在某种程度上仍未走出这一危机。因此我认为，像德国央行这样的机构很有必要就这一系列问题发表意见，并公开表明立场。

当然，我还必须提到一个最终让我十分担心的问题，那就是气候变化及其对整个社会的影响。如果这个议题如我所想的那样，对每个人都具有重大意义且对社会有深重的影响，那么银行监管者就必须从现在开始着手应对气候变化对信贷经济的影响。我们已经在这个问题上采取了初步行动，我也很感激我的继任者约阿希姆·乌尔梅林能够继续积极处理这一问题。

**谈判《巴塞尔协议Ⅲ》时，德国央行和德国联邦金融监管局派出的代表采取了相当强硬的态度，并最终成功敲定了这一协议。这又是怎么回事呢？**

《巴塞尔协议Ⅲ》的确是我任期内非常重要的一项工作，我很庆幸在多次延迟后，我们还是为它画上了圆满的句号。无论如何，从德国的角度来看，我们做出的妥协是有价值的。德国联邦金融监管局的费利克斯·胡菲尔德局长和我作为资深代表参与了这项协议的制定工作。事实证明这是很值得的。因为除了我们，参与该工作的巴塞尔银行监管委员会成员几乎全是专业人士。

德国联邦金融监管局的人都是很值得信赖的合作伙伴。我先后和几任局长有过合作，即约亨·萨尼奥、埃尔克·凯尼希和前面提到的费利克斯·胡菲尔德。此外，正如前面提到的，与德国联邦财政部的合作也是推动金融稳定和银行监管发展的重要因素，尤其是与该部门的托马斯·斯特芬的合作。我之所以提到与他们的合作，不仅是因为《巴塞尔协议 III 》，更是因为《金融稳定法》的筹备，以及2014年将德国银行的监管权移交给欧洲监管机制的举措。

您如何评价与欧洲中央银行的合作？合作愉快吗？

我与欧洲中央银行在银行监管方面的合作很愉快，甚至可以说是相谈甚欢。在我看来，就银行监管方面而言，德国比以往任何时候都更有优势。达妮埃莱·努伊和萨宾·劳滕施莱格组成了单一监管机制最高层的梦之队，安德烈亚·恩里亚则是达妮埃莱最称职的接班人。所有人都知道我很希望安德烈亚接达妮埃莱的班，并且不遗余力地支持他。

此外，斯特凡·沃尔特、拉蒙·金塔纳、帕特里克·阿米斯和科比尼安·伊贝尔等单一监管机制总经理们也和他们的团队一起圆满完成了工作。我一点也不担心欧洲的银行监管，反而相当放心。

欧洲中央银行、欧洲银行管理局（EBA）、欧盟委员会以及各国的银行监管机构都与银行监管工作相关。监管银行的机构会不会太多了？

您说得没错，国际上监管银行的机构确实不少。除了您提到的欧洲中央银行、欧洲银行管理局、欧盟委员会等负责制定监管规则的机构以外，还有金融稳定理事会、巴塞尔银行监管委员会以及其他政府部门。与银行监管相关的机构属实繁多。正因涉及其中的机构繁多，机构本身的声望就尤为重要。德国央行久负盛名，备受各界认可。这下您能理解我为什么会为此感到欣慰了吧。

总之，我认为问题不在于机构数量过多，而在于它们如何合作。

德国银行监管部门长期以来一直强调，我们不能只是实行新规定，还要检查已有规定的效率以及各规定之间的相互作用和关联。目前监管部门在检查什么？何时会有变化？

非常感谢您提出这个问题，因为这对我来说很重要。我很同意您所说的观点。有些规定单独来看是很合理的，但和其他规定一起实行时却可能会产生反作用。因此，在任期结束时，我将最重要的各位协会主席以及银行行长邀请到了德国央行，并与他们及费利克斯·胡菲尔德一起讨论废除哪些规定、简化哪些流程。2018年3月，监管部门在此次讨论结果的基础上设立了多个工作组。希望这些工作组能为所有相关方带来良好的结果。

**这一切几乎都取决于各机构是否遵循相同的规定。是这样吗？还是说可能会扭曲市场竞争的保护主义倾向正在增加？**

保护主义倾向和民族主义倾向一直存在。在金融稳定的取向和货币政策目标等方面的根本性分歧也一直存在。但这并不构成创造公平竞争环境的根本障碍，也不是我们不去创造公平竞争环境的借口。

以欧洲为例。欧洲机构的代表当然需要代表欧洲的利益，没有人能够不关注自己国家的利益。在我看来，各代表不能完全以个人利益为出发点，否则我们急需的信任就会荡然无存。除此之外，我们还面临另一种情况：小成员国的代表往往倾向于支持中央机构，在欧洲就是欧洲中央银行；而大成员国则更倾向于影响决策的制定和执行，它们也有更多的人力资源来实现这一目标。我们往往需要花费大量时间来化解这种情况导致的紧张局势。但我认为我们在这方面相当成功。因为相较于贸易领域，中央银行领域的保护主义倾向要少得多。要化解分歧，倾听他人意见、不带成见非常关键。人际关系在这方面也极为重要。因此，我将大部分时间都投入了人际往来中。

**所以，中央银行的领导人和政治家之间有着明显差别。我理解得对吗？**

国际清算银行的现任行长阿古斯丁·卡斯滕斯曾先后做过墨西哥财政部长和墨西哥央行行长。他曾这样告诉我：财政部长驾驶的是速度快、机动性强、威力大的星式战斗机；中央银行行长驾驶的是笨重、载客多、责任重大的大型喷气式飞机。我认为阿古斯丁的这个比喻非常贴切。

**仅由央行监管银行的国家和德国这样由两个机构共同监管银行的国家有什么区别？**

我印象里没有什么区别。任职期间，我有幸结识了来自各个监管体系的同行。但无论来自何种监管体系，他们都致力于解决监管问题。每个国家的监管体系协调流程都需要因地制宜。至于德国，我只能说我们与德国联邦金融监管局的合作非常专业，且这种合作已经开展了很长时间。

**央行的独立性对于以上这些工作有多重要？**

央行的独立性是重中之重。

**您如何评价美国总统对美联储的抨击和试图对其施加影响的行为？**

如果您能允许我以玩笑的口吻回答，那我会说，我得先"适应"一下。这样的指责和干预此前并不常见，尤其是在美国。对货币发行银行的抨击不能与批评混为一谈。建设性的批评当然是可以的，我们也求之不得。但对货币发行银行施加政治影响显然对经济有害无益。国际上已经有太多这样的例子和教训，我在此就不再赘述了。

但总的来说，我坚信无论美国总统再发多少推文，美国政府都会坚定维护美联储的独立性。几天前，美国财政部代理副部长贾斯汀·穆辛尼奇再次明确地向我保证了这一点。我没有理由质疑他的话。在《巴塞尔协议Ⅲ》的谈判过程中，我与美方的合作也没有任何摩擦。我们欧洲人完全可以信任美国在这项多边协议中所作的承诺。过去是如此，现在也是如此。所以，一切基本如常，变化并不像您想象的那么多。

**在国际机构中与同事打交道需要保持多开放的心态？**

需要保持非常开放的心态，因为只有保持开放的心态才能建立信任。而且在国际机构中工作，就需要接受别人基于我们所提出的建议对我们进行评价。因此，我们必须谨慎行事，尽量避免犯错。因为如果所承诺的事好几次未能兑现，那么我们的信誉就会飞快地下降。

信誉下降的后果极为严重，毕竟我们都知道危机再也不会局限于某个人或某区域，而是会影响所有人。因此我们需要紧密合作、互相信任。团结则强，分裂则亡。

**从更客观的角度出发，您如何评价对《巴塞尔协议Ⅲ》做出的妥协？**

总体而言，结果是好的！我们将风险加权资产的底线控制在72.5%，比美国及其盟友期望的80%更好地保持了该方法的风险敏感性。当然，银行承受了压力，一些银行甚至比其他银行负担更重。但这也是正确的做法，因为不同经营模式的风险本来就有高有低。此外，我们有意延长了过渡期。《巴塞尔协议Ⅲ》要到2027年，也就是金融危机爆发二十年后才会完全落实。巴塞尔银行监管委员会确实已经尽了一切努力，以最大限度地减少负面影响。

在谈判的准备阶段，我几乎和每一位身居要职的德国银行家、协会代表以及国外的许多银行家都私下谈论过《巴塞尔协议Ⅲ》。大家普遍认为，能达成一项协议总比没有协议好。当前的保护主义倾向和民族主义倾向更是凸显了这种共识性的国际解决方案的重要性。我们能够与当时刚上任的新一届美国政府一起达成这样的妥协，这一点值得高度评价。美国和欧洲都认为这一妥协是满意的结果，足以证明这项协议的优越性。现在就看实际落实之后，这个好协议能否带来好的监管效果了。

请允许我借回答这个问题的机会感谢德国央行行长延斯·魏德曼。他一直以来都无条件、百分之百地支持我。正是因为他的支持，我才能成功与美方谈判并最终敲定72.5%的风险加权资产底线。而如果没有德国央行总干事埃里希·洛珀的支持的话，我永远都不可能在谈判中发挥作用并取得成功。

因此，我对埃里希·洛珀及他的团队感激不尽。此外，德国媒体在舆论上对我的支持当然也很有帮助。

**您能理解外界对该协议的批评吗？许多银行都在抱怨它们因此要付出的巨大努力，且成本不断攀升。**

让金融系统更稳定并保证合理的竞争环境符合我们所有人的利益。毫无疑问，这的确费力费财。我完全理解银行对此做出的批评。各银行的确必须坚持它们的合理诉求，这也是它们正在做的事。各机构要付出这些努力并非易事，但我看到的不仅是《巴塞尔协议Ⅲ》需要各机构付出的努力，还有该协议带来的好处：只有当人们高度信任银行系统的安全性和稳定性时，银行才能发挥应有的作用，进而促进经济增长。

奥托先生，我可以向您保证一件事，那就是我在整个谈判过程中的每分每秒，都从未忽视过银行的利益。时任巴塞尔银行监管委员会主席的斯特凡·英韦斯曾说过，最终的谈判只在代表美国的马克·范德韦德和代表欧洲的安德里亚斯·多布雷特两个人之间进行。可见我对工作是多么尽心尽力。

银行的这种批评来得出人意料。因为《巴塞尔协议Ⅲ》的大部分内容已于2012年推行，我们谈判的只是其中很小的一部分。已实行的协议内容对银行的要求显然比现在讨论的要求要高。但那时，没有人对此提出任何批评。可能是一些银行认为一次金融危机结束后就万事大吉了。它们很不该这么自欺欺人。

我想要再次强调，《巴塞尔协议Ⅲ》的实施应该充分考虑欧洲的良好状况以及德国银行的具体情况。我想，这也是我们现在应该关注的重点。

**各银行真的能够充分利用漫长的过渡期吗？还是说市场和评级机构都希望它们能尽早实施《巴塞尔协议Ⅲ》的大部分内容呢？**

各银行最早也要到2022年才会公开信息。我们无法对届时的情况做出可靠的预测。根据我的经验，我觉得评级机构极有可能会在过渡期结束前提出相应问题。但至少现在大家讨论的都是同一件事，这也就缩小了问题的范畴。我认为这对整个行业以及各银行来说都是一件好事。

**是什么让您相信，您曾经为之奋斗的公平国际竞争环境能够继续存在？**

这样的公平竞争环境没有办法具体衡量。货币市场型经济和信贷型经济有很大的差别。此外，各国还存在结构差异和特征差异。而且并不是所有的事都必须完全一致。相反，一些基本共识更为重要。这样的基本共识多多少少还是存在，但鉴于目前的发展形势，无论是在欧洲层面还是在全球层面都很难捍卫这些共识了。许多共识都是在金融危机中形成。但随着危机逐渐远去，这些共识也逐渐变得可有可无。

至于在这种背景下一再提到的针对美国的批评，其实美国一直都在遵守并全面实施《巴塞尔协议Ⅱ》，而欧洲并没有这么做。诚然，美国仅对与金融系统相关的银行实施《巴塞尔协议Ⅱ》，但这完全符合巴塞尔银行监管委员会的章程规定。我们欧洲在这方面已经落后了很多年。在评估《巴塞尔协议Ⅲ》的折中方案时，请考虑到这一令人不悦的事实。

**谁能保证《巴塞尔协议Ⅲ》的一致实施？**

《巴塞尔协议Ⅲ》的实施将通过点名批评的有效方法在市场上进行规范。不遵守协议内容、管理过于松懈的银行要用更高额的安全缓冲金来弥补。它们到头来要花费的成本，可能比一开始就遵守规定所付出的更多。因此，我建议各地按期、全面地实施《巴塞尔协议Ⅲ》。

**您如何评价美国监管法的发展？**

美国的大部分变化都涉及国家法规。例如，他们试图在执法中更多地应用比例原则，以减轻某些银行的负担。这一点我完全可以理解。但据我所见，他们既没有背离国际标准，也不存在任何放宽监管的趋势。美国本土的银行监管向来严格而负责，我相信这一点不会改变。

您觉得英国"脱欧"的结果会是什么？英国"脱欧"会给金融市场带来很大的改变吗？

我对英国"脱欧"感到担忧，甚至忧心如焚。您也许还记得，我从一开始就建议以保守的方法应对此事，秉持"抱最大希望，做最坏准备"的态度行事。关于如何定位与欧盟的关系这个问题，英国人无法达成共识，英国社会分歧重重。如果有德国人说已经考虑到了英国"脱欧"会带来的所有影响，那只会让我更担心。如果真是那样就好了。但根据我的经验，没有人能面面俱到，尤其是在这种我们显然从未经历过的情形下。

您觉得英国"脱欧"会危及金融稳定吗？

人们有很充裕的时间为英国"脱欧"做准备。但金融动荡仍有可能发生。

针对即将转移到欧洲大陆的英国金融机构，德国的银行监管机构已经发布了一项适度的监管规定。这样的过渡期会持续多久？

这就取决于现在的决策制定者了。我现在并没有决定权。但根据我的经验，欧洲中央银行和英格兰银行的同事们都会给出一个合理而务实的解决方案。

我们再来谈谈您在德国央行的工作。您在德国央行进行了哪些内部改革？

我还在负责数据统计部门的时候，"数据之家"就已经成立了。毕竟，德国央行有着如此巨大的数据宝藏。如何更好地利用这些数据是我当时的重要工作。尽管在技术上实施起来很困难，但我们最终还是成功了。

第二项改革和风险控制有关。早年间，央行并不需要进行风险控制，因为所有的风险对央行都不值一提。但不幸的是，随着货币政策的改变，央行的风险大幅增加。因此，风险控制也就成了值得认真对待的问题，我们也确实是这么做的。在这方面新增的许多规定都与我的决策有关。

回顾您所做过的工作，有什么是您想要采取不同做法的吗？

当然有，不然我岂不太傲慢自大了？最重要的是，这涉及我没有处理好的问题，比如网络犯罪。监管部门现在已经非常重视这一问题了。但我一直希望能在受控的环境内对银行进行一次事先计划好的模拟网络攻击。毕竟，经验是最好的老师。遗憾的是，我的这个提议并没有被批准。德国央行和德国联邦金融监管局对此提出了无数反对意见。比如说，打击网络犯罪并不在银行监管的责任范畴内。又如，模拟网络攻击与《德国银行法》相悖，且未被纳入《德意志联邦银行法》。这些反对当然令我很是不悦，因为我觉得网络风险是银行的重大安全隐患。也许我当时应该更为努力地争取。我的继任者在高压下成功处理了网络风险问题，并将继续推进这方面的工作。

在经济教育方面，我们同样还有许多工作要做。德国央行享有很高的信誉。我们必须充分利用这一优势，在金融事务方面影响、启迪公民，并提升他们对金融的认识，尤其是年轻一代。布克哈德·巴尔茨正在这方面大显身手。

德意志联邦银行执行董事会还授予您"德国央行艺术专员"的头衔。这对您来说是一项艰巨的任务还是一次自愿的尝试？

我是很乐意接受这项任务的。因为我很享受丰富并完善德国央行收藏品的过程。现在"艺术专员"这个头衔落到延斯·魏德曼身上了。他在艺术方面有独到的眼光，因此是接过这项任务的最佳人选。此外，德国央行的一部分藏品正在比利时央行展出。

法律约束了银行监管者的权力和干预能力，这无可非议。但在新的危机来临时，这些限制是否仍然适用？您是否赞成调整这些限制？

无论是国家还是监管机构都无权决定或影响银行系统的发展方向。发展方向必须由市场竞争决定。这种十分市场化的理念深深植根于德国央行，我们理应坚守这一理念。像德国央行这样的监管机构肩负着控制风险、营造公平竞争环境的职责。在我看来，我们现有的手段足以完成这些工作，且符合实际。我们不是执法者，我们承担的是服务职能。监管者在任何情况下都不能忽略宏观大局，即金融稳定。这样一来，我们不可能让所有人满意。

但在维护金融稳定方面，我认为还可以进行一些调整。众所周知，这仍是一个新兴的领域。但我相信，稳定金融委员会一定会在未来几年进一步增加并完善系统监管手段。

**其他国家的银行监管部门是否有不同的监管方案？您是否想将不同的监管方案引入德国？**

银行监管不像点菜，不能随意选择监管措施。欧洲已经掌握了所有必要的干预权利。从国际层面来说，各国情况各不相同，银行监管必须做出相应的调整。然而，欧洲金融界的各自为政让我深感担忧，我殷切希望未来各国能在这方面更协调一致。但要实现这一目标，就必须克服欧洲各国之间仍普遍存在的信任问题，否则一切都无从谈起。

**现有的数据基础是否足以监测即将到来的风险？报告系统也一再成为备受诟病的话题。**

总体而言，德国央行掌握的银行微观数据基本是足够的。当然，我们还是希望能够有更细化的数据，这样我们或许能得出更清晰明了的数据分析结果。但最终我们得到的结果必须是值得为之付出努力的。此外，我们也必须推进银行监管数字化，而监管科技则是这项工作的核心所在。

**您说过，必须从市场导向角度出发看待问题。但监管机构不也在一定程度上影响结构性政策的制定吗？**

没错，监管机构也会干预市场运作。就好比如果道路建设部门铺好马路、设立护栏，那汽车就不能再肆意横穿田野，而是必须在护栏之间的马路上行驶。这种干预方式实际上构成了一种限制。但这样的干预能使每个人受益，因为它减少了风险、使交通更有序。

**随着各银行为遵守法规而变得越来越相似，银行监管会不会催生一种全新的系统风险？银行逐渐同质化会不会使整个系统更易受到新冲击的影响？**

您说得没错，这可能会催生额外的风险，因为银行监管会助长整个系统的顺周期性和银行的从众行为。但我认为，把这样的发展完全归咎于监管有些片面，也有失公允。银行本身也一直在朝这个方向发展，因为市场显然也是这么期望并要求银行的。德国银行市场仍然十分多元化，其他国家银行业的集中程度要高得多。

**但加剧顺周期性的不正是金融危机后出台的新银行监管规定吗？**

确实如此。但也并没有加剧到让你我夜不能寐的地步。

**您上任之初，经历过金融危机的德国仍有超过2000家银行，现在却不足1700家了。是什么加速了银行的整合？**

首先要提及的一个因素是低利率。正是欧洲中央银行的货币政策导致银行收入大幅下滑。银行不得不通过节流的方法来弥补损失。将支出分摊到更大的银行以降低固定成本的方法有好几种，而合并就是其中之一。

在我看来，银行业务的极端复杂性是第二个重要因素。当然，明显复杂化的监管也有一定影响。在监管方面，中小型银行很难满足日益严格的要求。与大型银行相比，小银行和储蓄银行在这方面处于劣势。因此，我很早就开始主张更普遍地应用比例原则以提高银行监管的合理性，减轻小型银行的行政负担。德国的银行系统十分多元化，且分工明确。负责监管这一银行系统的机构应主动解决这些问题。

第三个因素是大型银行的购买力显然更强。上述的这三个因素都使银行规模成了一项竞争优势。

您已经提到银行收入不足的问题。这在很大程度上要归因于低利率以及德国银行和储蓄银行的商业模式。当然，某些银行在解决过去遗留问题时遇到的特定问题也是原因之一。尽管我们目前正在经历一个异常漫长的繁荣期，但是繁荣期终有一天会结束。在经济环境转冷时，银行的业绩又会有什么变化？您不担心吗？

可以说，我非常担心。您说得很对，德国已经经历了一个相当漫长的繁荣期，资产减值非常少。然而与欧洲其他国家相比，德国银行的盈利能力却越来越落后。许多银行根本就赚不到钱。如果违约率上升、资产进一步减值，银行的利润只会更少。

这种情况势必会引起每一位银行监管者的关注。我认为银行监管的职责是指出这些危险，并推动业界就如何摆脱这种局面展开讨论。正如我所说，合并只是众多可能性之一。例如，我们很早就指出银行可以提高费率。我们也一直在讨论客户行为改变所带来的机遇，以及银行尚未充分利用的各种机会。我们讨论过广受批评的银行撤出特定领域的行为，还有银行网点在全国范围内的覆盖。但如果分行的客户越来越少，分行就可能会变得效率低下。监管者必须解决这些问题。但是，决定权始终在每个银行手中，这不是可以通过自上而下的命令能做到的事。

您如何评价美国的银行业结构？比起德国，美国的银行业定位是否更有优势、更具前瞻性？

银行业结构取决于不同国家对银行产品的需求以及法律框架条件，因此很难进行跨国比较。总体而言，这样的比较只能在很有限的范围内进行。

我认为，全球金融危机后的几年里，美国的经济条件明显优于欧洲。欧洲内部的治理问题导致了2010年及其后几年的公信危机。我们正在集中精力解决这个问题，但仍然任重而道远。

美国的银行比欧洲的银行更快走出了金融危机。事后看来，银行监管部门更强有力的干预以及强制补充银行资本的行为是否更明智？

2008 年我还在美国银行任职，亲身经历了美国时任财政部长汉克·保尔森对市场的干预。事后总是比当时看得更明白。美国当时的做法虽是权宜之计，但却卓有成效，因为这个做法使美国相对快速地走出了公信危机。美国使用的金融工具不仅是对具有系统重要性的美国银行进行资本重组，并由它们偿清政府注资，也包括成功开展的美国银行业压力测试。总而言之，美国经济比欧洲经济更稳健，也有更多可以自动平衡经济活动的制度。因此，美国的经济免受欧元区金融危机的冲击。

**在客户行为转变和数字化变革中，您认为德国银行和储蓄银行有哪些实现盈利增长的机会？**

首先，我认为金融行业的数字化是一个机遇。数字化可以降低银行运营成本、保持客户的高满意度以及为年轻客户提供更符合他们需求的服务。金融科技公司与银行业之间的大量合作是件好事。

**金融科技公司是否会逐渐削弱银行的地位？**

只有在部分情况下会。如果银行和储蓄银行做出足够的努力并勇于变革，那么金融科技公司在绝大部分情况下都无法削弱银行的地位。

**德国与其他国家在金融科技行业的发展有明显差异吗？**

金融科技是一个跨界行业，此处"界"也包括国界。靠近硅谷可能会有利于金融科技的发展，但我认为这也不算很大的优势。

思想是自由的。除了创意之外，金融科技公司更需要训练有素、具有国际视野和执行力的员工。然而即使是现在，在美国获得风险投资和其他类型的风险资本仍比在其他地方更容易。尽管欧洲已经在朝着正确的方向前进，但是还要付出很多努力才能赶上美国的水平。

银行监管机构在未来要如何应对金融科技公司？会出台更严格的规定还是继续沿用尽人皆知的"沙箱"模式？

我现在无法预测。但从事银行业务的公司都要像银行一样受到监管，这一点毋庸置疑，也无须争辩。

如果亚马逊、谷歌、苹果这样的大型跨国公司在监管宽松的国家拿到银行牌照，再到欧洲发展银行业务，这难道不也是一种隐患吗？

是的，这确实是一种隐患！监管部门必须着手处理这个问题。我非常想知道它们会对此采取什么监管手段。

欧盟在税收政策和银行监管方面对大型科技公司的处理会不会加剧欧洲与美国之间的紧张关系？

对大型科技公司征税对欧盟来说将是一个难题，因为欧盟需要确定这些公司应纳税所得的具体来源。相较之下，银行监管方面的问题简单得多。巴塞尔银行监管委员会的各成员国普遍在这一点上达成了共识。

您之前提到过由于客户行为改变，银行也必须做出调整。但这不也意味着银行管理层和监管部门需要重新审视银行的运营模式吗？我们是否需要更多具有IT（信息技术）背景的外部人才加入银行董事会？银行董事会的高要求是否在一定程度上阻碍了相关人才加入银行董事会？

银行必须做出改变，银行监管也必须做出改变。二者也确实正在改变。例如，没有银行业相关经验的人也可以成为银行的信息技术总监或是首席合规官。欧洲监管框架内已经做出了相关调整。尽管因为银行业的传统而受到了一些反对，我还是对此调整予以大力支持。如今，银行监管机构的做法很务实。我们不能既要求董事会具有信息技术知识，却又不允许没有银行业经验的信息技术专家加入银行董事会。

如今的市场和公众是否遥遥领先于银行？银行管理层是否该比以前更重视市场的反应？

与市场的沟通确实变得更加重要。这不仅适用于信贷行业，也适用于中央银行和监管部门。心理因素对市场有着巨大的影响，因此我们必须通过沟通引导人们的未来预期。我们应该努力让所有市场参与者跟上变革的步伐。要实现这一目标，就必须实现决策及信息的高度透明。

不断增长的短期导向是否诱使人们迅速优化，从而在一定程度上失去了对企业长期发展的战略视野？

毫无疑问，展示短期成功并解释短期决策的压力不断增加。单是大量的季度财务报表和其他必须提供的信息就足以证明这一点。资本市场、政治环境、商业新闻界都对此产生了影响。

不过，优秀的管理者可以清晰地区分战术和战略。市场和企业决策的受众也能分辨短期优化和长期定位。市场和公众并不认可许多战略性改革。在这方面，您所形容的情况可能存在，但相比实际情况有些过于肤浅。在监管对话中，我始终非常重视企业的长期规划。企业管理层通常也会给出相应的合理答案。

以气候风险这个长期问题为例。与前几年相比，监管部门现在更为重视这个问题，因为错误的短期决策可能最终会给受影响的银行乃至整个金融系统带来风险。比如，英格兰银行计划将气候风险纳入未来的压力测试。我认为，监管机构和整个行业都应该反复讨论类似问题，仔细思考未来可能出现的机遇和风险。

金融行业在气候变化这一重大问题上应发挥何种作用？是否已经做出了足够的努力？

不够。在我看来，金融行业应该尽更大努力。这也符合银行的最佳利益。我坚信气候变化是我们面临的最大难题，而如果情况真是这样，那么我们必须竭尽全力履行《巴黎协定》。银行为经济提供资金，因此必须在这一问题上充分发挥关键作用。

一方面，气候风险也是银行面临的风险之一。想想"搁浅资产"就明白了。所以我认为，银行监管应该考虑气候风险，并将其纳入运营风险中。另一方面，气候变化也为银行带来了重要商机。实现《巴黎协定》的目标需要大量投资，银行在这方面可发挥的作用既有益于社会建设，又能为自身带来利润。许多投资者对绿色投资越来越感兴趣，银行也可以开发这方面的新业务。

**金融危机后，银行监管的主要目标之一就是防止金融机构在未来"大而不能倒"，并且无法悄然退出市场。这个目标实现了吗？**

我不认为没有实现。监管者高度重视这个问题，并为此成立了一个额外监管机构，即金融稳定理事会。不过，我也承认仍有一些庞大而复杂的银行对金融稳定造成了威胁。任何人都不该对此掉以轻心。

**尊敬的多布雷特博士，感谢您接受这次长时间采访。**

我也非常感谢您！这是我接受过的最详尽的一次采访。银行业涉及的话题实在是太多了，永远也讲不完。

\* \* \*

# 1

# 全球化时代的金融稳定

# 1.1　经济政策的贡献之保障金融稳定

*2011年1月27日，星期四，布鲁塞尔，于德国股票协会新年招待会上的演讲*

## 1.1.1　引言

女士们，先生们：

　　感谢你们邀请我参加贵协会在"欧洲之心"布鲁塞尔举办的新年招待会。今天，能够在这里发表演讲，我感到很荣幸。岁末年初之际总会使人在回顾和反思过去一年的同时展望新的一年。怀着这种心情，我将首先回顾2010年的经济运行情况并展望2011年的经济前景，而后再探讨金融市场的监管问题和眼下的债务危机问题。我有意避免将这场债务危机称为"欧债危机"，因为公共债务高企绝非欧洲独自面临的问题。不过，既然身处布鲁塞尔，我不免要对欧元区所需的必要应对措施做出一些总结。

## 1.1.2　2010 年及2011 年的经济形势

　　2010年的经济形势迎来了转机。全球经济明显复苏，出乎意料的是，德国经济在金融危机的压力下强劲回暖。过去一年其经济表现大大超过了在年初时设立的增长预期。德国国内生产总值增长达3.6%，最大限度上弥补了2009年4.7%的暴跌。在这一过程中，全球经济和贸易的快速复苏无疑使德国受益匪浅。近来国内需求也渐有涨势，不过国内需求在危机最严峻的时期就已经是维持经济稳定的重要因素了。面对异常严峻的负面冲击，德国经济在危机期间表现出的韧性，尤其要归功于德国在过去十年的前五年实施的重大改革。值得一提的是，劳动力市场有增无减的灵活性使德国在这场危机中的表现可圈可点，不仅稳定了私人消费，更使企业能够在经济回升时满足意料之外的强劲需求增长。

然而，不是所有欧元区国家都顺利度过了这次危机。事实上，欧元区各国的经济状况可谓是有人欢喜有人愁。欧元区内部增长率的差异早已存在，只是如今形势逆转，德国成了欧元区的经济增长引擎。我们不应简单地将这种内部差异看作一种周期性现象，更需要认识到它们是欧元区边缘国家受到结构性调整危机影响的结果。考虑到这些国家所面临的困难以及整个欧元区可能受到的影响，要对2011年经济形势进行展望就必然要从这场危机中汲取教训，并在此基础上做出正确决策。目前我们认为全球经济将在2011年继续复苏，尽管增速会较去年放缓。基于这一假设，德意志联邦银行在2010年12月的月度报告中预测，2011年德国国内生产总值增速将升至2%，而2012年的增速将会放缓至1.5%。这表明，截至2011年年底，德国就能恢复到危机前的生产水平，同时恢复满产。自该月度报告发布以来，各项指标也都支持这一持续复苏的预测，经济恢复水平甚至可能超出预期。

由于投资信心受债务危机打击，资本市场在去年的发展也受到影响。股票价格的剧烈波动充分展现了市场参与者对于几大工业国家经济形势的不安，以及对几个欧元区国家偿还巨额债务能力的怀疑。即便如此，企业的融资成本所受影响并不大。与近五年的平均水平相比，企业融资成本实际上有所下降。然而，工业国家的股市表现却是天差地别。截至年末，日本的日经指数下跌了3%，而美国的标普500指数和德国的CDAX指数却分别上涨了13%和14%。就连标普500指数和CDAX指数对经济的乐观情绪也只是在下半年才随着经济前景的明朗而占了上风。

## 1.1.3　金融市场监管

这次的危机充分证明了加强金融市场监管的必要性，因为金融业就处于这场危机的核心。保证金融稳定理所当然成了政策议程的重中之重。G20议程以及 11 月在首尔举行的 G20 峰会也彰显了金融市场监管任务全球化的一面。一些旨在保障金融稳定的重要改革已经获得批准，或至少已经启动。提高了对于资本数量和质量要求的《巴塞尔协议Ⅲ》是其中最突出的成就。《巴塞尔协议Ⅲ》大幅提高了最低资本限额，并将在 2013—2015 年这段长达两年的过渡期内分阶段落实。这项协议还将在 2016—2018 年逐步引入额外缓冲。这些措施旨在提高金融机构应对损失的能力，从而降低其资不抵债的概率——这可以说是保障金融稳定的第一道防线。

针对系统性风险的措施则成为第二道防线。假如第一道防线失守，金融机构破产，第二道防线就会生效。在这方面，金融稳定理事会（FSB）目前正在制定强有力的监管政策以维护金融稳定。而在国家层面，德国最近也通过了重组破产金融机构的法律。这无疑是一个可喜的进展，不过与其他领域的市场监管一样，德国重组破产金融机构的法律必须与各国重组机制兼容才能生效。而在组织层面，欧盟近期成立的欧洲系统性风险委员会（ESRB）也已于上周开始运作。该委员会致力于通过宏观审慎的分析和监测来尽早识别系统性风险。

针对系统性风险的其他措施目前正在制定中，并将贯穿我们 2011 年的工作。因为这些措施无不需要进一步的讨论或是正式批准。系统性风险的复杂性注定我们要采取多管齐下的方法来应对。其中需要考虑的问题繁多，如怎样应对那些"大而不能倒"的金融机构，是否可以通过实施金融稳定理事会的国际薪酬制度来改善公司治理等。而在提高金融市场运作透明度方面仍有诸多问题亟待讨论，如强制"影子银行"体系中的机构进行注册，以及对合约和衍生产品处理进行标准化等。金融市场监管的相关工作将会填满我们2011 年的日程。

## 1.1.4 公共债务危机

尽管在经济复苏和监管改革方面取得了一些进展，但 2010 年仍将因为欧元区公共债务危机而被铭记，因为这一年标志着危机进入了第三阶段。在金融与经济危机中，尤其是雷曼兄弟破产事件之后，许多国家为防止重要市场在金融和经济动荡期间崩盘而进行担保或施行花销巨大的财政措施，因而欠下高昂的债务。大多数国家都是这么做的，但因市场参与者丧失对其偿付能力的信心而蒙受重大损失的却只有一部分国家。其中的缘由要追溯到更早的时期：在这次危机发生的几年前，这部分国家的财政及金融政策就已经出现了疏漏，导致国家预算中隐性和显性负债越来越多，进而丧失了市场竞争力。因此，增加它们主权风险的并非金融市场的投机力量，而是其薄弱的基本面。

5月，市场信心首次跌至谷底。为避免对整个欧元区的金融稳定产生威胁，针对希腊的全面援助措施开始实施，因为当地的情况最为严峻。对希腊的财政支持与一个须受严密监管的调整方案挂钩，旨在恢复希腊公共财政的可持续性。除此之外，国际货币基金组织（IMF）、欧盟以及欧盟成员国还出资建立了一个援助预案以防未来危机加剧。我再次强调，成员国若想获得财政支持，就必须实施严格的调整方案以保证公共偿付能力。这一条件至关重要。财政支持可以争取一些时间，但市场对于公共财政可持续性的信心只有在相应国家有了实质性的结构改善后才会回归。无论是在希腊还是在爱尔兰都一样。爱尔兰因支持其臃肿的金融业而不堪财政重负，于11月向欧洲稳定基金（EFSF）、欧洲金融稳定机制（EFSM）和国际货币基金组织寻求援助。

要确保未来金融体系稳定和有效运行，就必须维护公众对公共财政稳定性的信心。实现这一目标不仅需要可靠的公共财政整顿，还需要改善欧洲货币联盟（EMU）的经济治理以保证中长期内实行审慎的财政政策。在此背景下，我们必须批判地看待有关欧元债券的讨论以及呼吁。欧元债券会裹挟所有欧元区国家共同承担债务，削弱各国独立的财政责任。这会削弱整顿公共财政的动力、国家信誉以及公众对国家偿付能力的信心，与我们的目标背道而驰。

## 1.1.5　结语

女士们，先生们，尽管金融业一直是债务危机的核心所在，但自 2010 年开始的第三阶段危机已经充分证明了健全经济金融政策的重要性，因为公众对国家偿付能力的信心也对金融稳定有着实质性影响。目前，欧元区已经找到了应对债务危机所需的必要措施。希望本次演讲已经明确了以下内容的必要性：

①迅速进行长虑顾后的预算整顿，以恢复公众对公共财政的信心；

②强化《稳定与增长公约》，避免成员国再次陷入金融不稳定的局面而引发金融与经济危机；

③建立监测和预警机制，以便在必要时尽早采取应对措施；

④建立危机解决机制，使欧元区能够在不违反不救助原则的情况下妥善处理陷入危机的国家，从而激励负责任的、以稳定为导向的财政政策；

⑤有必要实现国家"债务刹车"，在预算整顿后保持其收支平衡。

这场债务危机无情地披露了监管体系的种种弱点，揭示了我们经济和财政政策的缺陷。如果我们能够完善金融体系的监管框架并严格控制政府预算，就能在未来确保金融稳定时占据有利地位。这是我们在 2011 年必须完成的重要任务。

女士们，先生们，欧洲并不仅只是经济和货币的结合体。欧洲的传统、文化和多样性正促使其成为新的统一体，而我们都受到为实现这一目标贡献力量的呼唤。路漫漫其修远兮，只要我们怀揣勇气、敞开胸怀、开诚布公，就可以克服一切困难。

诚愿诸位在 2011 年健康幸福。尤愿欧洲在新的一年继续取得成功，这值得我们为之奋斗。

谢谢大家。

\* \* \*

# 1.2 把握系统性风险的规则与工具

*2011年10月4日，星期二，伦敦，于SVP Global举办的"欧洲不良资产与信贷市场展望"欧洲研讨会上的演讲*

## 1.2.1 引言

女士们，先生们：

举办这次研讨会的时机正好。继今早有关"欧洲不良资产与信贷市场展望"的讨论后，很高兴能有这个机会让我跳出市场层面，为此次讨论添加监管这一新维度。

此次金融与经济危机动摇了全球金融系统的根基，无情地揭露了国际金融监管的弱点。在一些交通事故多发地，当地政府往往会加设安全护栏，实行限速或者分流。除此之外，每辆车都必须定期年检。发生金融危机这场重大事故后，许多人都担心监管改革会导致监管不断升级。我并不同意这个观点。

作为一名中央银行家，我评估此次监管改革的标准是，它能否增强金融系统的抗风险能力。最理想的是，此次监管改革的结果应是长效的，且不会对市场竞争等方面产生负面影响。然而道阻且长，银行业将会因此承受一定的代价。

## 1.2.2 国际改革议程：我们取得了什么成果？

要谈论我们所取得的成果，《巴塞尔协议Ⅲ》就是一个很好的例子。《巴塞尔协议Ⅲ》的内容是国际上采纳的改革框架的要点。这项协议于2010年年底由G20首尔峰会批准通过，已成为新的银行资本充足性和流动性的监管标准，影响深远。简而言之，这项协议的出台是为了提高银行应对未来风险的能力。欧盟委员会近日发布了一项将《巴塞尔协议Ⅲ》内容转化为欧盟法律的立法提案，预计将影响8000多家银行。欧盟委员会援引了国际货币基金组织的损失估算以证明此举的必要性。在国际货币基金组织的估算中，2007—2010年，仅欧洲的银行就因为此次危机损失近1万亿欧元，相当于欧盟生产总值的8%。[1]鉴于这种情况，《巴塞尔协议Ⅲ》在全球范围内推行刻不容缓，否则将会给金融业发出错误的信号。德意志联邦银行乐于见到欧洲在这一领域发挥先锋作用。其他G20成员国也应避免延误或偏离所通过的《巴塞尔协议Ⅲ》。为了保证金融稳定和竞争力，确保《巴塞尔协议Ⅲ》在所有国家同时生效与确保其在全球范围一致推行同样重要。

在欧洲，《巴塞尔协议Ⅲ》适用于所有信贷机构。再用交通来比喻，也就是所有道路行驶者都必须遵守交通规则。改革议程的另一个关键点十分重要，因为它影响的是作为金融系统中流砥柱的大型金融机构，也即系统重要性金融机构。这些金融机构是银行业的重型货车甚至是超级卡车，一旦它们卷入车祸，整条银行业的道路都会被堵死。这些系统重要性金融机构将来必须遵守更为严格的规则，其中最重要的一条就是，它们必须满足比其他市场参与者更高的资本要求。一些人认为监管改革就是让小银行为大银行的过失买单，我并不敢苟同。

为避免金融系统崩溃，许多国家不得不动用大额税款来拯救一些系统重要性金融机构。这些"大而不能倒"的银行所面临的问题以及由此带来的道德风险，都可以通过建立针对系统重要性金融机构的监管框架来解决。不要忘记，如同车辆本应载人一样，金融业也本应是服务于实体经济的。

2011年7月，巴塞尔银行监管委员会和金融稳定理事会发布了一份咨询文件[2]，迈出了金融业改革的重要一步。成员国已就评估银行系统重要性的方法达成一致。此外，各成员国将对系统重要性金融机构征收高于最低资本要求的资本附加费。银行的系统重要性越高，加收的资本附加费也就越高。综合40多篇对咨询文件的评论来看，巴塞尔银行监管委员会的工作结果显然十分出色。尽管目前还需根据基础数据进行一些调整修改，这份咨询文件即将在11月的G20峰会上提交审批。

金融改革议程成功的关键也在于始终如一地实施和监督国际标准。[3]金融稳定理事会的同行审查是实现这一目标的途径之一。金融稳定理事会的成员应以身作则，尽可能严格并长久地遵守这些标准，以期其他金融机构争相效仿。

进行同行审查的一个例子就是薪酬制度。毋庸置疑，银行经理的错位薪酬制度加剧了金融危机。[4]即使是银行经理们也无法否认这一点。G20成员国因此早在2009年9月就采纳了金融稳定理事会《稳健薪酬制度实践原则》，并在此基础上制定了具体的执行标准。[5]此后，巴塞尔银行监管委员会将此制度中规定的披露要求纳入了"第三支柱"。[6]德国是首批实施该薪酬制度的国家之一。《金融机构薪酬管理条例》于2010年10月13日在德国生效。这一条例不仅采纳了相关的国际规定，也考虑了后续的欧盟规定。

## 1.2.3　我们取得了什么进展？

### 1.2.3.1　在系统重要性金融机构的重组和处置机制上的进展

然而，在系统重要性金融机构的重组和处置机制方面，国际监管机构仍任重道远。在自由市场经济下，我们不能也不应该完全排除特定金融机构破产的可能性。危机期间，个别国家的破产程序已经显示出了不足之处，尤其是对跨境机构而言。我们必须能够在不动用税款的情况下让系统重要性金融机构有序退出市场。只有可靠的处置机制才能够消除市场寄望于政府救助的心理，这就意味着具有系统重要性不能等同于"大而不能倒"。

金融稳定理事会就此议题公开征求意见[7]后，已经收到并仔细审阅了超过60篇观点不一的评论意见。由此产生的《金融机构有效处置机制的关键要素》很可能会在戛纳峰会上由G20成员国领导人签署批准。然而，G20成员国必须考虑到欧盟委员会正在就同一问题拟定立法提案[8]。在我看来，我们需要努力促成G20框架和欧盟框架的一致性。

德国迅速把握良机，为处置系统重要性金融机构创造了可能。近期，在德国生效的《重组法案》规定，所有规模的银行都可以有序进行重组和处置。除此之外，整个银行业都必须支付银行税作为重组基金的资金，以便整个行业分担未来度过金融危机的成本。据估计，银行税每年能够给重组基金输送10亿欧元。各机构需要支付的税率取决于其系统重要性，这也是我尤为支持的一点。

不过，我们绝不能让金融机构负担过重。因此我并不太推崇引入金融交易税的计划。尽管我理解征收这种税在道德上的合理性，但错误的激励带来的危害往往大于预期的好处。尤其是当这种税并没有在国际范围内推行时，企业会因此迁移。我们需要在全球范围内，尤其是在欧盟内打造公平的竞争环境。

### 1.2.3.2 在"影子银行"方面取得的进展

女士们，先生们，如果发生一连串车祸，然而涉事交通工具只因为没有被定义为汽车就一直没有进行强制年检，交通管理部门会有什么样的反应？金融业中"影子银行"的情况差不多就是这样。首先，我想要强调的是，在常规银行体系之外进行的"类银行"交易不该被视为坏事。由专门的企业而非银行来进行某些交易活动也许更有益处。"影子银行"不该被视为"反派角色"，我也并不支持这种观点。

问题的关键在于确保金融监管机构掌握足够的信息，以便及时识别"影子银行"中影响金融稳定的风险。要遏制"影子银行"中的风险可能还是需要改变监管方式，尤其要不惜一切代价避免监管套利。因为在更为严格的银行监管下，交易活动和风险必将从银行系统中转移出去。因此，我想要在此倡导信息的进一步透明化。当然，报告责任会带来成本，但天下又哪有免费的午餐呢？每个经济学家都明白这个道理。为了实现金融稳定的目标，承担这些责任带来的成本也值了。相关政府部门也应该强制可能成为系统性风险源的所有市场参与者履行报告责任。

那么，哪些市场参与者有可能成为系统性风险源呢？金融稳定理事会将"影子银行"定义为"游离于传统银行体系之外的信贷中介组织和信贷中介业务"。这些市场参与者可能是非银行实体，如特殊目的机构或货币市场基金。对冲基金也可以构成银行体系外信贷中介链的一环。毕竟，对冲基金能够筹集资金并将资金投资到债券和包含信贷衍生品在内的信贷工具中。但金融稳定理事会对于"影子银行"的定义并不局限于市场参与者，也包括证券化这样的信贷中介业务。

解决"影子银行"问题的工作进展顺利。今年秋天，金融稳定理事会将向G20提交正式报告，重点提议填补透明度和监管方面的漏洞和缺陷。这些建议将会在明年得到具体完善。我再次强调，对"影子银行"的监督和后续可能的监管主要针对的是这一体系中可能出现的系统性风险。

### 1.2.4　我们还有什么尚待完成的任务？

从金融危机中我们还可以吸取另一个教训：危机发生前主要监管个别金融机构并不足以维护金融稳定，有侧重点的监管必须与宏观审慎监管并重。后者旨在尽早识别系统性风险和监管漏洞，以便迅速采取应对措施。为了实现这一目标，我们尤其需要夯实金融监管的数据基础——正如"影子银行"的情况所示。

为了与当前正在制定的国际标准保持一致，德国执政联盟提议扩大德国央行对金融系统的宏观审慎监管职能。据我了解，基于此项提议的立法工作正在进行中。我对此表示大力支持。

中央银行特别适合负责金融系统的宏观审慎监管，因为中央银行本来就有责任时刻关注市场动态。如前所述，中央银行也意识到了监管举措带来的副作用。比如，在《巴塞尔协议Ⅲ》获采纳前，中央银行专家就已经详细分析了向该协议过渡对宏观经济的影响。[9]一项有关计划中的系统重要性金融机构资本附加费影响的拓展研究已经得出初步结论，预计资本附加费在计划执行期后对经济增长的负面影响相对较小。

在我看来，解决这些问题的重点是跳出传统监管的局限。这也适用于最近国际监管措施对国内银行再融资条件产生影响的问题。除了信用评级机构的评估以外，多方证据也表明影响银行个体融资成本的主要是机构特定因素，如资本、资产负债结构和经营模式等。这些因素造成的影响，往往比宏观经济环境和监管成本造成的影响更大。总而言之，监管提案的庞大数量、复杂内容以及未完善措施，都使我们难以把握整体情况。但最终影响银行再融资条件的决定性因素，可能还是竞争形势和银行自身因素。

## 1.2.5  结语

女士们，先生们，中央银行和金融监管部门面临着一项艰难的平衡之举。一方面，为了保持金融稳定，我们必须收紧制度和监管框架并使二者与国际标准一致。另一方面，新规不得过分加重市场参与者的负担，且必须从宏观角度评估其监管效果以及对市场竞争的影响。

然而，监管规则只能定下金融交易的框架。市场参与者也必须为强化金融系统尽一份力，比如改进自己的风险管理。

中央银行和金融监管者会一步一个脚印地完成议程，也请在座诸位大型投资机构的代表完成手上尚待完成的任务。既然我们可以说是同心同行，那么我希望能够与你们保持沟通对话。良好的沟通总是避免冲突的最佳方式。

\* \* \*

# 1.3  少即是多？论融资在经济中扮演的角色

2016年5月30日，法兰克福，于莱布尼茨金融市场研究所SAFE（Sustainable Architecture for Finance in Eurpoe，欧洲金融可持续体系结构）金融市场监管会议上的晚宴演讲

## 1.3.1　引言

尊敬的基克先生，

女士们，先生们：

鉴于我的演讲阻碍了下一道菜上桌，我会尽量言简意赅。

通俗来讲，疯狂就是重复做同样的事，却期望能得到不一样的结果。[10] 按照这个标准来看，现有的金融监管又有多健全呢？

此次会议议程中有许多关于金融监管的新议题，似乎应对金融危机的举措已经足够牢靠了。在我看来，在座诸位的见解以及这次会议本身都很有价值，有助于我们理解强有力的金融监管的必要性，以及金融监管对于经济和社会的作用。

既然诸位会用一整天的时间来深入探讨这些问题，我也就不再深谈金融监管了。

相反，我要谈论的是金融政策制定中尚存的一个根本问题——我们目前的金融政策很可能符合我刚刚所说的疯狂的定义。这就不免涉及另一个问题——我们究竟需要多少融资才能解决目前的经济问题？

若是在此次金融危机爆发前的三十多年里，这个答案很简单，那就是"越多越好"。正是这种思维模式使我们陷入了一场波及至今的危机。继续依赖于更多的融资似乎不太妥当。

我认为，核心问题在于思维模式。我说的是认为信贷融资活动的增加可以直接促进经济增长的观念。根据这一简单直白的观念，银行的杠杆和流动性会带来更多的贷款，进而促进投资，最终实现经济的增长与发展。在这种观念的影响下，一部分人再次主张降低监管的严格程度并增加融资来助力经济发展。

我将这种思想称为"融资主导的经济增长策略"。我深信我们必须摆脱这种看似很吸引人的观点，以及与之一脉相承的各种思想。因此，今晚我要谈论的是我们当前面临的各种经济挑战，还有融资和金融监管在支持经济可持续发展方面的作用。

## 1.3.2　当前经济的少与多

此次金融危机过后，金融监管被视为经济的救星。然而，目前的世界经济环境和大多数发达国家的经济现状正在瓦解这一美名。在民粹主义压力下，人们寻求可以创造就业机会、实现经济增长的简单政治方案。而在这样的局势下，金融便成了想象中的灵丹妙药。

这种情况和2008年之前很相似。随着近年来全球经济增长持续低迷，这种情况似乎正在卷土重来。国际货币基金组织4月发布的月度报告标题十分贴切——《太慢了，太久了》。[11]不仅如此，国际货币基金组织预计经济增长仍将处于停滞状态。这些经济增长问题似乎都源于最根本且最艰巨的经济挑战，如由于需求疲软或供应疲软导致的经济增长长期停滞、债务积压、人口结构变化等。

只顾选举周期而不顾将来的政策无法解决这些经济挑战。也许正因如此，旨在恢复产出水平和经济增长的政策应对措施的成功往往只是昙花一现。大多数发达国家的经济增长正在放缓。现在该怎么办？

过去，应对经济增长乏力的常见做法之一就是采用金融主导的增长政策。但这样的策略存在一些问题，并非良性的政策取向。最近的这次金融危机也成为这个观点的又一力证。然而，过多的金融活动不仅会导致金融动荡，还会使经济增长被累累债务拖垮。

过于臃肿的金融系统和极端的杠杆已经使世界经济陷入债务堆积，多个国家债台高筑。过度的信用创造为金融危机的爆发铺平了道路。在危机期间，很明显各国需要降低杠杆，尤其是金融业的杠杆。但在这方面的进展微乎其微，致使金融系统仍未能稳定下来。[12]

更糟糕的是，想要从根本上动摇高筑的债台势必会对金融系统的稳定产生持续的负面影响。对于信贷可持续性的怀疑进一步助长了对整体经济和金融业的不信任。即便在大多数情况下，我们都假设经济环境能够恢复到金融危机前的状态，不良贷款和不可持续的经营模式还是会拖累金融系统的韧性。

可见，虽然融资主导经济增长看起来很吸引人，但再次追求这样的增长可谓是疯狂了。

### 1.3.3　多少才算够？增加融资并非灵丹妙药

不过，决策制定者已经在寻找解决方案了。不幸的是，一些人仍然认为增加融资是鼓励投资、促进发展的可靠方法。在20世纪80年代，这类融资主导经济增长的政策一度是主流。也就是说，金融自由化曾是促进金融发展议程上的重要内容。这种直觉似乎也有理论支持。一些研究表明，金融发展与经济增长密切相关。[13]

尽管在早期阶段，融资似乎十分有益于经济增长，但它也对经济造成了严重的负面影响。我们吃过一堑，才明白融资并非万能的灵丹妙药！原因有二。第一个原因是，增多的信贷和融资会导致更频繁、更严重的金融危机。[14]过量的信用创造会削弱金融系统，提高金融危机发生的概率。债台越是高筑，金融危机后的经济衰退就越严重。[15]

而且，金融动荡并非债务过多的唯一后果。增加融资并非灵丹妙药的第二个原因是，一旦杠杆超过国内生产总值的90%，就会阻碍经济增长。近期证据表明，我们确实已经融资过多了。[16]一旦私营部门的信贷达到国内生产总值的100%，金融深化就会对产出增长产生负面影响。大多数发达国家在金融危机前就已经超过了这一水平，直至今日仍是如此。

近期研究发现，金融深化开始产生负面影响的阈值更低了。切凯蒂和哈鲁比在国际清算银行的一份工作文件中写道，一旦公司债务超过国内生产总值的90%，或家庭债务超过国内生产总值的85%，信贷对国内生产总值增长的影响就会转为负面。[17]经济合作与发展组织（OECD）去年发布了一份有关金融和包容性增长的报告，称一旦私人信贷总额（即家庭信贷与企业信贷总和）超过国内生产总值的90%，私营杠杆对国内生产总值增长的影响就会转为负面。

我们确实没有办法精密计算出合适的杠杆水平，但我们可以得出两个至关重要的结论：第一，债务积压是确实存在的问题；第二，大多数发达经济体和新兴经济体目前的杠杆水平都已超过了阈值，开始对经济产生负面影响。与金融主导的经济增长议程相比，这两个结论为审慎的经济政策和监管策略提供了更好的指导。

因此，对于欧盟和美国这样的发达经济体来说，在一定限度内增加信贷和金融活动是有益的。但在大多数发达经济体中都已经超出了这一限度。

### 1.3.4　更好的融资？那就请提高质量吧

我们能从中得到什么启示呢？那就是，增加融资并不能解决我们当下面临的问题。固守"融资越多，经济增长越快"这种简单粗暴的发展路径难以为继。这种发展路径的隐患在于，它会使我们专注于提振增长预期这一当前最紧迫的问题上，从而忽略了长期、根本性的目标——建立一个服务于实体经济的稳定金融系统。[18]这样一来，我们也就无法实现可持续增长。

但与此同时，对金融中介活动的过度限制也肯定会损害经济的发展。

所以，正如大家所知，融资与经济增长之间不存在简单的正负线性关系。这是因为常用来衡量金融深化对经济发展影响的指标存在问题。这一指标就是私人信贷占国内生产总值的比例。这一衡量标准很粗略，没有办法衡量金融系统的质量和效率。但这两点又恰恰是发达经济体进一步发展的关键。

现有粗略衡量指标的问题映射了一个政治现实问题：简单的衡量方法可以使研究者建立起庞大的数据集并发表大量论文。同样，融资主导增长策略使决策制定者可以通过简单的政治叙事，赢得民众对选举或者某些政策的支持。科学问题和政治问题本质上是一样的：复杂内容和具体细节一点也不吸引人。

金融危机前，宣称"金融活动越多，经济增长就会越多"的确很受欢迎。道理很简单。这话直截了当，很吸引人。

但这一说法却变成了"空头支票"。要想让人们接受新的真理，就得理解金融质量的复杂本质，认识到金融在经济中发挥的微妙而间接的作用。换句话说，我们必须认识到，金融中介的质量决定了金融业在实体经济发展中起到的作用。而随着经济越来越发达，金融中介的质量也变得越来越重要。

融资质量体现在其服务经济的五种机制中。支付服务能够降低交易成本；储蓄的汇集可以克服投资不可分割的问题；对投资和贷款的大规模筛选和监控降低了成本，促进了总体投资的增长；流动性风险的降低促进了长期投资；分散投资降低了横截面风险和跨时期风险。

然而这些功能都不能直接推动经济增长，只是能起到辅助经济发展的功能。例如，支付服务是货币经济的重要支柱。收集和汇集储蓄、筛查投资亦如是。不过，这些功能本身都不能发展经济，只是使发展经济变得更容易。这意味着金融只能通过辅助实体经济的发展来促进可持续的经济发展。

那么，我们能从中得到什么启示呢？第一，我们应该对金融市场内部交易的经济价值持一定的怀疑态度。第二，金融中介功能是高质量融资的重要组成部分，尤其是针对企业和投资项目的金融中介功能。第三，私人信贷是一把"双刃剑"，过多的私人信贷会危及金融稳定和可持续的经济发展。

总而言之，追求经济发展时，我们应减少对廉价信贷渠道的关注，更多地思考以下两个问题：哪些类型的投资对促进经济和社会进步至关重要？金融业要如何提高金融中介的质量？第一个问题交由政治家和公众进行讨论。第二个问题则要靠整个业界、相关研究者和监管者来给出答案了。

## 1.3.5 结语

女士们，先生们，三十多年来，融资主导经济增长的议程掩盖了金融系统失控的危险，对经济造成了严重的负面影响。增加融资并非"万灵药"。超过可持续发展的限度后，过多的信贷和融资可能会带来更频繁且更严重的金融危机。即使不发生金融危机，一旦信贷和融资总额略微超过国内生产总值的100%时，仍然会拖慢经济增长。

在敲定、落实和实施旨在恢复金融稳定的改革时，我们绝对不能再走回头路。

此外，我们还需要渡过一些难关，如经济增长的长期停滞、债务积压趋势对经济的影响、敲定和落实必要的结构性改革。我们还需要了解金融业如何才能为经济做出有效贡献，即金融中介怎样服务于发达国家的实体经济。

归根结底，发达经济体所需的不是融资数量的增加，而是其质量的提高。

那么，请允许我引用《小王子》作者圣-埃克苏佩里的一句话，"完美不是加无可加，而是减无可减"。此中智慧或许能使金融决策制定者大受裨益。为免妨碍诸位继续享用美妙的晚餐，我的讲话就到此结束吧！

\* \* \*

# 1.4 要多来点止痛药吗？为什么融资不是解决经济增长问题的"良药"

*2016年4月8日，美国纽约州阿蒙克，于哈佛法学院"构建21世纪金融系统：欧美议程"论坛上的专题演讲*

## 1.4.1 引言

尊敬的斯科特教授，
尊敬的女士们，先生们：

2016年是"国际金融制度研究项目"成立的第三十年。对于人类来说，30岁是开始意识到抽烟、喝酒和加班伤身的年龄。年轻享乐时忽略的坏习惯最终还是对身体产生了影响。在座的各位中，应该有不少人对此有共鸣。

可以说全球经济如今也到了生命周期中的这一阶段。但全球经济已经38岁了，其在2008年金融危机肆虐时正步入而立之年。那时，全球经济已经意识到没有节制的行为会危害其长期健康。现在世界经济又老了8岁，那么它是否比8年前更明智了呢？换句话说，我们是否戒掉了足够多的坏习惯以期未来四五十年的兴盛发展呢？还是说我们仍然不知节制，使未来的全球经济背上沉重的负担？

在今天的演讲中，我将指出我们在变革方面的不足。为了全球经济能够恢复健康并保持繁荣发展，我们必须改变决策习惯。我们必须朝着更可持续的综合方向发展：少吃止痛药，少喝酒，加强康复治疗并节制欲望。

## 1.4.2　身患两疾

我们的讨论对象——世界经济，仍在努力适应"三十而立"的新现实。它同时染上了两种疾病。

第一种疾病是危机前过于不节制的生活方式产生的后果。我说的这种疾病就是过度膨胀的金融系统和极端杠杆。它们给世界经济造成了持久负担，即堆积如山的债务。正是这种过度杠杆引发了金融危机。在金融危机期间，显然我们需要降低杠杆，尤其是金融行业。但这方面的进展甚微，致使金融系统变得极不稳定。[19]

第二种疾病是在过去七年里长期停滞的世界经济增长。[20]大部分应对危机的政策都是为恢复生产水平和经济增长而制定。但大部分发达国家的经济增长已经如同一潭死水了。

因此，全球经济同时受经济增长停滞以及债务过多的折磨。这两种疾病很难治疗，尤其是经济增长停滞背后的病因不明。[21]经济增长停滞是因为不健康的过度融资吗？抑或有更深层的原因？还是说这可能是一种更复杂的情况，即沉重的债务和低增长在恶性循环中相互助长？

### 1.4.3 融资止痛药并非治病良方

我们应该如何治疗这两种顽疾？融资主导经济增长曾是20世纪80年代的主流政治策略。这意味着金融自由化曾是促进金融发展议程上的重要内容，而货币政策则是应对金融动荡的手段。

其实，在所谓的"大稳健时期"，也就是自20世纪80年代到2007年，货币政策确实保证了金融系统高度稳定状态。这一阶段的特征是经济增长率和通胀率的波动极低。这样的结果至今仍可以说是一件好事。很多人将这个结果归功于，至少部分归功于中央银行所制定的系统性货币政策。然而，这期间我们也付出了一定的代价。货币扩张推高了流动性水平，进而促进了资产负债表扩张和过度冒险。[22]

用本·伯南克的话说，"在'大稳健时期'，金融稳定大多时候并不是货币政策讨论中的重点。"[23]

由于这样的经历，医生在治疗患有相同症状的病人时就不会再开止痛药了。但事实却是，货币"药物"的剂量从2008年开始增加。先是超低利率，然后是量化宽松，最近更是发布了多项旨在刺激通胀和经济的货币措施。

货币政策提供的流动性固然稳定了金融系统，但也推动了资产价格攀升。[24]金融危机前扩张性货币政策的后果应该足以提醒我们不要重蹈覆辙。提供源源不断的流动性只是一种"止痛药"，并不能从根本上治愈当前的经济顽疾。

金融危机前，常用于支撑金融发展的第二种"止痛药"是放松管制和监管"低干涉"。其背后的理念是，宽松的政策会刺激投资。不幸的是，这反而导致了信贷泡沫的膨胀。

严格的监管和负责任的监督是防止未来再度出现信贷泡沫的关键。的确，自金融危机以来我们已经取得了很大进展：全球层面的《巴塞尔协议Ⅲ》和总损失吸收能力的提升、美国的《多德-弗兰克法案》、欧元区的银行业联盟。有些人甚至觉得监管已经超出了合理范围。然而，事实恰恰相反：更高标准的监管措施推动了信贷中介和经济的发展。遇到看似引人信服的有关资本成本的主张时，就需要牢记这一事实。金融危机期间得到的经验以及实证证据已经证明这些主张是站不住脚的。[25]

总之，这些政策既非长期可行，也不能提供系统性的治疗。相反，它们只是止痛药。因此，我所思考的重要问题是，我们应该继续吃更多止痛药来治疗这一症状吗？还是说我们应该做出根本性的改变来根治潜在问题。

### 1.4.4　融资不是促进经济增长的"万灵药"

换句话说，我们是否需要制定更多货币政策和金融政策来刺激全球经济？更根本的说法是，我们是否需要更多的融资来修复经济？

过去三十多年里，这个问题的答案很简单，那就是"越多越好"。科学证据也支持这一直观判断。研究表明，金融发展与经济增长密切相关。[26]人们在政治上也更偏好融资主导经济增长的政策。因此，放松管制曾是发展议程上的重要内容。

我不愿再赘述这种政策引发的后果。我们只需记住上次信贷泡沫破灭后银行乃至整个社会付出的巨大代价。[27]

此外，基于历史数据的最新科学证据表明，融资过多是切实存在的问题。[28]一旦私营部门的信贷达到国内生产总值的100%，金融深化就会对产出增长产生负面影响。在金融危机前，大多数发达国家已经远超这一水平，且至今仍是如此。

因此，对欧盟和美国这样的发达经济体的诊断就是，一定限度内的融资是有益的。但大多数发达国家已经超过了这一限度。

### 1.4.5　如何"对症下药"？少用"止痛药"，多用"治本方"

我们从中得到的启示是，更多的融资解决不了我们当前的问题。

固守"融资越多，经济增长越多"这种简单粗暴的发展路径难以为继。

这种发展路径的隐患在于，它会使我们专注于提振增长预期这一当前最紧迫的问题，从而忽略了长期的、根本性的目标，即建立一个服务于实体经济的稳定金融系统。这样一来，我们也会牺牲可持续增长。

大多数医生可能都会认可，提供周密的治疗方案比一周开一盒止痛药更能保证患者的健康。但如果问他们具体要开什么药，就会像向不同的经济学家咨询宏观经济政策建议一样。每个医生可能会给出多个治疗方案，最终方案的数量可能比患者的数量还多。

我们需要的是更为精简、质量更优的融资，即服务于实体经济和可持续发展的融资。我们要如何实现这一点？可以从许多角度出发回答这一问题，但我想强调的是金融监管监督和货币政策。

如前所说，作为一种"止痛药"，货币政策提供的流动性并不能拔掉当前经济顽疾的"病根"。在经济结构改革缺乏进展的情况下，放宽货币政策并不能实现经济的可持续发展。然而宽松的货币政策可能会助长经济泡沫，所以确实会影响金融稳定。因此，我们需要找到正确的"退出策略"。一旦经济条件允许，中央银行就必须认真考虑如何抽身离开。

从更宏观角度来看，在优先保持物价稳定的同时将金融稳定因素纳入货币政策是未来一大挑战。我乐于见到中央银行努力朝这个方向迈进。

可靠的监管和负责任的监督也是稳定金融系统不可或缺的要素。除了危机爆发以来我们取得的进展外，我们还需要采取三项措施。首先，我们必须切实执行所商定的改革。比如，我们必须落实新的内部纾困机制，以免政治家在危机时抢先一步实施内部纾困。"僵尸银行"不该因政治原因而继续存在。内部纾困机制的不确定性只会使市场更加动荡。

其次，我们必须以坚定的态度监管银行。银行若没有能力管理自身风险，监管者就必须采取强制手段，甚至可以在必要时采取惩戒措施。因此，监管者有责任在必要时提高对单个机构的资本要求。与此同时，我们还必须注意避免让风险活动转移到监管范围以外的领域。

最后，我们决不能过早停止改革。我们必须结束对主权敞口的优待，规范"影子银行",稳步推行《巴塞尔协议Ⅲ》。诚然,如巴塞尔银行监管委员会和G20成员国阐明,各方已经承诺不会大幅提高平均资本要求。但以一些德国银行为例,它们的监管资本已经在2010年12月至2015年6月期间翻了不止一倍,从580亿欧元涨到了1180亿欧元。因此,我们已经实现了资本的大幅增长。但毋庸置疑的是,高风险投资组合将面临更高的资本要求。此外,不大幅提高资本要求的承诺并不意味着该要求会回落到危机前的水平。

在落实、实施和执行旨在恢复金融稳定的改革时,我们至少不能重拾过去的陋习。金融中介对于我们这些发达经济体至关重要。但如果不受监管或是监管不力,金融中介就可能弊大于利。在做出每一个决策时,我们都应该牢记这一点。

监管规则和执行说得再多也只是纸上谈兵,只有银行和投资者做出相应改变,这些规则才能促进改善金融运作。银行必须调整商业模式,尤其是欧洲的银行。银行必须定下可持续的盈利目标,且不能违背行业道德。

毫无疑问,这样的金融政策需要辅以根本性的经济政策改革。但我坚信,稳健的金融和货币政策将塑造稳定的金融系统,长期服务于实体经济的发展。

## 1.4.6  结语

尊敬的同事们,我们正同时面临两大挑战:一是重振经济增长,二是建立一个适应21世纪需求的可持续金融系统。

我坚信我们的政策必须力求解决长期问题,或者说应是一剂药效持久的良方,而非无休止的止痛药处方。当然,我们也不应无视当下的短期挑战。但我们绝不能实施那些鼓励过度负债的解决方案。治愈经济增长顽疾的良方中,金融是一味重要的药材。但这味药材需要的不是大量的融资,而是更优质的融资。

节制的道理我就讲到这里，现在大家可以尽情享用午餐了！

\* \* \*

# 1.5　压力之下，欧洲银行业是否需要整合？

2016 年 10 月 13 日，法兰克福，于"全球并购交易"大会上的演讲

## 1.5.1　引言

女士们，先生们：

大约一周前，一项能够启发银行业的研究成果斩获了诺贝尔生理学或医学奖。获奖者是日本科学家大隅良典，他研究的是人体细胞如何分解和回收因抵抗疾病等活动产生的细胞垃圾。大隅良典发现，当细胞衰老等原因使细胞处理垃圾的自噬过程受到干扰，就会严重影响人体健康。

我认为金融危机揭示银行内部有害的细胞物质后，我们确实需要这种自噬机制。

危机八年后，我们面临的问题是，银行这一有机组织是否能够成功处理或回收金融垃圾。

今天，我将着眼欧洲，审视这个问题。我还将探讨并购是否能成为欧洲银行系统的治愈机制。

## 1.5.2　状况不佳？欧洲银行的现况

过去几个月，市场对欧洲银行的忧虑情绪一发不可收拾。虽然没有造成恐慌，但媒体铺天盖地的讨论却让我们产生了恐慌已然来袭的错觉。

现在，让我们冷静而现实地审视事实。今年，欧洲银行股不得不顶着诸

多不利因素的冲击逆风前行。虽然欧洲斯托克50指数代表的欧洲整体股市基本保持不变，但欧洲斯托克600银行指数却暴跌逾30%。与此同时，银行股仍处于剧烈波动中。不过，这种剧烈波动很可能与英国"脱欧"带来的恐慌情绪密切相关。

这样的市场表现似乎预示着某种末日即将来临。这样的推测合理吗？

显然不合理。当前对欧洲银行业的种种担忧有些危言耸听之嫌。诚然，银行业尚未做好在后危机时代的新环境中取得成功的准备。市场情绪恰恰反映了这一点。但剧烈的市场波动没有考虑到这样一个事实，即欧洲银行的偿付能力毋庸置疑。这便是人们夸大其词的原因。

换言之，尽管欧洲各银行仍在奋力寻求新的长期策略，以图在迥异且充满挑战的新经济环境中脱颖而出，但从中短期来看，它们各项指标仍然正常。欧洲银行业协会近期进行的压力测试也证实了这一点。

但长远来看，银行的一些特质和习惯仍可能酿成严重健康问题，除非它们彻底改变生活方式。

让我们来看一些银行健康方面的铁证吧。虽然不良贷款对一些金融机构而言依然是个大难题，但欧盟各银行的资本状况已经得到改善：如今，欧元区银行的一级资本比率总体约为15%。这比2008年初金融危机前的水平足足高出6个百分点。银行活力充足、抗风险能力高的另一标志，就是普通股权益与总资产之比的提高。在危机爆发之前，欧洲各银行持有约3.6%的非加权普通股权益；而如今，这一比例的平均值已达5.5%。

为了做好应对市场困境的准备，各银行也普遍满足了新制定的流动性充足这一健康标准。

欧元区新的银行监管机构，即单一监管机制，也为实现更严格的监管和打造更加强大的银行添砖加瓦。

所以就目前而言，欧洲银行业远未到濒临崩溃的边缘。决策制定者和银行家们努力推行的改革已经取得了实质性的进展，尽管有些重要改革尚未完成，如切断主权与银行之间的纽带。

不过，保持健康是一回事，保持最佳状态以应对未来可能出现的任何挑战又是另一回事了。要达到最佳状态，银行还要付出很多努力。

目前，欧元区银行效率过低。尽管效率和盈利能力因国家和金融机构而异，但许多金融机构仍在苦苦支撑以期实现可持续盈利并尽量减少其波动。提高盈利能力本身并不是银行的目标，只是达成目标的手段。而这个目标就是保持银行稳定，保证银行能够满足监管资本要求。这就是监管者对银行盈利能力下降感到担忧的原因。与之相类，效率也是达成盈利这一目标的手段，因为提高成本效率就可以提高回报率。

要想保持最佳状态以应对未来挑战，欧元区各银行就必须努力提高运营效率并调整收入来源。这对许多乃至绝大多数金融机构来说都是当务之急。

所以，虽然银行业总体呈健康状态，但显然还有很大的提升空间。这个问题不容小觑，因为银行的未来荆棘满途，面临着好几项艰巨的任务。

鉴于我的讲话安排在你们品酒前，我就简明扼要地概述这几个挑战。

第一个挑战是人口结构性变化。劳动力人口将会减少，而非劳动力人口则会增加。这很可能会成为未来投资和经济增长的负担，进而严重影响银行业务。与此同时，客户群体将发生重大变化，迫使银行做出改变以适应新现实。

鉴于第二个挑战是数字化，银行就更需要做出改变以适应新现实了。自2002年数字革命以来，人类逐渐用数字格式而非模拟格式储存更多信息，纵然这场革命距今相隔甚远，但数字化给银行业带来的挑战似乎已经无处不在了。这是因为数字应用逐渐成为我们日常生活中的普遍现象，改变了消费者需求，重塑了金融中介的价值链。银行需要做出改变以跟上客户的步伐，并紧紧抓住新金融价值链中最有价值的部分。目前，银行已经落后于新兴的敏捷型金融科技公司了。

最大的中期挑战也许是超低利率。超低利率给经营模式以利息为中心的银行带来了沉重压力。央行的负利率政策难以在私人客户领域实施，导致存款成为银行收入的拖累。这给许多银行带来了问题。中小型银行曾因其稳定的经营模式而见称。它们的经营模式就是吸收存款，然后在资本市场上放贷以赚取更高的利差。然而，在超低利率下，这种优势就变成了劣势。这种超低利率的环境将长期存在。基本经济因素和中央银行的指导意见都表明，低利率还要持续很长一段时间。

最后是监管问题。许多人抱怨说，监管越来越严了。但我要说，批评这一点等同于家里有人因酗酒住院后还在质疑要不要给酒柜上锁。更严格的规则和监管不仅必要，而且早就应该实施了。抱怨其负面影响无异于混淆因果。危机前"轻拿轻放"的监管方式是错误的。我们现在正在纠正这一错误。当然，要让银行达到遵守这些新规的状态是个很艰巨的任务。

那么，如果我们纵览欧洲银行业全局，会看到什么？首先，我们会看到整个行业已经焕然一新，高危领域也有了安全保障。欧洲银行业在提高偿付能力和治理水平方面取得了长足进步。

然而细看之下，我们会发现行业中仍有星星点点的污染区。

显然，改革尚在进行中。如果我是一个政客，我会就此结束讲话，巧妙地回避每个人心中的疑问：这到底意味着什么？

可惜在大家开始品酒前我还有充足的时间，所以不能就此打住。

### 1.5.3　该怎么做？

那么，该怎么做才能完成欧洲银行业的改革？银行该怎么做？决策制定者该怎么做？

首先，大多数金融机构，或至少是许多金融机构都必须调整其经营模式。2008年金融危机前，信贷泡沫将银行收入推高到了一个难以为继的水平，导致它们发展了一些对实体经济而言非必要的功能。

此外，信贷泡沫带来的收益使它们不必精简机构、提高效率。近期一项针对美国金融市场的研究发现，20世纪以来，金融业的生产率增长主要集中在二级交易领域，而一级市场活动的生产率却原地踏步。[29]

换言之，银行需要彻底反思其经营模式。银行的目标应是在长期内实现可持续的盈利，并尽量减少盈利的波动。为此，银行既需要与金融科技公司争夺具有不同需求的客户，也需要开辟新的收入来源。与此同时，银行还需要大幅提高运营效率。

这些商业模式和运营效率的变革可能会导致该行业进一步收缩。这种趋势已在欧洲持续多年。此外，近期有关银行缩减资源、重整战略的数据和新闻表明，这一趋势仍将继续。这样一来，银行业的规模与结构会逐步与实体经济需求相匹配，进而实现可持续发展。

但我需要指明，与实体经济需求相匹配可以有多种模式。我们不应该将以上讨论简单地归结为"我们需要减少小规模银行"。市场参与者越多，往往越有利于市场的良性运转。我们应该谨记这一点。

监管者没有必要，也没有权力干涉这些市场力量。我们能做且应该做的，是尽快完成2008年就开始的改革。我们将确保各银行都处于严密的监管之下。

## 1.5.4 银行并购发挥了什么作用？

现在，我已经回答了银行和决策制定者应该怎么做的问题。

这就引出了另一个问题，至少在座各位肯定会有人问：银行并购发挥了什么作用？

在过去的几周里，一些人在公开辩论中提出，银行业过于激烈的竞争导致了银行盈利能力低下。这种说法常常与银行数量过多的观点挂钩。但我过去曾指出过，市场中企业数量本身并不是问题。[30]

话虽如此，我至少在一定程度上承认，某些机构或许正适合走并购这条路。

而且，正如我之前所概述，欧元区已在调整银行数量、雇员数量、分行数量、资产负债表数量等方面取得了进展。因此，现在的问题是：我们还有多少并购的机会?

在回答这个问题之前,让我们先看看银行过去在并购中的表现如何。

一般来说,当两个机构的业务合并时,我们既期望扩大规模可以提高成本效率,又希望交叉销售和业务互补能带来收入协同效应。

在欧洲和德国,银行并购后的平均潜力并不能达到人们的预期。银行业并购的业绩记录平平。[31] 平均而言,银行并购后只能有限地实现降低成本、提升盈利能力的预期。

当然,那并不意味着并购不好,只是并购效果取决于每一宗交易的具体情况。并购双方是否匹配? 并购能否提高运营效率? 扩大规模后会不会因治理问题导致效率降低?

并购是否成功取决于协同效应是否可行。归根结底,这需要在长期战略的基础上进行审慎的决策,也需要费时费心地进行详尽的分析,以确定并购双方是否能达到预期的协同效应和效率。

除了分析和效率,并购还关乎人。如果并购双方的企业文化并不兼容,那么并购就不太可能产生协同效应和规模经济效益,反而会导致治理问题。

但若银行能觅得相互契合的合作伙伴,合并就会卓有成效。成功的案例表明,并购双方区域或业务线的兼容性带来了巨大的协同效应。

有选择地收购或剥离业务线能够有效巩固稳健且有重心的经营模式。我重申一次,仔细分析是否能达到预期协同效应和效率,是任何此类交易的必要前提。

我认为有一点非常重要,那就是将陷入困境的机构与运作良好的机构合并必定不是"万灵药"。在银行监管者眼中更是如此。这样的合并可能会给运作良好的机构带来风险。尽管在数学上负负得正,但在并购中绝非如此。不仅如此,对银行监管者来说,通过并购产生更多"大而不能倒"的机构绝非可接受的结果。

同样,并购不能使银行免于应对我说过的那些经济挑战。无论合并与否,大部分机构都必须提升效率和盈利能力。

从本质上说，并购很可能是银行业调整过程的一部分以及调整的助力，但它不能成为调整的主要载体。运作良好的机构有机会在新经济环境中实现协同效应时，并购可以提供帮助，但它不能也不该为银行业解决问题。

这意味着审慎的管理决策至关重要。而管理层则需要依赖专业并购专家的明智建议。

## 1.5.5　结语

女士们，先生们，欧洲银行业是健康的。但是当市场"打喷嚏"时，一些银行就会"感冒"。我们想预防"感冒"，避免被传染，首先要保持镇定。我们应当花时间仔细分析事实，而非任由被明显夸大的情绪左右。

然而，我们正处于充满挑战的经济时期。要在这样的经济环境下成功且可持续地开展业务，无疑是一项艰巨的任务。

许多银行正面临人口结构变化、数字化、超低利率和银行监管加强带来的问题，且已经开始着手提升效率和盈利能力。

但显然，它们还没有做好在这场马拉松中跑出好成绩的准备，仍有许多工作尚待完成。

调整经营模式并优化组织效率是这一赛前健身计划的一部分，另一部分则是整个行业的结构性重组。并购也将在此过程中持续发挥重要作用。但只有联合健康的"运动员"才能打造更强大的团队，只不过这也绝非易事。当然，将实力薄弱的"选手"凑成一个团队绝对不会取得好成绩。

希望你们的讨论能够结出累累硕果，也希望我们能够尽情享受这场品酒会。

非常感谢各位的倾听。

\* \* \*

# 1.6　不确定时期的银行业：谁在面临挑战？

2016年10月20日，伦敦，于英国银行家协会年度国际银行业大会上的专题演讲

## 1.6.1　引言

尊敬的主席，

女士们，先生们：

我们目前正面临着诸多紧迫、重要且棘手的议题，每一个都足以让我做一次专题演讲。可惜时间有限，我并不能这么做。但这并非真正的问题所在，因为当接手太多不同的事务时，人们很容易迷失于细枝末节。所以，在我们开始深入探讨当前议题之前，我想先退一步，审视大局。

换言之，我不仅希望宏观审视我们所面临的挑战，也想要反思我对各利益相关方所发挥作用的认知，即银行、监管机构、监管者以及政治家的角色。

## 1.6.2　银行业处在一个充满挑战的时代

纵观欧洲银行业自金融危机以来的发展，显然其已经有了相当大的进步。与2008年相比，欧洲银行的一级资本平均提高了6个百分点，达到15%。杠杆率也体现了银行抗风险能力的提高。在金融危机之前，欧洲的银行持有3.6%的非加权普通股，现在的平均值约为5.5%。除了提升偿付能力，银行也致力于增强其流动性缓冲。

然而在过去一年里，欧洲银行股承受了巨大压力。虽然欧洲斯托克50指数代表的欧洲股票市场大体上保持稳定，但欧洲斯托克600银行指数已然下跌超过30%。银行股价格剧烈波动，信用违约掉期报价（CDS）表明，市场对多家上市欧洲银行信誉的信心不足。也就是说，投资者对某些事情感到担忧。

复杂问题的产生通常有多个根本原因。实际上，英国和欧洲其他地区的银行正遭受多重不利因素的冲击。我在此简要地谈一谈其中三个。

第一重不利因素是，市场环境正在经历重大结构性变革，其中有两个决定性发展。一个是数字化正迅速重塑银行业务。另一个是，银行和经济面临长期超低利率的困境。虽然迄今为止，银行的净利息收入尚未受到太大影响，但从中期来看，银行的盈利压力可能会加剧。

第二重不利因素是，银行运作于一个仍然相对较新的监管环境中。基于《巴塞尔协议Ⅲ》的新规正在敲定和逐步实施。适应和遵守新要求提高了银行的成本，也给银行管理者带来了一些头痛的问题。鉴于巴塞尔银行监管委员会将于11月底召开最后一次会议，市场对《巴塞尔协议Ⅲ》的最终规定愈发没有把握了。

第三重不利因素是，大多数英国公民投票赞成英国"脱欧"，这一结果是大多数市场参与者乃至政治家始料未及的。许多观察家都对英国"脱欧"的后果表示担忧。尽管在"脱欧"谈判开始之前，多数观点都只是基于猜测，但可以肯定的是，我们在未来几个月甚至是几年中确实需要解决非常多的复杂问题，也需要做出许多艰难的决定。在座的诸位应该最明白这一点。

请容我在此插一句：英国和欧盟在实体经济和金融市场方面息息相关。重新安排这些千丝万缕的联系将是一项艰巨的任务。

银行业中许多人关注的是，英国金融机构能否继续凭借欧盟通行机制进入欧盟市场。与此密切相关的是，英国能否保有欧盟单一市场准入权利的问题。而如果能，又将采取何种形式？还有一个问题是，英国"脱欧"后，伦敦金融城是否会失去清算欧元计价的场外衍生品的能力。

英国"脱欧"公投给金融业带来了诸多监管不确定性，这只是最突出的两个例子。劳动力、商品和服务的自由流动等问题也影响了英国经济，以及银行的所有客户。

总的来说，这些不利因素正在挤压银行的盈利空间。这也反映在欧洲银行的每股收益预测上。自今年年初以来，几乎所有主要金融机构的每股收益预测都在下跌。考虑到这一点，银行股的表现不及其他经济部门也就在意料之中了。

更糟糕的是，我刚才概述的大部分发展趋势并不是短期的小问题，它们将在相当长的一段时间内继续吸引大家的注意力。我认为，它们会彻底改变银行业。所以，如果你们曾心存疑虑，不确定今天来到这里讨论这些问题会不会浪费时间，那么我相信你们已经做出了正确的决定。

### 1.6.3　究竟是谁面临挑战?

面对挑战时，将所有可能的解决方案都列出来考虑通常是明智之举。有时候，找到规避问题的方法很有用。找找手头问题的祸根也值得一试。另一种应对方法看似诱人，却通常无济于事，即将整个问题归咎于只有别人才能解决的外因，然后要求别人来解决问题。

很不幸的是，有关欧洲银行业形势的讨论中，常有人以各种形式提出这种应对方法：有人要求中央银行改变货币政策，因为他们声称中央银行目前的货币政策立场使银行完全无法盈利；有人要求监管机构重新审视改革，因为他们认为改革大幅提高了银行成本；有人要求决策制定者引导"脱欧"谈判的走向，以期金融业免受英国"脱欧"的不利影响。

尽管这些说法背后的经济机制是否无误尚有待商榷，但它们确实传达了一种错误的印象，即究竟谁应对什么负责。

与这些说法的弦外之音相反，中央银行家、监管机构和决策制定者都没有责任解决银行业的困境。坦白讲，谁都不该指望金融业一帆风顺，也不该指望特定的利率水平、特定的市场环境和特定类型或程度的监管。

请大家不要误会我的意思。我深知对于许多银行来说，当前的挑战十分艰巨。我也知道各银行正在努力应对。

我也相信，银行可以对监管者、监管机构和决策制定者寄予厚望。我在此举一些例子。

关于市场环境的结构性变革，请各银行相信，监管机构会密切关注新技术的引入，留心新竞争者进入市场的情况，仅以对金融稳定的风险为标准来评估金融科技和金融机构，确保竞争环境公平。

银行也可以相信中央银行了解低利率给银行带来的难题。话虽如此，我还是要在此申明，货币政策的目标并不包括保护金融机构的净利息收入。

至于对监管负担的感受，银行可以相信监管机构和监管者会倾听他们的意见并不断改进。比如，我认为可以改进的一个方面是比例原则的应用，即根据银行的规模制定相应的监管方式和监管规定。

作为自由市场经济的拥护者，我也赞同多数业内人士的观点，即我们的监管不应超出维护稳定而高效的金融系统所必需的程度。此外，只要我们能够保证严格监管，就应尽可能将监管控制在金融机构可承受范围内。

但我们不能因为银行业处境艰难就放松监管。毕竟，2007年之后的几年里，纳税人也深受银行问题的影响。完善监管一直是重建公众对银行业信任的必需手段。完善监管带来的任何成本都必须与维护稳定银行系统的好处相权衡。

最后，在英国和欧盟未来的关系方面，监管者会致力于维系双方当局的合作，保持监管同步以维护公平的竞争环境。从中长期来看，出于政治考量而使竞争环境向某些金融中心倾斜必然会适得其反，因为这会产生监管漏洞和监管套利机会。此外，各银行认为"脱欧"谈判不宜拖延过久并应尽快提供规划保障。它们的主张是正确的。

监管者和决策制定者都不能保证英国"脱欧"不会影响银行监管规则，也无法保证银行业完全不受影响。对此，常有人声称，如果英国"脱欧"阻碍银行业发展，那此事也可能损害欧洲经济的融资。我并不认可这种担忧。英国"脱欧"以及此事可能会对伦敦金融城造成的影响，不太可能会危及金融稳定和欧盟实体经济融资。事实证明，金融业可以适应环境变化。我十分确信，金融业在将来也能够适应"脱欧"谈判可能会带来的一切改变。

### 1.6.4 政治的重要性和边界

女士们，先生们，我已经描述了我认为监管者和中央银行应发挥的作用。当然，公共部门中还有一个能够产生影响的利益相关方，即政治家。

在英国与欧盟的未来关系中，政治家的重要性不容小觑。只有人民选出的代表能决定二者关系的走向。

但在某些领域，政治家有充分的理由主动约束自己的影响力。我说的正是货币政策领域，以及在某种程度上的银行业与金融监管领域。正如卡尼行长所说："目标由政治家设下，政策由专家制定。"

然而，近期却有一些政治家对中央银行及其政策提出了批评。这些批评涉及中央银行如何处理英国"脱欧"的问题，以及中央银行在更大范围内实施货币政策和制定利率的方式。

鉴于这些批评，我可能需要友善提醒一下，中央银行的独立性不容争辩。历史教训告诉我们，对中央银行施加政治影响总会引起混乱。归根结底，只有独立的央行才能保证价格的稳定。哪怕只是稍微削弱央行的独立性，都可能会让市场和公众混淆货币政策和监管决策的最终决定方。

总而言之，政治家最好不要在错误的地方以错误的方式施加影响。在此背景下，我也很担心近期在经济和法律讨论中出现的保护主义论调。政治家以及公共机构绝不能给予本国企业和银行优惠待遇，或是对外国企业采取过度严厉的措施。正如巴拉克·奥巴马最近所说，"一个被墙环绕的国家只能囚禁自己"。

### 1.6.5 结语

女士们，先生们，在过去的几分钟里，我向大家概述了银行业可以从监管者、监管机构和政治家处得到什么，以及不能得到什么。结果发现内容相当之多。

如果银行代表要问我对银行有什么期望，我的答案只有一个——我期望银行能够主动接受挑战。

在市场经济中，应对多重挑战和不利的商业环境是企业管理层的核心责任，而非其他人的责任。

演讲开始，我就提到了银行业即将发生的巨大变革。一切尘埃落定后，必定是有人欢喜有人愁。但如果我们尊重银行、监管者和决策制定者之间的责任分工，我们就可以为银行业开辟一条稳定与盈利并存的道路。

当然，这并不是说利益相关各方就不能进行交流和合作，事实恰恰相反。这也是像今天这样的会议如此重要的原因，因为这些会议让我们可以聚在一起讨论各个挑战和应对挑战的策略。我现在很期待能和在座各位进行这样的交流。

感谢各位的倾听。

\* \* \*

# 1.7　探索未知领域的银行

*2016年12月2日，里约热内卢，于经济政策研究所的演讲*

## 1.7.1　未知的领域

女士们，先生们：

你们还记得2016年11月8日的晚上自己身在何处吗？那天星期二，从第二天世界各大报纸的头条来看，全世界都陷入了震惊之中。在美国大选报道中占据主流的情绪显然也蔓延到了社交媒体，以及在场所有人在那几天的私人谈话中。

美国大选的结果带来了巨大的不确定性。政府的更迭将如何影响美国的外交政策和安全政策？又将如何影响贸易、监管和环境方面的各个议题？这对美国与其他国家的关系，尤其是美国与欧洲和拉丁美洲的关系又意味着什么？

如大家所知，美国总统大选结果并非第一个出乎市场和公众意料的投票结果。今年6月，英国"脱欧"公投结果也让欧盟大吃一惊。这两个投票结果出来时，世界局势都极其动荡，面临着恐怖主义和地区安全冲突的威胁。另外，世界仍在努力应对大萧条以后最严重的金融和经济危机的后遗症。

未来还有更多潜在的"拦路虎"。眼前就有两个例子，如将于下周举行的意大利宪法公投，以及5个月后的法国总统大选。

上述这些已经发生和还未发生的事有两个共同点。

第一，它们确实改变了世界，或者可能会改变世界。许多人认为社会、政治和经济领域将会朝着更坏的方向发展。虽然可以试着预测这种变化具体将如何影响我们，但我们已经认识到，这类预测往往只是徒劳。最后我们还是得应对一定程度的不确定性，而且目前看来，不确定性相当多。

第二，这些事件可能会诱使我们采取简单的应对方法。同时面对多个复杂问题可能会让人不堪重负。近期政治竞选中盛行的过度简化、两极分化和民粹主义都反映了人们对简单解决方案的渴望。

## 1.7.2  与金融世界的相似之处

女士们，先生们，希望你们不要怀疑自己是否走错地方，错听了一个关于当代史、政治学或社会学的演讲。

因为我刚刚描述的情况也与我所从事的银行业与金融业息息相关。在我看来，金融世界就像整个现实世界一样，正处于自己的变革和不确定时期中。金融世界也同样在挣扎着适应新的环境、应对新的挑战，而且我们也同样容易倾向于采取简单的解决方案。

在此背景下，你们可能已经听说过"银行业新常态"这个词。这个词的意思是银行业已经达到了某种新平衡，而我们也已经掌握了这种新平衡的特点。首先，我很怀疑这一说法的真实性。其次，坦白说，我每次听到这个词的时候都不太确定它在指什么。

因此，在接下来的发言中，我将概述我所认为的银行业面临的主要发展和挑战。也会探讨应对这些主要挑战的措施。既然我代表德意志联邦银行而来，那么就不免要从欧洲立场展开讨论。但我也希望能在随后的讨论中听到大家对巴西以及拉丁美洲金融业的看法，并学习你们的经验。

### 1.7.3 （欧洲）银行面临的挑战

我首先要谈的是前面已经提及的一个挑战——英国即将脱离欧盟。我刚刚提到它是因为其政治意义。但大家也都知道，英国"脱欧"也会给金融业带来强烈而持久的影响。业内许多人关注的是英国能否保留进入欧盟单一市场准入权利的权限。而如果能，又将采取何种形式？在金融领域，与此相关的问题是英国金融机构能否继续凭借欧盟通行机制获利。目前，许多国际银行以伦敦为中心在欧洲经济区开展业务。但根据英国和欧盟之间达成的协议，现行的欧盟通行机制可能会终止，经由英国进入欧洲市场的路径或将受阻。另一个尚未解决的问题是，一旦英国正式退出欧盟，伦敦金融城还能否清算以欧元计价的掉期交易和其他以欧元计价的交易。

英国"脱欧"公投给金融业监管带来了诸多不确定性，上述两点只是其中最为突出的例证。劳动力、商品和服务的自由流动等问题也影响了英国经济，以及银行的所有客户。

鉴于欧盟与英国之间的正式谈判尚未启动，双方未来的关系仍然扑朔迷离。银行也不得不在这种充满不确定的环境中运营。围绕英国"脱欧"的这种不确定性将在未来一段时间内持续困扰金融业，并且难以轻易化解。

现在，让我们来谈谈更全面涉及监管的第二个议题。前几天，我在智利首都圣地亚哥与巴塞尔银行监管委员会的同僚会面，共商敲定《巴塞尔协议Ⅲ》的细节。我们正基于这一监管体制，制定并逐步推行新规。当前谈判的重点是修订资本要求的水平和计算方法。

适应和遵守新要求提高了银行的成本，也让银行管理者头痛不已。这对欧洲金融机构来说尤甚。例如，与巴西相比，欧洲金融机构更广泛地使用内部模型计算风险加权资产和资本要求。所以，目前讨论中对这一做法的任何调整，都会对欧洲银行造成比其他地区更为显著的影响。

因此，当前谈判的最终结果必须实现区域平衡，且不能损害巴塞尔框架下的风险导向方法。巴塞尔银行监管委员会内部尚未形成统一意见。我们将继续谈判，尽快消除监管不确定性。在巴塞尔银行监管委员会的监督机构，即中央银行行长和监管当局负责人小组于1月召开会议前，我们会努力达成一个各方均可接受的方案。

在改革《巴塞尔协议Ⅲ》的同时，我们也在欧洲建立了一个银行业联盟，其核心是全新的监管架构，即单一监管机制。这一监管机制才建立两年，对银行来说尚是全新领域。

如你们所见，对银行来说，监管和监督的世界正以飞快的速度发生巨变。要跟上监管发展的步伐绝非易事。

除此之外，市场环境正在经历重大结构性变革，其中有两个决定性的发展。

一方面，数字化正在迅速重塑银行业务。虽然技术一直在银行业中发挥重要作用，但当前数字化浪潮正以前所未有的速度和力度改变欧洲银行。小型金融科技初创企业以及大型科技巨头正强势进入市场。比如，它们提供的即时支付服务远比银行提供的传统支付服务更方便快捷。与此同时，这些科技公司还在不断打磨一些可能颠覆特定经营模式的金融科技，蓄势待发，随时准备进入市场。

与欧洲一些银行相比，大多数巴西银行在业务数字化方面已经走在前列。讽刺的是，这是因为它们大多比欧洲银行更晚建立自己的信息技术系统。这一点恰恰切中了数字化挑战的核心：在信息技术和数字化服务领域，高额的前期投资并不能保证长期的高质量服务。相反，银行既需要及早行动，也需要跟上数字化创新的步伐。只有这样，银行才能在确保信息技术和网络安全的同时，以高质量的服务满足日益多变的客户群体。

数字化对金融世界乃至整个现实世界的影响值得给予最高重视。但第二个结构性挑战对金融机构而言更为紧迫。我所说的这个挑战就是持续已久的超低利率。

低利率环境下，人们很容易倾向于用简单粗暴的方法解决问题。人们似乎简单地将低利率归咎于错误的货币政策。反映了人们对低利率根本原因的普遍误解。

自20世纪90年代以来，全球名义利率和实际利率就持续走低。这一下降趋势在2007年金融危机后加速。宏观经济学界正在探讨可能导致低利率的结构性因素。我们不必深究这些学术研究细节，但有迹象表明，资本价格下降的原因有二，一是全球经济增长放缓，二是储蓄和投资行为的变化，其中储蓄和投资行为的变化在一定程度上是工业国家人口结构变化所致。金融危机、危机后的经济衰退、投资期望水平的下降以及扩张性的货币政策都进一步压低了利率。

总之，超低利率不仅是中央银行政策的结果，也是全球及欧元区经济萧条的反映。

无论超低利率出现的原因是什么，它都严重影响了银行的盈利能力，对于那些经营模式高度依赖净利息收入的银行尤甚。首先，由于收益率波动极小，期限转换带来的利差越来越少。其次，我们历来视存款融资为极度理想的稳定资金来源，即使在危机期间也不例外，但它已然今不如昔了。这是因为在竞争激烈的市场中，银行难以对私人小额储户实施负利率，毕竟储户总可以选择将现金囤积在自己手中。

尽管利率较低，但净利息收入目前并未受到太大影响。不过，从中期来看，随着借贷方逐渐偿清旧贷款、收益率较低的新贷款占比逐渐提高，银行的盈利压力会不断加剧。

低利率环境的一个主要风险会在低利率结束时浮出水面。一旦低利率结束，银行的税前净收入可能会出现短期下滑，尤其是当长期低迷的利率突然反弹时。短期内，这将导致现值损失。更重要的是，银行业务的本质是期限转换，而利率的上升将迫使银行以更高的利率展期负债。但其资产收益率仍将受限于之前的低利率环境。

此外，银行在低利率环境下运营的时间越长，其资产负债表上就越有可能出现风险资产。我们可以察觉到银行正在延长资产端的平均到期期限，这会使他们暴露在更高的信用违约风险和市场风险下。

与此同时，欧洲银行的资产负债表上仍持有大量不良贷款。就欧元区整体而言，不良贷款存量约为欧元区地区生产总值的9%，是2009年的两倍多，且下降速度极为缓慢。如果我们将不良贷款与贷款总额作比，就得到了不良贷款率。欧洲银行的平均不良贷款率为5.5%。然而，欧洲各国的不良贷款率存在很大差异。不良贷款率最高的欧洲国家正是那些2007年金融危机后受经济危机打击最严重的国家。

大量的不良贷款占用了相关银行的运营资源，提高了银行的法律和行政成本，并且限制了这些银行发放新贷款、创造利润和支持经济复苏的能力。

## 1.7.4　应对之法

女士们，先生们，金融世界显然正面临着巨大的变革和不确定性。业内许多人都认为这次变革会使局势恶化。

这些变革和不确定性没有一蹴而就的解决方案。英国"脱欧"谈判将耗费一段时日，其带来的不确定性也将持续存在。为了减轻银行负担而放弃监管成果是不可取的。墨守成规无法使我们成功应对数字化带来的挑战。低利率环境也是如此——寄希望于货币政策调整来缓解困局，根本不足以解决问题。

显然，银行需要适应新环境，也确实已经开始做出改变。任何旨在实现盈利的银行业长期战略，都需要立足于为客户、合作伙伴和社会创造价值。

在这样的时期，监管者需要格外警惕，严格监督金融机构并保证它们不会过度承担风险。但监管者不会成为银行的管理顾问。

纵然时局艰难，各种问题纷繁复杂，但我们必须保持清晰的思路，沉着应对。

全面且深入地理解了当前面临的挑战，并不意味着我们能有一个全面的应对措施。只有不被那些所谓一劳永逸的解决方案蛊惑，我们才能取得成功。这就是经济政策研究所（IEPE）这样的机构如此重要的原因，因为这些机构让我们有机会相聚一堂，深入讨论当前各个挑战和应对这些挑战的策略。我现在很期待能和在座各位进行这样的交流。

如果我们逐一应对并解决当前的各种问题，就会发现金融世界和整个现实世界的任何变革都是可控的。

感谢大家的倾听。

＊ ＊ ＊

# 1.8 系统视域下如何治理金融危机

2012年5月10日，维也纳，于奥地利央行第40次经济会议"欧洲货币联盟——债务危机的教训"的演讲

## 1.8.1 戈尔迪之结

女士们，先生们：

在当前债务危机的背景下，有些观察家提起了"戈尔迪之结"的典故，暗示快刀斩乱麻的方法可以干脆利落地解决问题。不得不说，这种观点让我感到惊讶，同时略有担忧。

这让我想起著名小说家马内斯·斯珀伯写的一个故事。故事中，老师问

一个男孩："你知道戈尔迪之结吗？"男孩的回答令人印象深刻："没有人能解开戈尔迪之结，连亚历山大也做不到。但他没有承认，而是挥剑斩断了这个结。这是随便一个笨蛋都可以做到的事。可是自此之后，亚历山大就被称为大帝了。"崇拜历史伟人的老师显然并不买账，说道："坐下。6分。"那时候学生的成绩不像现在从"A"排到"D"，而是"1分"最高，"6分"最低。

另一位小说家埃里希·凯斯特纳在一篇散文中写道：说到戈尔迪之结，如果我要用小刀割断鞋带上的结，我妈妈肯定会发火。她肯定会说："你不能用刀把结割开，鞋带还能用呢。"显然，妈妈们在处理绳结的问题上更有智慧。

在我看来，这两个故事的寓意与我们从当前金融和主权债务危机中得到的教训异曲同工——解决危机没有捷径可走，无论有没有宝剑，都需要耐心地一点一点解开绳结。斩断绳结和解开绳结是两码事，遏制危机和化解危机也是两码事。

## 1.8.2　绳结的循环：当前危机的系统性要素和基本要素

近年来，"系统性"和"宏观审慎"这两个词的使用频率激增。但系统性事件和非系统性事件究竟有何不同？

如果发生了非系统性事件，那么我们可以单独处理这一事件。在债务危机中，我们本该将各国的债务视为一系列独立的问题，而非影响整个欧元区的系统性问题。

然而，系统性事件的情况大不相同。这主要是因为不同主权国家之间、公共部门和金融业之间、不同金融中介机构之间的传染循环，以及金融业和实体经济之间的反馈循环。

欧洲金融一体化程度很高，以至于如果一些主权国家陷入劣质均衡，其他欧洲国家也会受到影响。整个银行系统可能会变得脆弱，一开始的流动性问题很容易会转变为偿付能力问题。因此产生的强烈外部效应使我们无法单独处理一个国家的问题，而是必须将其放在整个欧元区的大背景下来分析。

系统性事件起初可能只是一个地方性问题，由某个特定地区或国家的内部问题引起。在这种情况下，我们可能需要着眼于根本原因才能找到解决方案。然而，我们已经见过太多地方性问题逐步演变成系统性问题的例子。

比如说，一些国家的地方性问题根源在于竞争力低下、财政状况不可持续或二者兼有。根本解决方案是，稳步提高这些国家的竞争力并改善它们的财政状况。在当地进行这样的改革调整势在必行。然而在目前的情况下，要应对问题中的系统性风险，我们可能需要采取额外的手段，如建立隔离机制或进行资产重组。

再举一个例子。在启用欧元的头十年里，一些国家的利率过低，导致当地房价飙升、信贷增长。这两个因素都助长了最近的一次金融危机。也就是说，地方性问题又演变成了系统性问题。解决这一地方性问题的方案是调整银行和家庭资产负债表。同样，解决这个棘手的问题也同样没有捷径可走。现在用于应对系统性风险的手段也许可以加快解决问题的进程。

去年年底已经出现了明显的系统性金融危机迹象。通过提供三年期的流动性支持、强化财政纪律和有序重组希腊债务，我们在一定程度上缓解了危机压力，至少在短期内缓解了压力。由于市场参与者对一些国家财政状况的稳固性存疑，市场紧张局势近日重新出现。此外，市场参与者已经发现，一些国家公共部门和银行系统之间的绳结循环更紧了。这凸显了财政整顿的必要性，因为只有这样才能解开绳结。

## 1.8.3　隔离机制：化解困局的"利剑"？

正因为认识到了系统性风险的这一特点，我们才会下定决心建立隔离机制并制定具体的设计方案。隔离机制仅仅通过重建公众信心，就可以在不实际启动的情况下防止或减轻危机的蔓延。而一旦启动，隔离机制就可以阻止某个国家的流动性问题演变为偿付能力问题。此外，它还可以争取更多时间，并促使危机中的国家承诺实施必要的改革。

毫无疑问，规模越大、效力越强的隔离机制，其实际启动的可能性就越小。不过，隔离机制的一大问题在于同时支付引起的风险。同时需要隔离机制提供资金援助的国家越多，隔离机制的可靠程度越低，因为它无法同时满足所有求助国家的资金需求。

因此，隔离机制的实际效力受到其出资方能力的制约。由于市场高度一体化以及公共部门和银行业之间的循环，在这种系统性危机中，多个国家同时需要资金援助的概率似乎非常高。

主张建立隔离机制作为化解困局的"利剑"的人似乎没有考虑到这一事实：我们面临的困局错综复杂。要化解困局，隔离机制就必须小心权衡，既在必要的时候提供充足的资金以树立公众信心，又要考虑到多国同时求援可能会超过出资方的承受能力的情况。

此外，要合理设计隔离机制必须将道德风险纳入考虑。在此背景下，道德风险并非小事一桩。制定长期解决方案所需的政策往往会受到复杂政治过程的牵制。在这个过程中，拖延实施解决方案的政治动机很可能占据上风。这会削弱我认为可靠的隔离机制的核心优势，即鼓励危机国家采取审慎经济政策的潜能。

总之，隔离机制提供的资金并不能直接恢复危机国家的偿付能力。或用我最初的比喻来说，隔离机制并不是化解困局的"利剑"。恢复一国的偿付能力只能通过经济调整和结构化改革实现。在此种情况下，隔离机制也许可以提供一些助力。

## 1.8.4　资产重组：化解困局的另一把"利剑"？

当前危机中，主权风险与银行系统风险之间的循环迫使我们必须专门解决银行风险问题。而资本缓冲可能是一个合适的解决方案。德意志联邦银行最新的《金融稳定评估报告》中阐述了进行资本重组的理由。报告指出：

当整个系统陷入压力之中，市场往往无法对个别银行的状况做出准确判断和区分……因为市场也不可能提前预测每家银行的具体情况。……鉴于银行系统内部的高度关联性以及传染风险的威胁，我们不仅需要确保各国银行系统持有充足的资本，更需要在欧洲层面协调制定令人信服的解决方案。

一般而言，充足的资本缓冲可以提高金融业的抗风险能力，因为它们可以阻止机构接连倒闭，降低金融风险传染的可能。资本缓冲还可以在一定程度上抑制系统的顺周期性。因为在系统性风险事件发生时，它们能为银行提供回旋的余地，避免银行过早收缩风险资产和信贷供给。

在理想情况下，我们应在经济繁荣期就预先建立这些资本缓冲，以便在危机来临时发挥作用。这也是逆周期资本缓冲的设计初衷。然而，如果危机已经发生，而资本缓冲对于不断积累的风险来说仍然不足，就会出现过度去杠杆化和顺周期性收缩。这时候就轮到公共部门的援助发挥作用，帮助银行系统进行资本重组，从而抵消过度去杠杆化带来的压力。

这样的做法辅以一定的道德劝说，便正是欧洲和各国当局目前遏制过度去杠杆化的策略。而且，这一策略很可能会成功。至少从各银行的资本计划来看，它们大多倾向于通过调整负债结构而非调整资产来实现资本重组。

诚然，一些国家仍然面临着去杠杆化压力。但这种压力主要来源于其国内银行的融资需求，而非资本重组计划。相反，如果再融资困难的主要原因是市场信心流失，那么通过公共援助进行资本重组以恢复市场信心，可能恰恰是缓解过度去杠杆化的关键举措。

此外，去杠杆化既有结构性的因素也有周期性的因素。我们不能简单地认为，推动经营模式进行必要调整的就是"良性"去杠杆化，导致运作良好的业务萎缩的就是"恶性"去杠杆化。

所以，公共部门支持的资本重组并非化解困局的"利剑"，而是帮助银行系统进行必要调整的一种手段。

## 1.8.5 解开戈尔迪之结：欧洲系统性风险委员会的应对之道

我们之前的讨论表明，在当今的金融系统中，各种风险因素犹如绳结一般环环相扣、缠绕不清。这就需要我们采取连贯而系统的方法来解决这些问题。2011年年初，欧洲建立了一个新的宏观审慎监管机构——欧洲系统性风险委员会。该机构分析系统性风险，通过发布正式的"警告"和"提议"来实行宏观审慎监管。欧洲系统性风险委员会由欧洲和各国的监管机构以及中央银行构成，其中发挥主导作用的是中央银行。

考虑到欧洲系统性风险委员会的制度结构和监管手段特点，其优势并不在于危机管理，而在于防范危机发生和减轻危机影响。也就是说，该机构不是要打造一把斩断绳结的"利剑"，而是要解开错综复杂的绳结。

在风险积聚的早期阶段，欧洲系统性风险委员会就能识别那些可能酝酿出系统性风险事件的基本因素和地方性因素，并提议采取相应的监管措施来化解风险，从而在危机未成气候时就解决潜在的系统性风险。一旦相应措施成功落实，欧洲系统性风险委员会就不必再承担货币政策或财政政策方面的责任。因此，货币和财政政策制定者可以专注于各自的目标，从而将维护金融稳定的任务交给负责宏观审慎监管的机构。

举个例子，如果货币联盟中的某个国家因为低利率而出现了过度杠杆、过度冒险或房地产泡沫问题，货币政策也回天乏术。相比之下，如果能够运用宏观审慎手段，就可以通过杠杆率或贷款价值比等各种方法来解决问题。欧洲系统性风险委员会已经认识到了灵活运用宏观审慎手段的重要性。该机构在致欧盟当局的公开信中指出："无论是成员国还是欧盟层面的宏观审慎当局，都需要有一定的自由裁量权，以便要求金融机构披露更多信息，并在必要时临时收紧监管标准（'第一支柱'，即最低资本要求）。"

在货币联盟中建立宏观审慎政策框架，犹如在做一个复杂的平衡动作。第一个难点是在两种做法之间找到平衡，一是建立一套对系统性风险变化高度敏感的复杂机制，二是实施一系列简单易行的规则。第二个难点是在实施过程中，既要保持政策灵活性，又要维护公平竞争环境。目前有关这些问题的讨论尚未得出结论，还有待实践经验的进一步积累。

## 1.8.6 结语

那么，我的演讲究竟有什么寓意？显然，我并没有一把能挽救局势的"利剑"。也许对那些希望拥有这样一把"利剑"的人而言，解开绳结听起来和"得过且过"差不多。虽然解开绳结需要一个长期的过程，但我认为，这条"得过且过"的崎岖长路比挥剑斩绳结的捷径更可取。这意味着我们要以艰难的方式开展工作，在未来还要做好长期奉献和牺牲的准备。最终，我也只能用"辛劳"和"汗水"来尽一份力。

尽管如此，还是感谢各位的倾听。

\* \* \*

# 1.9 金融系统性风险：国家和国际层面的宏观审慎政策

2013年2月12日，日内瓦，于国际货币与银行研究中心（ICMB）的公开讲座

## 1.9.1 宏观审慎政策的必要性

尊敬的韦普洛兹教授，

女士们，先生们：

《经济学人》杂志最近报道，一千多年前日内瓦湖的海啸曾摧毁了日内瓦这座城市。今天，我们仍在应对另一场风暴的余波——一场在2007年爆发的、酝酿已久的金融风暴。从那时起，系统性风险和宏观审慎政策就成为决策制定者、监管机构和中央银行的头等大事。这也是情理之中。

很感谢研究中心能邀请我来到这里，向大家分享宏观审慎政策何以如此重要。我将探讨宏观审慎政策在国内和国际层面的广泛影响。因此，我的意见大多具有普适性，但也请允许我就欧盟当前的讨论发表一些看法。

金融危机已经证明，我们以往并未充分重视系统性风险及其对金融稳定的影响。我们得到一个惨痛的教训——金融系统必须建立在更稳固的基础上，并且要从全球金融危机中吸取正确的经验教训。不作为的代价太过高昂，无所事事也绝不可行。因此，我们的监管和监督方式必须与这一新认识相适应，用更加系统性的眼光看待问题。对此，我想用大自然来做一个可能有些简单的类比。

在自然界中，物种或种群要想生存下去就必须适应环境。在不断演化的生态系统中，生物必须持续发展，才能跟上其所在环境的演化步伐，从而确保生存。

同样，金融业与其监管监督部门也可以被看作一个不断演化的系统。系统内不同的参与者需要不断互动、适应变化，才能取得成功。正如金融机构会对法律约束做出反应，监管机构也必须考虑到这些反应并设置恰当的激励机制来维护金融稳定。

在运转良好的金融系统中，所有参与者都需要对新形势做出反应，以维系金融系统的平衡。从这个角度来说，金融业已经变得更全球化、更复杂化、更一体化。因此，监管也必须与时俱进，不断适应瞬息万变的金融环境。

培养系统性思维至关重要。这要求我们充分考虑个体行为的外部效应及其在金融业内引起的连锁反应，最终评估其对实体经济、主权国家和纳税人的影响。从这个意义上说，宏观审慎政策为我们提供了一个思考和行动的框架，帮助我们在提高抗风险能力和承受相应成本之间寻求平衡。

## 1.9.2　国家层面：宏观审慎政策目标与其他政策领域的交互影响

但是我们为什么需要专门的宏观审慎政策？在货币政策、财政政策或微观审慎监管等其他政策领域考虑系统层面的影响，这样难道还不够吗？

有两大论据支撑专门宏观审慎政策的必要性，二者都很重要。

第一个论据是由诺贝尔经济学奖得主简·丁伯根在其论文《论经济政策理论》中提出的：要实现多个独立的政策目标，就需要同等数量的独立、有效的政策手段。例如，当我们针对通胀这一具体目标时，利率调控是有效的政策手段。但如果试图用一个政策手段实现多个目标，就必然会削弱该手段的有效性。也就是说，虽然调整利率可以影响金融稳定，但是这很可能会与利率政策保障物价稳定的目标相悖。不仅如此，利率政策过于粗放，难以实现维持金融稳定的目标。当货币联盟内部经济发展不平衡、风险来源不一时，利率政策就更难奏效。

第二个论据是每个政策领域的目标都应互不冲突。让交通部负责环保合适吗？还是设立一个专门的环保部门更明智？将可能矛盾的目标分配给不同的政策领域，可以确保各领域专注于自身职责。

因此，我们需要独立的宏观审慎政策来维护金融稳定，且应该赋予其专门的政策手段。具体而言，宏观审慎政策有两大目标，需要仔细区分。

第一，宏观审慎政策应提供框架和规则，以适当地激励市场参与者。这一目标不仅适用于正常情况，更适用于危机时期。

第二，宏观审慎政策以预防为主。宏观审慎政策手段的运用是为了防止系统性风险与日俱增。经济繁荣时期可能需要收紧宏观审慎政策手段；经济低迷时期也可能需要运用宏观审慎政策手段，以释放此前积累的资本或流动性缓冲。其他宏观审慎政策手段则用于防止系统性风险外溢至经济系统的其他部分。

要实现这两大目标，宏观审慎政策必须考虑与其他政策领域互动。因为不同政策领域可能会互为助力或是两相抵消。

回到我前面所举的例子：当环保政策致力于减少交通污染时，交通政策却在通过修建新路来提高交通流动性和改善基建。

货币政策和宏观审慎政策的互动也一样，可能是互为助力，也可能两相抵消。

短期内，这两个政策领域可能存在潜在冲突。当实体经济和金融发展出现分歧，比如货币政策需要收紧而金融系统正承压时，两个政策领域可能就会产生冲突。或者当经济处于生产力高速增长期，通胀下降的同时金融市场出现非理性繁荣，货币政策和宏观审慎政策也可能发生冲突。世纪之交的互联网泡沫就是一个例子。

但是，一旦从长远来看，这些紧张和冲突都会消散。从长期来看，物价稳定和金融稳定是相辅相成的。货币政策需要顺畅的传导机制和健康的金融系统才能奏效，而物价稳定又是金融稳定的关键前提。

同理，宏观审慎政策和财政政策之间也存在交互影响。二者之所以相互关联，是因为许多国家的银行都持有大量本国政府债务。不可持续的公共财政会直接影响主权债券的评级，进而影响银行的资产负债表。随之产生的市场信心减弱、损失增加、融资条件趋紧，都可能削弱整个金融系统的抗风险能力。

财政政策还可以通过税收激励影响金融稳定。比如，税收激励在房地产市场过热中就发挥了重要作用，通过给予抵押贷款利息过于优惠的税收减免以鼓励民众购买自住房。又如，与股权相比，债务普遍享有更优惠的待遇。因此，宏观审慎政策的目标有时可能与税收政策追求的短期政治目标相冲突。

即便如此，若是能设置合理的激励机制，税收政策也可以成为维护金融稳定的有力手段。合理的税收可以抑制一些本身就蕴含系统性风险的金融活动，如过度依赖短期融资等。因为税收会增加这些活动的成本，降低其对市场参与者的吸引力。

最后，宏观与微观审慎政策相辅相成。二者都致力于提高金融系统的抗风险能力和维护金融稳定。只不过，前者关注的是整个金融系统，而后者关注的是系统中的个体机构。虽然两者启用政策工具时通常目标一致，但并非总能完全协调。

微观审慎监管有时偏好某些"安全"资产投资。但这可能与金融稳定目标相冲突，因为共同敞口可能引发系统性风险。意识到政策的外溢效应和反馈效应至关重要。这也能让我们认识到，两种政策应互为补充。实现微观审慎目标有赖于金融系统的总体稳定，同样，金融系统的稳定又以个体机构的稳健为基础。

在我的祖国德国，宏观审慎政策的新制度架构充分考虑了各政策领域间的交互影响。德国成立了一个由德意志联邦银行、德国联邦金融监管局和德国联邦财政部的代表组成的稳定金融委员会。该委员会各代表共同负责制定协调一致的宏观审慎政策。该委员会汇集了不同机构的观点，保证了政策制定的全面性。

同样，其他国家也将建立自己的国家宏观审慎政策框架，并就本国的金融系统做出相关决策。相关措施将在国家层面开展，但也会产生跨国影响。因此，宏观审慎政策必须考虑到这种溢出效应。市场参与者也必须了解不同辖区的宏观审慎政策。这个想法直接引出了我的下一个话题——银行业联盟与宏观审慎政策。

### 1.9.3　银行业联盟与宏观审慎政策

在欧盟这样一个金融高度一体化的地区，一国向另一国的溢出效应尤为明显。任何影响金融稳定的国家政策都可能会对其他国家产生影响。不仅已落实的政策如此，尚未推行的政策也如此。

此外，近年来的事态发展已经充分暴露出银行与主权之间关系的危险性。在欧盟内建立银行业联盟的提议，可谓是迈向更好应对溢出效应、斩断主权与银行风险纠葛的重要一步。

银行业联盟的建立将以单一银行监管为起点。在微观审慎监管的统一规则下，一个欧洲层面的监管机构最适合确保各地监管实践的一致性。此举意在杜绝姑息养奸或亡羊补牢式的政策。不作为可能导致金融机构出现严重问题，并危及整个金融系统。此外，欧洲层面的监管机构有助于维护公平竞争环境，这对单一市场至关重要。

不过，按照银行业联盟的设想，欧盟应尽快建立一个与单一银行监管机构配套的共同处置机制。首先，共同处置机制将确保银行股东和债权人承担其投资的风险。共同处置机制还将避免单一监管机构和国家处置机构之间可能出现的不一致和不愉快。最终，该机制可以使我们更有效地处理陷入困境的跨国银行。这些跨国银行的有序恢复或是有序处置都是金融稳定的关键要素，而跨境效应在这一过程中举足轻重。共同处置机制还将有助于遏制银行业对政府的负面溢出效应。如果需要公共援助来为单一监管机制下的银行处置提供资金，就必须先敲定一份分担协议。

银行业联盟无疑是维系金融稳定的一剂良方，但它并非包治百病的灵丹妙药。当前各国银行系统中的金融风险都是在国家监管下形成的。因此，最终责任在各国自身。任何其他解决方案本质都是一种财政转移，并应得到同等待遇，包括获得财政转移所必需的民主合法性。

建立银行业联盟和单一的欧洲监管机构也触及了制度建设问题。此外，我们还需要厘清新架构与宏观审慎政策的关联。

说到制度框架，无论赋予欧洲中央银行何种监管权力，我们都必须确保货币政策的独立性不受质疑，以及中央银行维护物价稳定的使命不受动摇。但在这里，我不想详述银行业联盟的种种设计。相反，我想简要阐述银行业联盟与宏观审慎政策之间的关系。

与微观审慎监管的统一规则不同，宏观审慎政策的精髓在于灵活地发现、评估和应对系统性风险的聚集，且不拘于时间和地点。即使有了银行业联盟，欧元区内部的周期性态势在某种程度上也会有所差异。在单一货币政策下，区域差异化的宏观审慎政策对于应对系统性风险至关重要。

但谁应该担起实施宏观审慎政策的重任呢？

一方面，我们有理由支持各国当局负责。鉴于系统性危机的宏观经济成本主要由各国承担，让国家当局负责应对变幻莫测的系统性风险似乎合情合理。再者，实施政策方需要对国民经济和金融系统有透彻的了解。国家政策将涉及诸多具体措施的落实，如逆周期资本缓冲、行业风险权重、资本或流动性附加费等。

另一方面，各国当局有可能倾向于不作为。各国当局也可能未充分考虑溢出效应，而溢出效应的潜在成本又必须由银行业联盟的各成员国分摊。授予欧洲层面的监管机构收紧国家宏观审慎政策的权力，或许可以解决这一难题。事实上，欧洲各国的财政部长已于2012年12月同意，将这一权力授予单一银行监管机构。

如今，欧盟已经有了一个负责宏观审慎监督的独立机构——欧洲系统性风险委员会。在其框架内，欧洲层面的监管机构和国家当局间的互动已有既定规则可循，包括在"遵守或解释"基础上建立的问责制。与单一监管机制不同，欧洲系统性风险委员会的成员国囊括27个欧盟成员国，且并不局限于银行业，而是面向整个金融系统。

各责任方现在需要考虑的问题是，如何将银行业联盟的宏观审慎监督职责与欧洲系统性风险委员会结合起来。尽管现在还不清楚最终的架构会是什么样子，但欧洲系统性风险委员会绝不会变得可有可无。欧洲系统性风险委员会在协调政策方面发挥着重要作用，未来也将继续发光发热。

## 1.9.4 结语

让我回到演讲开头时所用的类比。我们可以将宏观审慎政策理解为一个框架，其作用在于回应金融业发展进程中衍生的种种需求。换言之，市场参与者、监管者和监管机构组成了金融系统，而宏观审慎政策则力求重建并维持这一系统的平衡。

与生物进化不同，我们有着明确的目标。尽管如此，要实现预期目标，我们仍须考虑与其他政策领域的交互影响以及跨境溢出效应。因此，市场参与者本身也须适应并遵循新的监管要求，制定各自应对环境变化的对策。

部分应对之策可能对经济健康无关痛痒。但美联储前任主席保罗·沃尔克未免言过其实，他曾说："银行业唯一有用的创新就是自动存取款机（ATM）的发明。"事实上，很多其他的创新也能推动金融系统的发展，而且经得起时间的考验。

一旦金融系统崩溃，整个社会都将付出惨痛的代价。正因如此，我们必须打造一个稳如磐石的金融系统。宏观审慎政策将在这方面发挥关键作用，并将在许多国家落实。当务之急是制定并实施恰当的政策手段，我们必须言行一致。这在未来一段时间内将会是一项艰巨的任务。

衷心感谢各位对此话题的关注与倾听。

\* \* \*

# 1.10　具有抗风险能力的银行是稳定金融系统的基石

2013 年 9 月 24 日，伦敦，于美银美林举办的第十八届银行业与保险业年度会议"在资本要求更高的世界发挥金融作用"的演讲

## 1.10.1　引言

女士们，先生们：

很荣幸受邀参与本年度的会议。今天能在各位面前发表演讲，我深感荣幸，因为我曾在私营部门任职多年。然而，今天我却代表中央银行来到这里，从监管者的角度与在座的各位交流。

人们有时会把银行和监管部门描绘成对立的两方。我对双方都相当了解，所以在我看来，这似乎有点偏离事实。归根结底，我们都有着共同的目标——打造一个稳定的金融系统。

打造稳定金融系统的根基，自然离不开每一家银行。银行是金融系统的基石。为了保证金融稳定，我们需要打造具有抗风险能力的银行。

## 1.10.2 何谓具有抗风险能力的银行？

那么，什么样的银行才具有抗风险能力？首先，具有抗风险能力的银行能够承受冲击。这样的银行深受投资者和客户的信任，因此即便在整个金融系统面临压力的时期，具有抗风险能力的银行仍然能以合理的价格进行批发融资或零售融资。

但是投资者和银行客户该如何判断一家银行是否具有抗风险能力？具有抗风险能力的银行是否如同著名的长颈鹿一样难以形容，却一望而知？有时候确实如此。然而通常情况下，具有抗风险能力的银行有一些独有的特征。

在今天的演讲中，我想讨论其中的三个特征，即支撑具有抗风险能力的银行的"三大支柱"。

### 1.10.2.1 资本与流动性缓冲

资本与流动性缓冲堪称银行的"核心支柱"。在金融系统面临压力的时候，资本能起到吸收损失的缓冲作用。人们在事后普遍认识到，银行在危机前的资本缓冲数量不足，质量也不过关。

流动性缓冲也面临相同的窘况。银行在金融中介中发挥的作用使其格外容易受到流动性风险的影响。缺乏流动性足以导致一家偿付能力尚可的银行破产。毕竟，流动性紧缩是2008年金融危机的主要标志。

在增强个体银行资本和流动性缓冲方面，我们已经取得了长足进步。《巴塞尔协议Ⅲ》要求银行持有更多质量更优的资本。这些规则已被纳入欧盟法律。一旦实施，银行将能够在持续经营的同时吸收更大的损失。也就是说，银行监管的抗风险能力将会变得更高。

尽管规则的推行不可能一蹴而就，但银行已迫不及待地开始尽早建立资本缓冲，以回应日益高涨的市场期望。譬如在德国，12家注重国际业务的大型银行的一级资本比率在2013年已从13.2%同比增长至15.3%。

然而，部分银行仍需提高资本水平，或相应地调整资产负债表的头寸。

我们在流动性问题上首次达成了一项国际标准。我坚信这一新标准将提升银行抵御流动性冲击的能力，使银行资金状况更为稳定，并加强整体流动性管理。不过，我们仍需进行多重分析，不仅是因为流动性监管尚属未知领域。此外，我们还需充分考虑这一新标准带来的诸多副作用和意外后果。

#### 1.10.2.2  盈利能力

支撑具有抗风险能力的银行的"第二支柱"是盈利能力。无法盈利的银行将失去投资者和客户的信任，尤其是在金融系统面临重重压力的时期。此外，无法盈利的银行无法通过留存收益等方式建立储备金，也就进一步削弱了自身在压力时期的实力。

在金融危机之前，许多银行都梦想着提高股东价值，期望股本回报率能超过20%。如此高的收益率或许能使银行盈利，但可能难以为继。银行需要既盈利又可持续的经营模式。不过，我也深知这是一件知易行难的事。

以德国银行为例。与许多国际同行一样，德国银行多年来一直面临诸多挑战，其中部分源自金融危机，部分则与结构性问题相关。此外，德国银行市场仍然高度饱和，竞争十分激烈。

基于这些原因，许多银行仍需优化其经营模式，如拓宽资金来源或剥离无法有效管理风险的业务部门。无法迅速适应环境变化的银行应当退出市场。

现在，在讨论盈利能力问题时，常有人认为监管增加了银行成本，降低了其收益。监管要求确实会给银行带来一些成本，这无可否认。但我对监管成本持中立态度。银行常忽视度过危机的代价，而这些代价往往由纳税人承担。考虑到度过危机需要付出的代价，银行对监管成本的意见便显得失之偏颇。从社会层面来看，监管有利无害。

#### 1.10.2.3  良好治理

接下来，让我们继续探讨支撑具有抗风险能力的银行的"第三支柱"。具有抗风险能力的银行有健全的治理架构，笃行崇高的道德准则。投资者和客户需要确信，银行的经营状况稳健。

银行治理近期备受瞩目，因为金融界爆出了种种丑闻，如操纵伦敦银行间拆放款利率和类似的金融基准等。这些不当行为以双重方式败坏了公众对银行的信心。

首先，涉事银行的信誉扫地，且殃及了整个银行业。各银行将费尽心力才能重建声誉。其次，金融基准的可靠性、稳健性和代表性都受到了质疑。毫无疑问，各金融基准设定过程的完整性和真实性都亟待全面整顿。

众所周知，信任需要长年累月才能建立，却可以在顷刻间破灭。某种意义上来说，信任就像童谣中的"矮胖子"。它脆弱不堪，且一经粉碎，倾举国之力也无法将其拼凑回原来的样子。依此类推，如果银行不能避免此类不当行为再次发生，那么所有提高银行抗风险能力的努力都将化为泡影。

银行的风险管理能力也是如此。不过，我们在这一领域已取得长足进展。监管部门对完备内部控制系统和优化治理结构的要求已然大大提升。

让我以银行薪酬制度的改革为例进一步阐释此理。金融危机前夕，薪酬在风险和回报方面的不对称催生了一些银行员工的短视行为和冒进心态。不当的薪酬和奖励机制助长了高额乃至极端的绝对薪酬水平，转而削弱了银行在面临风险时承受损失的能力。

为保障金融稳定，金融业的薪酬制度必须与公司的长期业绩和审慎的风险承担相一致。金融稳定理事会已就此制定了国际准则。

时至今日，这些准则的落实仍在稳步推进，但各国当局和银行仍有大量工作要做。二者必须确保切实执行健全的薪酬政策，引导员工更加审慎地对待风险。欧盟在资本要求立法中设定的严格薪酬规定，是迈向这一目标的关键举措。

但行为和文化的变革永续需要时日的累积和我们不懈的努力。银行也需要继续努力，公开披露易于理解且一致的薪酬结构数据，以便不同司法管辖区进行比较。

### 1.10.3　放眼个体银行之外

一言以蔽之，具有抗风险能力的银行有着充足的资本、充沛的流动性、可持续盈利的经营模式以及审慎的管理。满足这些条件首先是银行的责任，但监管部门也有责任建立一个稳定的监管框架。

尽管如此，在设计这样一个框架时，监管部门必须放眼个体银行之外。近几年的事实证明，哪怕所有个体银行似乎都运转良好，个体动向仍可能危及整个金融系统。毕竟，金融系统不仅是各部分的简单加总。

因此，制定监管标准以提高个体银行的抗风险能力固然必要，但远远不足。各国当局必须拓宽视野，将整个金融系统纳入考虑，正视系统性风险这一问题。

导致系统性风险的可能是周期性或结构性发展，如风险敞口集中，或是金融机构密切关联引起的外部效应。

### 1.10.3.1 "大而不能倒"问题

在这个问题上，我们首先需要承认，即使是具有抗风险能力的银行也可能破产。当一家规模庞大、与其他银行关系盘根错节的银行轰然倒下，问题就会变得相当棘手。在这种情况下，破产银行可能会拖累其他银行，进而引发系统性危机。因此，我们必须确保系统重要性金融机构破产时，不会引起金融系统动荡。

我们要让破产制度与金融业错综复杂、环环相扣的特点相匹配。在国际层面上，我们已经取得了重大进展。金融稳定理事会已经提出了有效处置金融机构的要点，并于2011年11月获得G20各成员国领导人的认可。

自那以后，各国着手将这一新的国际标准纳入本国法律。欧盟现已提出了一项关于信贷机构恢复和处置的指令草案。该提案明确规定了金融机构破产时的责任顺序——股东与债权人理应率先承担责任。

### 1.10.3.2 银行与主权之间的关系

然而，我们还需考虑另一个相互关联性，即银行资产负债表与公共财政之间的联系。此次危机暴露了这种联系中的恶性循环。

当许多银行同时陷入财务困境时，整个金融系统的稳定就岌岌可危。政府在这种情况下往往别无选择，只能出资援助银行，以免金融系统崩溃。这样的援助往往花费巨大。爱尔兰就是个很好的例子：2010年，出资援助银行使该国的财政预算赤字飙升至国内生产总值的30%。

同样，政府财政陷入困境也会使银行受到波及。其一，许多银行持有大量政府债券；其二，政府被迫调整财政初期，总体经济形势往往会恶化。

为了维护金融稳定，我们必须切断银行与主权之间的这种反馈循环。一项可行的措施是，建立我先前讨论过的银行处置机制。有了银行处置机制，政府就不必再动用税款来拯救银行。

另一项可行措施涉及银行的资本要求，我先前也讨论过该措施。我们的目标是确保银行的经济状况不再受制于公共财政的盈亏。要实现这一目标，我们必须停止给予政府债券优于其他贷款或证券的特殊监管待遇。政府债务应有与其风险相称的资本作为支持。与此同时，我们还应限制银行持有的主权债券规模。

另外，恰当的资本规则以及对政府借贷的限制也会约束国家财政和经济政策。国际货币基金组织前首席经济学家肯尼斯·罗戈夫认为，这种约束效果比严苛的财政规则更有力。

## 1.10.4 结语

女士们，先生们，具有抗风险能力的银行是金融稳定的重要基石。在监管领域，我们自危机以来已经取得良多进展。我们改善了监管框架，以提高银行的抗风险能力。

与此同时，我们也认识到：要想维系金融稳定，就必须放眼个体银行之外。因此，尽管我们已经朝着正确的方向前行，但在落实新规则和标准方面，我们或许应该加快脚步。

那么银行呢？银行是否意识到它们在危机中扮演的角色？是否已经不再沉溺于自身的损失，而是认识到它们给社会带来的沉重负担？

我已经论证过，为了维护金融稳定，我们必须放眼个体银行之外。我的意思是要建立系统性思维。但我们也要跳出银行的局限，体现个人观点。归根结底，银行家的价值观和文化背景才是金融稳定最关键的基石。在这一点上，我们仍需做出改变。银行家必须信奉这样一个理念——金融系统的本质是为实体经济提供服务。

谢谢大家。

\*　\*　\*

# 1.11　要摇匀，不搅拌？金融危机七年后的银行系统

*2015年10月29日，伦敦，于伦敦政治经济学院金融市场小组研究中心的演讲*

## 1.11.1　引言

尊敬的古德哈特教授，

亲爱的查理·比恩，

女士们，先生们：

衷心感谢你们邀请我来此发表演讲。伦敦政治经济学院金融市场小组研究中心是欧洲顶尖的金融市场学术研究圣地，能够在此进行公开演讲，我倍感荣幸。

在今晚的演讲中，我将概述银行业的现状以及目前最紧迫的挑战。"要摇匀，不搅拌"，这或许是对银行业艰辛现状最恰当的描述。既然说了这句名台词，我不免要提及贵国最出名的角色之一——詹姆斯·邦德。这位传奇特工不仅化解了冷战危机，最近还开始打击起金融市场上的不当行为。

比如，在2006年上映的《007：大战皇家赌场》中，詹姆斯·邦德的敌人勒·西弗从事内幕交易和市场操纵。在酝酿摧毁一架实验样机的恐怖阴谋时，他提前做空了该飞机制造商的股票，押注股价会下跌。他甚至还利用极端杠杆，即向非洲叛军借款并承诺予以高回报，然后将借来的资金投入赌注。当

然，电影里阻止恐怖袭击发生，进而使勒·西弗欺诈计划破产的不是监管当局，而是女王陛下的皇家特工詹姆斯·邦德。

内幕交易、市场操纵、极端杠杆、恐怖主义融资——可见在没有詹姆斯·邦德的世界里，金融监管是多么艰巨的任务。

不过，说真的，金融危机前，银行和金融市场的问题远不止我刚刚提及的那几个。

## 1.11.2　灭顶之灾后重建金融基础设施

七年前，我们正处于金融危机掀起的灭顶之灾中，而雷曼兄弟公司破产事件正是那次金融危机的导火索。随后曝光的事件和真相使全球经济陷入衰退的泥淖，银行业的声誉一落千丈。一时之间舆情四起，要求国家重新介入，对银行乃至金融业进行强有力的监管，使金融业真正服务于实体经济，而非拖累实体经济。

许多乃至绝大部分观察家那时可能都觉得，这样的任务在七年后应该已经完成了。然而我今天站在这里告诉大家，我们尚未达成这个目标。银行业仍在重建中。我们需要先完成改革，确保稳定的银行业能够在服务于实体经济的同时，实现可持续盈利。一切必须严格按照这个顺序进行。这对银行、市场、监管者来说是个艰巨的挑战，对公众、学界、媒体乃至整个社会亦然。

金融危机及随后的经济衰退向我们揭示了这个挑战如此艰巨的原因。金融系统，特别是银行，是现代经济必不可少的基础设施。金融系统和银行的稳定运作关系到整个社会。由银行家及银行机构的行动而产生的负面外部效应会对整个系统造成深远而持续的不良影响。

在今天的演讲中，我将阐述基础设施重建工作仍在进行中的原因。如果我们把金融系统看作街道和桥梁，那么围绕《巴塞尔协议Ⅲ》进行的改革已经修补了一些裂缝，完成了部分翻新并关闭了一些通道。基础设施变得更加安全了，但仍有一些坑洼，系统局部崩塌的可能性仍然过高。目前，我们还在进行这些改革的收尾工作，力求完成重建银行业这一当务之急。

## 1.11.3 汲取教训，直面现实

但首先请让我重申在危机期间吃尽苦头才学到的三个真理。请允许我引用金融市场研究领域一位顶尖学者的观点。大约4个月前，就在这个房间里，诺贝尔经济学奖得主罗伯特·席勒发布了《非理性繁荣》一书的第三版。早在决策制定者、市场以及公众意识到问题之前，该书的早期版本就已经一针见血地指出危机前金融监管政策的误导性。[32]在第三版中，他传达了这样一个简单的观点：非理性繁荣仍然是金融市场运作方式的本质特征。投资者仍然容易陷入狂热和崩溃的循环，做不到理性地权衡所有可能性发生的概率，也就更不可能考虑到交易的负面外部效应了。真是鞭辟入里！

这印证了三个应该铭记于心的真理，或者说三个前车之鉴，同样也是我们需要直面的现实。第一，在大多数情况下，人是非理性的；理性的计算严重受限——在内受限于我们有限的脑力，在外受限于复杂世界的不确定性。对于监管者而言，这意味着监管不能预设理性行为，而是要考虑市场参与者之间的互联互通和从众行为。市场参与者决策的负面外部效应仍然无处不在。第二，人性的局限并没有因市场结构而缓解。相反，盲目信任不受监管的市场加剧了从众行为。市场并不会进行自我调节。作为一种社会构建的机构，市场需要公开执行的规则来保持有序运作。第三，银行、监管者和决策制定者忽视了这些真理，未能构建一个服务于实体经济的稳定金融系统。

所以，当我们讨论监管改革的结果以及未来走向时，我们应该始终谨记这些简单却令人不安的真理。

## 1.11.4 我们所处的现状与未来的方向

回顾危机的代价能使我们更好地铭记上述真理。将稳定金融系统的直接成本与因经济能力未得到充分利用而导致的生产损失相加，就能得知全球为此次金融危机付出了多么惊人的代价。对监管措施进行成本效益分析时，我们应牢记为救助银行而投入的大量税款。

监管不力是金融危机的一个主要诱因。这一不争的事实以及上述的教训迫使决策制定者和监管当局全面改革监管框架。巴塞尔银行监管委员会、金融稳定理事会和其他标准制定机构为这一改革铺平了道路。我稍后会谈到其中的一些内容。但最重要的是，巴塞尔银行监管委员会设计了《巴塞尔协议Ⅲ》的框架，其中包括更严格的资本要求、杠杆率、流动性新规、宏观审慎新手段等。欧盟已经将这些规则转化为《资本要求条例》（CRR）和《资本要求指令（第四版）》（CRD Ⅳ）。此外，我们还在欧元区建立起了银行业联盟，并为其设立了单一监管机制和单一处置机制。

改革也确实已经奏效，并在稳定银行业方面发挥了举足轻重的作用。在2008—2014年，欧洲银行的资产负债表缩水了20%，资本比率也从9%攀升到约14%，其中后者是通过减少风险加权资产和增加自有资金实现的。因此，大多数银行的资产负债表规模已经缩减，再融资也变得更加可持续。

在此背景下，随着金融危机的记忆逐渐淡去，部分人开始声称进一步的监管改革已不再必要，且监管改革正在扼杀好不容易才重新冒头的经济增长动力。

但我得直说一句：所有关于监管改革影响的宏观经济研究都得出了一致的结论，即监管改革的总体经济效益远超其成本。[33]

这意味着我们别无选择，唯有全面实施已经启动的改革，敲定尚未完成的部分。

我们面临的现状是，银行业的改革工程初具规模，已经翻新、重建或新建了几道最重要的桥梁，但在整体竣工前仍有几个项目尚待完成。接下来，让我们把目光聚焦到银行业面临的三大挑战。

## 1.11.5  第一大挑战：在多极监管体系下管理与监管银行

第一大挑战可以用一个相当专业的术语来概括，即多极监管。英格兰银行的安德鲁·霍尔丹曾就此发表过一篇文章。[34] 所谓多极，就是指银行如今必须同时满足的多重监管要求。银行不再只需跨越一道资本比率的门槛，而是要同时满足几项最低要求：首先是有所提高的风险加权资本比率要求；其次是两个新的流动性要求——短期的流动性覆盖率和长期的期限错配率；再次是即将出台的杠杆率要求；继而是宏观审慎缓冲要求；最后，除了更高的资本质量要求以外，还有次级债务要求。如此等等，不胜枚举。但简而言之，多极监管体系能有效提高银行的安全性和金融系统的稳定性。

多极监管可以说是一条中庸之道，既不会过于繁复，也不会过于简单。这两种极端的监管措施都曾以失败告终。复杂的监管措施，即《巴塞尔协议Ⅱ》，经受了一番危机的检验。金融危机暴露了以内部市场风险模型为基础计算监管资本要求的种种缺陷，使人们意识到这样的监管措施完全行不通。而简单的监管措施表现得也不尽如人意。1988 年的《巴塞尔协议Ⅰ》所规定的资本比率就是简简单单的一个数字，却因监管套利而变得形同虚设。因此，新监管框架在多极体系中巧妙地融合了复杂和简单措施的优点，克服了危机前监管的诸多缺陷。

这就是巴塞尔银行监管委员会目前力求敲定《巴塞尔协议Ⅲ》的原因。2010 年达成的新巴塞尔框架是银行监管的一座里程碑。新框架一经落实，巴塞尔银行监管委员会就开始解决另一个问题，即风险特征基本相似的投资组合中，风险加权资产变动幅度的问题。过大的变动幅度使投资者愈发难以比较不同的银行。因此，巴塞尔银行监管委员会正在全面修订评估信用风险、市场风险和运营风险的标准化方法。最后，我们将完善内部模型的监管，以提高其风险敏感性、简单性和可比性。

对银行监管的法律框架而言，另一个亟须改变的是对主权债券的特殊优待。鉴于欧元区的主权债务危机，这也是巴塞尔银行监管委员会议程上的另一项内容。德意志联邦银行提议，政府债券也需要像私募债券那样，有与风险相称的资本作为支持，并设置大额风险敞口的限额。

这些改革以及已敲定的改革造就了一个多种监管手段交织的世界。有人对此提出批评，但我认为这是一种明智之举。因为当前以风险为基础的监管已经很复杂了，而多重监管手段可以避免监管愈发复杂。每一项新监管手段都将捕捉和限制具有不同经营模式和风险特征的银行所面临的风险。杠杆率也许无法检测到高风险的投资策略，但风险加权方法可以。未来拟引入的风险加权资产底线将限制银行内部模型出现的种种问题。

对银行而言，风险监管成了一个更为复杂的优化难题。银行管理层必须将其经营模式与多重监管要求巧妙地融合在一起。这对银行运营过程、风险管理还有最重要的盈利来说，都是重大的挑战。

总而言之，在多重监管手段下成功管理和监管银行，是摆在银行家和监管者面前的一项关键挑战。我想补充一句，应对这一挑战需要与重新审视银行战略和业务模型的挑战相结合。我稍后还会再谈及这一点。

### 1.11.6 第二大挑战：终结"大而不能倒"问题——敲定并推行恢复与处置框架

第二大挑战开启了银行基础设施重建的崭新篇章。英格兰银行的安德鲁·贝利的批评可谓切中要害——呼吁不断提高资本准备金的做法忽视了还有其他维护金融稳定的途径。我指的是，那些旨在让银行能够在不引发系统性震荡的情况下实现有序处置的规则。银行基础设施的重建有时非常精细，就如同为银行这个病患进行一场心脏手术。考虑到这个问题的重要性和敏感性，恢复与处置机制能在全球范围达成共识并在欧洲推行，实在是一项了不起的成就。该机制的诞生是为了解决系统重要性金融机构"大而不能倒"问题，并为纳税人筑起一道免于承担金融机构破产代价的屏障。正是因为在金融危机中汲取了道德风险教训，我们才建立起这个处置机制，这也是我们将这些教训付诸实践的关键一步。毕竟，道德风险问题出现的原因，就是"大而不能倒"的系统重要性金融机构无法为自己的行为买单。

信贷机构将来不仅会拥有恢复与处置计划，还会有清晰界定的债务传导机制，保证纳税人在承担损失的次序中居于最末。也就是说，股东和债权人应首先承担损失，在万不得已的情况下才可以动用税款。但是，要让这个理论上的处置模式落地生根，各金融机构就必须持有额外的债务，以备在必要时转换为吸收损失的资本。

全球系统重要性银行将通过满足总损失吸收能力标准来实现这一目标。希望G20各成员国领导人能够在下个月的安塔利亚峰会上敲定这一标准。同样的原则也适用于欧洲金融机构，但欧洲实施的合格负债和自有资金最低要求（MREL）标准与总损失吸收能力标准在某些方面不尽相同。其中一个区别是，每个金融机构要满足的MREL不同，由处置当局针对不同机构情况设定。

这些新标准将为吸收损失的债务资本市场带来翻天覆地的变革。新标准将会引入新处置手段，提升次级债务的标准化程度。在这些新标准和新披露要求的共同作用下，更多公开透明且有吸引力的投资机会将涌现。但这一变革也提高了内部纾困的可能性，导致投资者要求更高的风险溢价。

## 1.11.7　第三大挑战：学会适应不同的市场结构

这就引出了第三大挑战，即适应全新且不同的市场结构。这一挑战有两层含义：其一，市场结构将不复危机前的模样，尤其是流动性将大打折扣；其二，置身这样的新环境，银行需要顺应时势调整策略，才能继续生存。尽管监管机构将密切监督这两个变化趋势，但要适应环境的终究还是银行和市场参与者。

在讨论银行及其经营模式之前，我们先来思考一下市场环境。金融危机前，无处不在的流动性就像是自由金融市场理念的一块"试金石"。人们相信，只要一项可交易资产的供求足够旺盛，就可以假定市场完美且无摩擦。

但这不过是一场幻梦。事实上，危机前所谓的"流动"市场结构导致各银行关系盘根错节，使长久以来各银行因联系太过紧密、牵连甚广而不能破产。此外，这种流动性还助长了不可持续的交易策略和短视行为。

现在，危机后的市场环境发生了诸多变革，而更严格的监管就是其中之一。我们在这样的环境里目睹了市场结构变迁带来的种种新动向。人们格外关注那些似乎来无影、去无踪的极端且突发的价格波动。其中最惹眼的当属2010年的闪电崩盘事件。那年的5月6日，投资者们瞠目结舌地看着道琼斯指数在20分钟内暴跌6%，而后又迅速回升。

鉴于此类事件的发生，一些人认为危机后的监管迫使银行撤出某些业务，导致了流动性降低，进而增加了极端价格波动的频率。这一逻辑为那些呼吁重新设计监管的声音提供了理论支撑。

监管机构正在密切监视改革带来的微观与宏观审慎影响。不过，任何分析和建议都应该正视一个事实，即削减银行的交易活动正是危机后改革的初心所在。因此，我们需要做的，是在流动性问题和减少交易活动之间找到平衡。

坦白说，人们确实比以前更难在市场中迅速获利了。这正是改革的初衷，因为我们需要的是有见地、负责任的投资者，而非急功近利者。这样也能增加市场稳定性。但这也恰是银行需要适应新市场环境的原因。银行业虽然受到改革的"摇匀"震荡，但其经营模式却并没有因改革的"搅拌"而地覆天翻。也就是说，只有少数银行进行了彻底的改革。适度的革新未尝不是有益无害。而且，推动银行调整经营模式的不是监管力量，而是市场力量。我的意思是，银行必须严格检验自身的经营模式，尤其是在调整策略方面落后于人的欧洲银行。在市场结构变化、低利率可能持续的大环境下，银行迫切需要重新审视其经营策略以求生存。

无论如何强调银行评估和调整其经营模式的紧迫性都不为过。但我也要着重指出，干预银行的战略方向并非监管者的职责所在。我们肩负着一项公共使命，即遏制轻率行为，构建服务于实体经济的稳健银行业。为此，我们要对负面外部效应征税和设限。举例来说，除了我提到的内容，美国、英国和欧盟正在推进银行业结构改革相关的立法与监管，这也被称为"围栏"改革。这些法规将隔离银行中需要特别保护的部分，尤其是存款。隔离保护的目的在于内化负面外部效应，减少道德风险。银行将必须接受新的公共框架，并制定与之相容的可持续业务策略。这可能会重塑银行的集团结构。就此而言，我完全理解成立一间大型欧洲投资银行以抗衡美国大型机构的做法，前提是这间大型欧洲投资银行受到合理监管且不会"大而不能倒"。尽管如此，做出这些决定的最终权力和唯一权力都掌握在银行手中。"全能银行"的作用以及是否应该拆分"全能银行"，应由其所有者而非监管者决定。

在市场引导的结构调整中，监管者希望银行不仅受到改革的"摇匀"震荡，更因改革"搅拌"产生彻底改变。从这个意义上说，适应新的市场结构和经营模式以保持可持续的盈利能力，正是银行业面临的第三大挑战。

## 1.11.8 结语

女士们，先生们，我们从金融危机中得到了几个宝贵教训：无论是在金融市场还是在其他领域，人类从来并非完全理性；市场无法实现自我调节，需要政治机构介入监管；监管者、市场参与者以及金融危机前的决策制定者未能构建一个稳定的金融系统。

监管改革已经开始修正了一些早期错误，使我们的经济和社会受益颇多。完成这些改革仍将是市场和监管者背负的艰巨使命，但我们别无选择。

《007：大战皇家赌场》中，当调酒师问丹尼尔·克雷格（即詹姆斯·邦德）伏特加马提尼要摇匀还是搅拌时，他答道："我不在乎。"但我在乎。银行业已经受金融危机的"摇匀"撼动，但还没有因市场力量的"搅拌"而发生足够彻底的变革。我们不能指望007来抓捕坏人。要重建银行业，银行家和监管机构仍有许多工作尚待完成。

女士们，先生们，我的演讲到此结束，非常感谢大家的倾听。我很期待能与你们进行一场见解纷呈的讨论。可能有人还没有来得及看，但新的詹姆斯·邦德电影已于周一上映。

* * *

### 注释

1. European Commission（2011），Commission wants stronger and more responsible banks in Europe. Press release，Brussels，20 July.

2. BCBS（2011），Global systemically important banks：assessment methodology and additional loss absorbency requirement，July.

3. FSB（2010），Framework for Strengthening Adherence to International Standards，January.

4. IIF（2009），Compensation in financial services：industry progress and the agenda for change，March.

5. FSB（2009），FSF Principles for Sound Compensation Practices，April. FSB（2009），Principles for Sound Compensation Practices – Implementation Standards，September.（在欧盟层面，有关薪酬的规定被纳入《资本要求指令（第四版）》及相应的薪酬要求指南。）

6. BCBS（2011），Pillar 3 disclosure requirements for remuneration，July.

7. FSB（2011），Effective resolution of systemically important financial institutions：recommendations and timelines，Consultative Document，19 July.

8. European Commission（2011），Commission seeks views on possible EU framework to deal with future bank failures. Press release，Brussels，6 January 2011.

9. Macroeconomic Assessment Group（FSB/BCBS）（2010），Final report：assessing the macroeconomic impact of the transition to stronger capital and

liquidity requirements. Bank for International Settlements，Basel，December.

10. 虽然人们通常认为这句话是阿尔伯特·爱因斯坦所说，但他很可能从未说过这句话。经查证，这句名言出自美国作家丽塔·梅·布朗的小说《猝死》。

11. IMF（2016），World Economic Outlook，Update April 2016.

12. See also R. Dobbs，S. Lund，J. Woetzel and M. Mutafchieva（2015），Debt and（not much）deleveraging. McKinsey Global Institute Report，February.

13. R. Levine（2005），Finance and growth：theory and evidence. In P. Aghion and S. Durlauf（eds），Handbook of Economic Growth，Vol. 1，Amsterdam：Elsevier，pp. 865–934.

14. A. Turner（2015），Between Debt and the Devil：Money，Credit，and Fixing Global Finance，Princeton，NJ：Princeton University Press.

15. C. M. Reinhart and K. S. Rogoff（2008），This Time is Different：Eight Centuries of Financial Folly，Princeton，NJ：Princeton University Press.

16. J. L. Arcand，E. Berkes and U. Panizza（2015），Too much finance? Journal of Economic Growth，20（2）：105–148. European Systemic Risk Board（2014），Is Europe overbanked? Report of the Advisory Scientific Committee No. 4/June 2014.

17. S. G. Cecchetti and E. Kharroubi（2012），Reassessing the impact of finance on growth. BIS Working Paper No. 381. S. G. Cecchetti and E. Kharroubi（2015），Why does financial sector growth crowd out real economic growth? BIS Working Paper No. 490.

18. A. R. Dombret（2016），More painkillers, please? Why more finance is the wrong medicine for our growth problem. Keynote remarks delivered in Armonk，New York on 8 April 2016 at the Harvard Law School Symposium on Building the Financial System of the 21st Century：An Agenda for Europe and the US.

19. R. Dobbs, S. Lund, J. Woetzel and M. Mutafchieva (2015), Debt and (not much) deleveraging. McKinsey Global Institute Report, February.

20. IMF (2016), World Economic Outlook, Update January 2016.

21. S. Lo and K. Rogoff (2015), Secular stagnation, debt overhang and other rationales for sluggish growth, six years on. BIS Working Paper No. 482.

22. European Systemic Risk Board (2014), Is Europe overbanked? Report of the Advisory Scientific Committee No. 4/June 2014.

23. B. S. Bernanke (2013), A century of U.S. central banking: goals, frameworks, accountability. Speech given at the Conference "The First 100 Years of the Federal Reserve: The Policy Record, Lessons Learned, and Prospects for the Future", on 10 July 2013.

24. M. Bordo and J. Landon-Lane (2013), Does expansionary monetary policy cause asset price booms: some historical and empirical evidence. NBER Working Paper No. 19585.

25. A. Admati and M. Hellwig (2013), The Bankers' New Clothes: What's Wrong with Banking and What to Do about It, Princeton, NJ: Princeton University Press. C.M. Reinhart and K.S. Rogoff (2008), This Time is Different: Eight Centuries of Financial Folly, Princeton, NJ: Princeton University Press.

26. R. Levine (2005), Finance and growth: theory and evidence. In P. Aghion and S. Durlauf (eds), Handbook of Economic Growth, Vol. 1, Amsterdam: Elsevier, pp. 865–934.

27. C. M. Reinhart and K. S. Rogoff (2008), This Time is Different: Eight Centuries of Financial Folly, Princeton, NJ: Princeton University Press.

28. J. L. Arcand, E. Berkes and U. Panizza (2015), Too much finance? Journal of Economic Growth, 20 (2): 105–148; European Systemic Risk Board (2014), Is Europe overbanked? Report of the Advisory Scientific Committee No. 4/June 2014.

29. T. Phillippon（2015）, Has the US finance industry become less efficient? On the theory and measurement of financial intermediation. American Economic Review, 105（4）: 1408–1438.

30. A. R. Dombret（2016）, Gibt es zu viele Banken? Der Sektor nach der Finanzkrise. Lecture at the General Assembly of the Austrian Bank Science Society, Vienna.

31. A. Behr and F. Heid（2011）, The success of bank mergers revisited: an assessment based on a matching strategy. Journal of Empirical Finance, 18: 117–135.

32. R. J. Shiller（2015）, Irrational Exuberance, Princeton, NJ: Princeton University Press.

33. A. Admati and M. Hellwig（2013）, The Bankers' New Clothes: What's Wrong with Banking and What to Do about It, Princeton, NJ: Princeton University Press.

34. A. G. Haldane（2015）, Multi-polar regulation. International Journal of Central Banking, 11（3）: 385–400.

**2**

# 欧洲及其他地区的金融监管

# 2.1  共同前进：回顾欧洲银行监管的一年

*2015年10月2日，布拉格，于捷克国家银行举办的"欧洲金融监管是否已在正轨？"欧洲金融监管机构教育倡议组织年度会议上的演讲*

## 2.1.1  无畏使命

女士们，先生们：

自欧洲一体化构想诞生之初，政治融合之路便伴随多方质疑和恐慌。拥有不同语言、民族心态和历史的各个国家与文化，如何能在治理和行政管理上达成共识？在没有标准解决方案的情况下，欧洲人却以最佳实践践行着莎士比亚的智慧名言："智者慢行，急者易跌。"

在此背景下，建立统一的银行监管网络似乎是一个遥不可及的梦想。然而在2014年11月4日，这个梦想成真了。欧洲中央银行（ECB）被委以重任，直接负责监管欧元区85%的银行资产负债表。这样的转变自然需要欧洲中央银行掌握相关技能和专业知识。为此，欧洲中央银行新增约1100个全职岗位。这也表明其行政管理系统和程序需要从零开始构建。

诚然，欧洲已经历过诸多影响深远的发展。虽然欧盟发展了数十年，推行欧元这一欧洲通用货币也花费了近十年，但单一监管机制（SSM）仅筹备两年就已成长为一个成熟而高效的组织。

这样一个需要胆识的使命唯有在非常时期才能得到批准。其实我认为，唯有直面金融和主权债务危机以及由此暴露出的欧元区缺陷，我们才能完成这项使命。我们经历了"大而不能倒"的银行急需外部救援的窘况。我们也遭遇过银行因债务合并而与政府一同陷入恶性循环的困境。

结果是，各国监管部门不堪重负。光靠良好的规则并不足以监管金融业，还需要在困境中切实执行。如果不能确保银行遵守规则，那么规则就成了空谈。因此长期以来，单一监管机制的首要目标之一就是通过防范银行损害欧元区经济，打造一个可靠的金融制度。

此外，单一监管机制旨在统一监管标准、消除本国偏好、减轻跨境监管压力并及早准确地了解新风险。简而言之，其宗旨就是为欧洲金融业全面一体化扫清障碍。

单一监管机制注定是要成功的，因为它自诞生起就承载着维护金融稳定的重任。单一监管机制还因为其有望为欧洲发展指明方向而备受瞩目。欧洲各国在单一监管机制下协同合作，效果如何？单一监管机制已成立一年，现在是时候进行回顾了。

## 2.1.2　单一监管机制成功的要素

单一监管机制成立一年之际，我可以肯定地说，其开局是成功的。但它的成功不仅局限于监管职责的简单变更。

在单一监管机制成立之前，各国就已经事先通过综合评估统一监管标准、提高监管质量，从而确保各银行从一开始就有充足的资本。

以德国银行为例——我们见证了其在2014年综合评估之前的资本重组。在其他国家，综合评估总共揭示了250亿欧元的资本缺口，这一问题必须妥善解决。对价值480亿欧元的银行资产进行调整，以及对不良贷款定义的统一（导致银行调整了价值1360亿欧元的资产）都清楚地表明统一监管标准迫在眉睫。也证明了新的监管机构从一开始就是一股不容小觑的权威力量。

抛开这些"铁一般的事实"不谈，我们也在日常事务中领略到新监管机制的益处。由欧洲中央银行直接负责监管的银行联合监管小组（JST）共有123个。德意志联邦银行的监管工作人员加入了22个监管德国银行的联合监管小组，以及12个监管外国银行的主要联合监管小组。这种跨国互动明显有助于消除本国偏好。然而，我们不能断言一些既有的成见不复存在，因为它们可能会在无意间被不同的监管习惯和监管态度所掩盖。但是，跨国对话或许是发现并商议部分监管惯例最有效的方式。

此外，单一监管机制也促进了推行区域内公平的竞争环境，实现了跨境监管。当然，欧洲单一规则手册和欧洲银行管理局也在这一发展进程中发挥了作用。但涉及银行集团的跨境监管时，联合监管小组内的机构间交流显然卓有成效。再者，欧洲中央银行已然协调了其大约100项监管选择和自由裁量权的使用。这些选择和自由裁量权原本是针对特定国家情况的，但它们却导致了推行区域内的监管不一致。

总的来说，银行认为其新监管方"强硬但公平"。在当今艰难的金融环境下，我倾向于将这一评价视为对整个单一监管机制的赞美，因为我们似乎同时扮演了两个角色：确保公平竞争和营造公平竞争环境的裁判，以及确保"病患"（指金融机构）身体健康并在必要时开出"治病良方"（指严格的监管措施）的医生。

### 2.1.3　欧洲监管：持续的日常挑战

改进监管流程并形成共同的监管文化需要花费一定的时间。毫无疑问，要确保稳定且高水准的监管，既能反映银行个体风险，又能跟上不断变化的金融环境的将是一项持久挑战。

我要强调一下单一监管机制在监管质量方面面临的几个挑战。我要举的第一个例子是监管对行业多样性的影响。银行业的多样性体现在120家重要机构和约3500家次要机构之间的区别上，前者直接由欧洲中央银行监管，后者由各政府机构监管。

毋庸置疑，广泛的信息基础对于维护金融稳定至关重要。若银行自身能洞察金融周期和金融业面临的威胁，最终将会从中受益。我们的数据请求需要银行投入大量资源，但我担心大型银行会更容易满足这一要求。我们应该持开放的态度，权衡对于小型银行而言，监管数据要求带来的成本是否与收益相匹配。而且，行业的多样性还需考虑规模以外的因素，如商业模式、不断变化的监管和金融环境，甚至是数字化浪潮等社会趋势。

我们应致力于维护公平的竞争环境，不仅要消除某些国民待遇，还要保证监管与风险相适应。保护银行业多样性是增强银行业稳定的一种有效方式，因此，我对欧洲中央银行致力于将银行监管视角从关注资本水平和质量延伸到注重合理适度层面的尝试表示赞赏。

在单一监管机制的监管质量和长期运作方面也存在其他挑战。我由此想到了我们最宝贵的资源——训练有素、积极主动的工作人员。因此，我强烈支持能推动跨境学习和知识共享的倡议，如欧洲金融监管工作人员的教育。

工作人员的主动性是我们最重要的资源。所有单一监管机制的工作人员都应该在监管工作上有所作为。这就需要监管过程做到公开透明，监管结果不偏不倚。我们必须反思过度僵化的流程，使整个监管机制更为高效。最好的例子就是那些能使各国监管工作人员交流讨论监管心得的专家组。

我们还需要审视决策过程本身：任何有效和及时的决策过程都必须产生对应的作用。这尤其能使各国监管机构的工作人员都觉得自己是单一监管机制的一分子——单一监管机制就像是一张网络，连接起了准确而高质量的决策，并推行最佳的监管方法。

在日常监管实践中，仍存在监管文化不协调的问题。其中现场检查就是一个例子。我们应该避免不同国家的监管规则的竞争，协力寻求妥善的解决之道。此外，语言壁垒显然是欧洲内部持续存在的一个问题。欧洲中央银行提倡使用英语作为工作语言。但各监管机构往往更倾向于使用其所在国家的语言以避免法律方面的不确定因素。语言壁垒将继续与单一监管机制共存。

最后，请允许我谈一下在构建单一监管机制时仍须弥补的一个根本缺陷。我要重申之前提到的建立跨国银行监管网络的一个初衷，即跨国银行监管网络应有助于将银行风险与国家风险剥离开来。但我们不能在剥离国家风险之后，将银行风险与中央银行风险捆绑在一起。

欧洲中央银行在我们的货币联盟中扮演着不同角色——既是微观审慎的

监管者，也是货币政策的掌舵者。因此，欧洲中央银行既是银行业务上的伙伴，又是监管银行的机构。虽然在金融稳定方面，欧洲中央银行的这两项职责必然会产生协同效应，但也可能催生意料之外的共生关系。我想这种共生关系可能会变得十分危险。我特别担心对银行的政治激励可能会偏离正轨，尤其是对于可能破产的机构。因此，从长远来看，我呼吁中央银行能在监管权力和货币决策之间划出一道严格的界限。

## 2.1.4　统一各国和欧洲的立场

单一监管机制将何去何从？要解决欧洲内部的摩擦，发展单一监管机制流程和集中监管似乎是合理的应对方法。人们可能会将其视为解决不同国家文化摩擦问题的万能方法。人们常常质疑欧洲银行监管的网络特性：难道一个单一监管机构就不能更有效地监管银行吗？我想重申两个反对这一论点的基本论据。我主张的不是稳步走向更加集中的监管，而是平衡集中监管的严格性和各国监管的多样性。

首先，业内人员都明白，良好的监管要求监管工作人员贴近银行。这里说的贴近不仅是物理上的靠近。语言、商业环境、文化以及银行业的许多其他特征都深深植根于银行所在的地域环境。撇开欧洲一体化的缓慢进程不谈，我们不能指望地区多样性会消失殆尽。欧洲中央银行在第一年指导单一监管机制的过程中确实做得非常出色，但这并不意味着它能通过自上而下的指令解决所有组织难题。相反，我们应该尽可能地发挥自下而上的优势来解决问题。

其次，我们应该时刻克己。我们必须制衡监管内部的权力。我再次强调，这并不是在悄悄谋求国家特权，而是在呼吁监管机构保持多样性。请不要将这一点与协调监管混淆，协调监管始终是重中之重。重要的是，我们必须保证各国监管机构在监管过程中拥有话语权，才能维护监管机构多样性。监管机构多样性无法自行维持，需要单一监管机制治理文化的积极促进。

## 2.1.5 结语

人们现已将单一监管机制视为一个严格但公正的监管机构。我认为应当保留单一监管机制的网络特性。为了制衡监管权力，我们必须容许多层次治理。我们须秉持开明的态度管理单一监管机制，以实现更高的目标。

请允许我在此重申三个重要目标和潜在影响。

①适度的风险监管意味着我们应该适时、灵活地调整监管要求。

②高效的管理流程要求我们将人力资源投入单一监管机制中最需要其发挥作用的地方。

③在单一监管机制网络内保持监管多样性和辅助性需要我们积极促进各国监管机构参与监管。

欧洲一体化的本质是学会应对多样性。在这方面，欧洲中央银行已经是自觉和开放的典范。近期单一监管机制对其优劣势进行了内部剖析，并在组织内进行了改革。这都表明它并没有居功自满，而是着眼于长期的成功。

＊ ＊ ＊

# 2.2 破产或可能破产？欧洲银行业联盟的一场考验

*2017 年 8 月 21 日，哈亨堡，于德意志联邦银行应用科技大学的演讲*

## 2.2.1 引言

尊敬的凯勒教授，

尊敬的各位教授，

哈亨堡德意志联邦银行应用科技大学的各位学生们，

女士们，先生们：

今天，我想邀请大家与我一同审视欧洲银行业联盟的现状。在座的学生们可以松一口气了。我今天既不会讨论欧盟委员会的结构，也不会考验你们对欧盟机构的了解程度，更不会在演讲结束之后让你们做小测。我今天想要探讨的是一个我们和公众都感兴趣的话题：欧盟这个银行监管史上的"新巨头"真的能起到作用吗？

说实话，回答这样一个基本问题本不需要任何提示。不过，我还是要通过审视欧洲银行业陷入困境的四个案例来回答这个问题。在我看来，德意志联邦银行应用科技大学是最适合探讨这个话题的地方了。

那么，我指的到底是哪四个案例呢？第一个案例是2017年6月根据欧洲处置新规进行清算的西班牙人民银行。第二个案例是获欧盟批准进行预防性资本重组的意大利西雅那银行。预防性资本重组是一种在特殊情况下进行的程序，在此特殊情况下注入国家资本将不会让市场认为某银行"破产或可能破产"，也不会让银行受到此类评估带来的影响。第三和第四个案例就发生在前不久——两个月前，两家威尼斯银行根据意大利国家破产制度开始资产清算。也就是说，短短一段时间内，我们就看到了处理陷入困境的欧元区银行的三种不同方式。

借讨论这些案例的机会，我想深入探讨银行业联盟的运作方式并得出一些初步结论。以下是我想要重点关注的三个话题：

第一，单一监管机制的作用。

第二，单一处置机制和各国破产制度发挥的作用。

第三，在银行业联盟的大背景下不可忽视的欧洲银行业现状。

## 2.2.2　危机：单一监管机制的未知领域

陷入困境的银行如此吸引公众关注并非毫无理由。毕竟，银行本身就牵涉大量钱款。正因如此，银行监管机构的"杀手锏"就是宣布一家金融机构即将或必将倒闭，或在专业术语中称为"破产或可能破产"。这么做相当于强制关停该金融机构。其必然后果不外乎两种，要么是根据新欧洲处置规则处置该机构，要么根据其所在国的法律启动清算程序。从经济学角度来看，这一做法至少会暂时为该金融机构的账目画上休止符。业务产生的损失成了现实。而且，已经关停的机构，或说待清算机构的资产价值几乎总是低于运营中的机构的资产价值。这是银行监管机构不应仓促宣布一家金融机构"破产或可能破产"的其中一个原因。

有句老话说得好：长痛不如短痛。无意义地延长这种状况可能会进一步增加银行的成本和损失。此外，"复活赌博"并不可行。也就是说，为一家破产机构渺茫的复苏希望投入过多，到头来可能会让债权人和纳税人背负巨额代价。无论是金融机构还是监管机构都不应该认为在这方面还有什么挽回的余地。

总而言之，有一点十分明确：需要判定金融机构"破产或可能破产"时，银行监管工作人员不能像英超联赛的赛程那样随意、不严谨地安排判定工作。市场信心和流动性的缺失都可能导致监管工作人员在极短的时间内做出判断。在所有案例中，银行监管工作人员都必须仔细考察每个细节，深思熟虑之后再做决定。在这方面，单一监管机制内部的合作及其与单一处置机制的合作都在我所提到的案例中展现出了很好的效果。

我在演讲开始时就提到了预防性资本重组的应用，这也标志着欧洲监管机构踏入了一个未知的领域。新颁布的《银行复苏与处置指令》将预防性资本重组确立为一项特殊措施，使金融机构可以在未被普遍认定为"破产或可能破产"的情况下接受公共资金注入。

预防性资本重组只会在特定情况下获批。所谓的特定情况指金融机构必须具有偿付能力，且公共资金不得用于抵消现有或预期的损失。监管机构需要仔细审查金融机构是否满足以上条件。此外，欧盟委员会还须判定公众资金的授予是否符合欧盟的国家援助规则。

这是一个特别敏感的话题，因为新处置机制的其中一个基本目标就是保护纳税人：为银行的不良管理及由此产生的所有损失负责的，应是银行的股东和债权人，而非纳税人。话又说回来，欧盟立法机构已经接受成员国政府在国家经济严重动荡并影响金融稳定的情况下出面扶持仍具有偿付能力的金融机构。然而，各国仍需要满足欧盟法律中规定的严格标准。

也就是说，这些目标相互矛盾，却清晰地表明，预防性资本重组并不能成为避免银行危机的万能方法。因此，《银行复苏与处置指令》将预防性资本重组定义为一项特殊措施。这也是我对该词的清晰理解。

同样明确的是，在每一个案例中，股东和次级债权人都必须在政府出资援助前进行内部纾困。对意大利西雅那银行而言，这意味着其资产基础在次级债务工具转换为股权后，先是扩大了45亿欧元，而后又接受了意大利政府39亿欧元的注资。不过，政府也将对散户投资者提供补偿，增加其在银行的股份。由于政府提供了援助，该银行的所有权结构将发生变化：老股东将因股权稀释而蒙受损失。相比之下，意大利政府将会获得该银行70%的股份。总之，国家作为投资者为陷入困境的银行提供援助，并将承受所有未来潜在损失。

立足于这一特定案例来看整个银行业，可知另一个明确的事实：在新处置规则下动用公共资金越来越困难，且必须遵守特定的标准，但动用公共资金并非完全不可能。然而，在最先陷入困境的四家银行中，竟有三家都获得了政府援助。这并不是欧盟立法机构乐于见到的情况。评估处置机制的标准应是其保护各国纳税人的有效程度——我坚信这也是"国家破产法"应有的目标。

在更深入探讨实际处置案例前，我想要借此机会从银行监管工作人员的角度出发对危机做出三点总结。

第一，我们无法制定一套能应对未来所有危机的万能方案。一般而言，每次危机都不相同，没有"一劳永逸"的解决办法。我们最近在意大利和西班牙发现，这两个国家的银行陷入困境的原因不同、在银行市场中的地位不同、在各自国家经济中的作用也不同。不过，我们必须从各个案例中汲取具体的教训。

第二，因为解决这个问题需要因地制宜的解决方案，涉及自由裁量范围，所以我们需要打造高效的决策流程。在此情况下，各利益相关机构之间的有效协调也就尤为重要。由于危机情况各不相同，我们必须明智且客观地考虑所有决策因素。

第三，我们需要认识到，银行监管确实可以且必须应对银行业以外的难题。一般而言，银行监管必须及早介入，监督各银行遵守规则，从而及时遏制不良发展趋势。

就最后一点而言，欧洲监管机构已经设定了新标准。例如，在年度审查后设定的资本附加额就已经比以前更重要了。这也是理所应当的事。

有了危机期间的前车之鉴后，银行监管机构完善了早期预警系统，并提高了早期干预能力。监管机构现在不仅会考察银行的偿债能力和流动性，通常还会审查银行的商业模式和治理状况。因为商业模式和治理状况发展不良可能会影响银行在中期内的偿债能力和抗风险能力。在此，我要提到一个单一监管机制项目，该项目探讨了一些金融机构一度出现不成比例的风险偏好的原因。当然，这并不意味着我们要干预金融机构的业务；相反，我们的目的是在早期阶段识别会对银行构成严重威胁的不良发展，并尽可能减轻其负面影响。

所以，银行业的失衡也是欧洲监管工作人员的一块重要"试金石"。但日常的监管措施也同样重要，即使这方面的成就难以用数字量化。

这方面的例子就是本国偏好。当各国监管工作人员在工作中无意间受到国家利益的影响，就很容易出现本国偏好。单一监管机制正是为了解决这一问题而建立。问题不只在于监管工作人员破坏规则，更在于其如何解读规则。但我们通常很难在各案例中辨别本国偏好。新的监管架构旨在消除各国监管机构表现出的本国偏好趋势。各监管小组由不同国家的工作人员组成。当然，欧洲中央银行也发挥了关键作用，创造了更中立的监管方法和更公平的监管环境。我认为这是一项十分可喜的进展。

亲爱的学生们，虽然这次演讲只涉及欧洲新时代银行监管的一小部分，但我还是希望能激起大家对这个领域工作的兴趣。各国和欧洲的银行监管工作人员不仅肩负重大责任，其工作任务也非常多样且具有挑战性。当然，我这么说是有一些特殊缘由的，毕竟支撑欧洲监管机制运转的正是各成员国的专家。单一监管机制中有超过28%的监管人员来自德国，其中大部分是德意志联邦银行的职员。因此，我们非常重视你们这样的高素质的年轻专业人才。

### 2.2.3　处置：目前我们获得的经验

现在一起来讨论一下狭义上的处置问题吧。大家一定都知道，有些金融机构似乎只在经济形势好的时候才会遵守市场经济规则和监管框架，令人相当不快。因此，新的欧洲单一处置机制在2015年应运而生，其中包含新规则、新机构和新的处置基金。单一处置机制运转情况如何？我们在头几年有什么收获？

我从一开始就想强调一件事，人们在评价最近的经济危机时往往容易忽略这一点：无论是在西班牙银行还是在意大利银行的案例中，我们都没有看到市场长期溢出效应和负面影响。银行处置决议通过后，虽然各分行需要改换门庭，但仍然能重新正常开门营业。人们往往忽略了处置中最重要的一点，那就是这样的情况绝非理所应当。

我想要更深入地探讨西班牙人民银行的处置，因为这是单一处置机制下第一家受处置的金融机构。西班牙人民银行的案例证明，单一处置机制能够实现一些专家曾认为不可能的事——在短短几小时内决定一家市值数十亿欧元、拥有无数分支的金融机构的命运，且没有对西班牙或欧洲金融系统产生任何负面影响。由于流动性状况恶化的速度极快，该机构的处置流程甚至压缩到只有短短一个工作周。在这个特定案例中，由于已经有机构愿意收购西班牙人民银行，所以监管机构可以在干预较少的情况下解决危机。在此案例中，西班牙人民银行的管理委员会和监事会也相当负责。

两家威尼斯银行的案例也同样富有挑战性。我很高兴它们最终成功地退出了市场。这两家岌岌可危、令人担忧的银行最终不复存在。与西班牙人民银行不同，这两家银行并没有依据欧盟相关规定进行处置，而是根据意大利国家破产制度进行清算。

在这种情况下，因为欧洲处置规则只适用于系统重要性银行，所以可以动用政府资金对其进行清算。正因如此，从危机中的欧洲处置机制到国家监管框架的转换开启了全新局面。

不过，欧洲处置机制的其中一个要求是遵守欧洲国家援助规则。也就是说，银行所有者和其次级债权人必须出资进行内部纾困。内部纾困的同时动用大量税款进行救助，在法律上当然也是合理的。然而，欧洲处置规则的目标是尽量少动用税款来解决银行破产问题。为充分保护各国纳税人，我们迫切需要统一各国的破产规则和欧洲的处置规则。

## 2.2.4  当前银行业联盟环境：最重要的细节

女士们，先生们，尽管上述案例表明银行业联盟运转良好，但我们仍有许多工作要做。我们尤其需要在各国破产程序中，调整投资者和债权人出资的比例。若要使银行充分发挥其在市场经济中应有的作用，这一点非常重要。这也意味着银行的损失不应由整个社会承担，而应由投资者和债权人为自己做出的决策承担风险。我坚信，我们应该沿着现在的道路继续前进。

要讨论银行业联盟，必然涉及许多细节。同时，我们也要着眼于整个银行业全局。谈论新机制的抗风险能力和可靠程度时，我们必须牢记，银行业联盟是为饱受危机创伤的银行系统而设计的。我们从一开始就要求银行业进行"自我修复"。为此，在新监督机构启动前，我们全面检查了欧元区大型金融机构的资产负债表。我记得，2014年11月至2015年6月期间，大型金融机构的估值调整达到480亿欧元，强制性资本增加总计250亿欧元。

不过，我们当然无法预见由于经济活动持续低迷以及危机后续连锁反应等因素所带来的新负担。不良贷款仍然困扰着一些银行业联盟成员国的银行。目前欧盟银行的不良贷款规模约为9000亿欧元。这些负担是最近四次金融危机的显著特征。说到底，银行业的自我修复不能一蹴而就，而是一个漫长而艰辛的过程。

信贷机构的可处置性也一样。尽管新处置规则生效后迅速影响了次级债券的价格，但这并不意味着规则过渡已经完成，只是表明新的处置规则从一开始就实现了预期的引导效果。比如，单一处置基金至今仍在完善中。欧洲的信贷机构也仍在增加合格负债和自有资金最低要求以及总损失吸收能力，即用于内部纾困的资本。相关处置机构预计在今年年底敲定相应的合格负债和自有资金最低要求。

## 2.2.5  结语

现在回到我最初的问题：欧洲银行业联盟有用吗？

我们从最近一次危机中得到的启示是矛盾的。但我们确实可以松一口气，因为我们可以解决四家银行的破产问题，让它们成功退出市场而不引发任何深远的负面影响。同时，我们必须从最近的危机中汲取教训，以进一步巩固银行业联盟。

在我看来，缩小各国破产规则和欧洲处置规则之间的差距是一项迫在眉睫的重要任务。尽管根据不同情况灵活应对危机似乎也很明智，但我们确实需要一以贯之地恪守一些基本准则。比如，坚持按照欧洲处置框架的设想，让银行投资者和债权人出资进行内部纾困。

在讨论银行业联盟是否能有效运作时，我需要提醒大家不要做出过于片面或笼统的判断。我们必须有意愿并切实付诸实践，彻底解决具体问题，毫不松懈，才能提升大规模的"银行业联盟"项目的有效性。也就是说，我们必须考虑到各机构的具体情况，不仅包括上述四个案例中的机构，也包括欧元区其他3000多家信贷机构。这也意味着我们要承认，当形势变得严峻时，银行业联盟无法像从帽子里变戏法一样轻易拿出解决方案。欧洲银行业不良贷款规模之大，证明了我们仍需克服的挑战之艰巨。

感谢各位的倾听。希望我们能就此话题展开讨论。

\* \* \*

# 2.3　允许银行破产

*2015年4月29日，柏林，于德国举行的欧洲货币会议上的讲话*

## 2.3.1　引言

女士们，先生们：

感谢你们邀请我在德国举行的欧洲货币会议上发表讲话。我很高兴能够来到这里。

2008年金融危机爆发不久后，世界各地的监管机构都开始进行监管改革，以防止类似危机再次发生。这一监管改革与危机一样复杂且涉及多个层面。然而，许多观察家仍然希望能够一劳永逸地化解危机。此次演讲将以一则令人失望的消息开场——世界上没有一劳永逸的良方。

不过，如果我们深入挖掘，就会发现危机的一个核心问题，这个问题还涉及市场经济良好运转的关键因素。尽管监管改革正在进行中，但我们还没有彻底解决这个问题。

## 2.3.2　资本主义、宗教与银行

那么，我说的究竟是什么问题？答案是，"大而不能倒"问题。这个问题里的银行通常规模巨大、与其他银行的关系盘根错节或是地位过于重要，以至于其破产可能会危及整个金融系统。因此，政府往往会介入并援助这些银行，以避免金融系统崩溃。

因此，"大而不能倒"的银行的运营往往受到政府的无偿隐性资助。但这样的资助可能会诱使银行进行风险交易。如果交易成功，银行就能获利；但如果交易失败，银行也可以动用税款来弥补损失。显然，这对于银行以外的任何一方来说都不是理想情况。

那我们应该如何解决这个问题？第一步是降低大型银行破产的可能性。为此，监管机构特别提高了对银行的资本要求，并开始对系统重要性银行加收附加费。但资本也只能在一定程度上减少损失。建立完整制度以全面防止银行破产并不可行也不可取。

我们必须谨记，市场经济运转良好的其中一个关键因素就是破产风险。破产风险不仅促使各机构进行竞争，也使最优者能在市场上占据主导地位。这就是约瑟夫·熊彼特著名的"创造性破坏"理论。艾伦·梅尔策的说法更加直白："没有破产的资本主义就像没有地狱的天主教，行不通的。"

因此，对于那些"大而不能倒"的银行，我们必须废除用税款为它们保驾护航的制度，让它们也暴露在"创造性破坏"力量的影响之中。我需要申明的是，这绝不意味着我们希望银行破产。但破产的威胁能够有效地激励银行所有者、债权人和其他股东着眼未来、谨慎行事。

### 2.3.3 从"大而不能倒"到运转良好的市场经济

为了让大型银行也能破产，我们必须建立起可行的处置机制。这样的机制能让大型银行在不扰乱整个金融系统的情况下，按照市场原则、符合预期地有序破产。最终承担"经营风险"的将不是纳税人，而是银行本身——一切理应如此。

在欧洲层面，《银行复苏与处置指令》已经建立起银行处置的统一法律框架。监管当局现在已掌握一整套平稳处置银行的连贯手段。《银行复苏与处置指令》明确规定了银行所有者和债权人内部纾困的责任层级。自2016年起，欧盟内的破产机构将强制进行内部纾困。也就是说，银行要开始内部纾困，停止外部援助。

但考虑到金融系统的全球性，我们最终还是需要一个全球性方案。为此，G20刚刚通过了一项关于全球系统重要性银行资本结构要求的提案。这项提案特别要求，系统重要性银行必须达到总损失吸收能力的最低要求。这一要求可高达风险加权资产的20%，且必须至少为未加权资产的6%，即《巴塞尔协议Ⅲ》所要求的杠杆比率的两倍。

重要的是，我们要在今年结束之前敲定总损失吸收能力要求，以便在2019年开始落实这一要求。在那之前，我们仍有许多工作尚待完成。除此之外，我们还必须规定如何在银行各分行之间分配内部总损失吸收能力，以防止风险集中在某一分行。

当然，我们不应在这一过程中降低提案中的要求。比如，为保证信息透明和法律确定性，总损失吸收能力金融工具不得优先于其他金融工具。我们还需要制定明确的规则，限制其他银行持有总损失吸收能力金融工具以遏制风险传播。我们正在讨论多种可能的方案，包括将总损失吸收能力资本从总资本中扣除、应用惩罚性风险权重和设置大额敞口限制。

## 2.3.4　结语

总之，许多人将2008年的金融危机归咎于肆行无拘的市场力量。可我认为，实际上导致金融系统几近崩溃的并不是市场力量过大，而是市场力量不足。金融业缺乏市场经济运转良好的关键因素，即破产威胁。大型银行的运营依赖政府的隐性资助，因而不再谨慎行事，最终使纳税人付出了数十亿欧元的沉痛代价。

因此，监管改革旨在将自负盈亏原则重新引入金融系统。为了达到这个目标，我们必须建立新机制，允许银行在不扰乱金融系统的情况下有序破产。

我们在欧洲层面和全球层面都取得了重大进展。尽管我们还没有达成目标，但我坚信功到自然成，最终一定能够实现。

谢谢大家。

\* \* \*

## 2.4 欧洲银行业联盟：一个建筑工地——共同监管、共同处置、共同存款保险计划？

*2016年6月1日，法兰克福，于德意志联邦银行"银行监管对话"研讨会上的演讲*

### 2.4.1 引言

女士们，先生们：

希望大家在午休结束后已经充分放松并恢复了活力，因为我想要带你们参观一个重要的建筑工地。请放心，我们要参观的不是柏林机场，也不是"斯图加特21"工程，我们并没有那么多时间。

我所说的是一个泛欧洲规模的大型项目——银行业联盟的建设。

### 2.4.2 银行业联盟的"两大支柱"已然矗立……

2014年11月，欧洲单一监管机制正式启动，标志着银行业联盟建设的第一阶段完成。自那以后，我们一直以统一的标准监管欧元区规模最大的几家银行。其他大型项目无疑可以从单一监管机制迅速落地的过程中汲取一些经验。当然，单一监管机制仍有一些构建和设计上的缺陷需要整改。我的同事萨宾·劳滕施莱格已在今天早上的演讲中强调了其中一些问题。

银行业联盟建设的第二阶段，即欧洲单一处置机制也在今年年初开始推行。在座的一些嘉宾可能还记得乔安妮·凯勒曼一年前在此发表的演讲。她是单一处置委员会（SRB）的一员，早前已向大家介绍了单一处置委员会的职责。

单一处置机制是对欧洲共同监管的重要补充。单一处置机制的目标在于，确保金融机构在必定破产的最坏情况下，其股东和债权人首先承担破产带来的损失。在这之后，储备充足的单一处置基金才会介入。也就是说，纳税人在债务传导机制中居于最末。通过这种方式，欧洲单一处置机制也将切断银行与公共财政之间的密切联系。众所周知，这也是金融危机中的一个关键问题。

银行业联盟的这"两大支柱"极大地推动了欧洲金融一体化的进程。但"第三支柱"，即欧洲存款保险计划（EDIS）仍面临着相当大的争议。

## 2.4.3　……"第三支柱"尚未建成

自去年11月欧盟委员会针对欧洲存款保险计划的设计与时间安排拟定大胆计划以来，这个话题一直备受争议，在德国尤其如此。人们在讨论这个话题时情绪高涨也就不足为奇了。

欧洲存款保险计划的目标并不新鲜，和存款保险的概念一样古老。该计划旨在通过保护存款来防止存款者挤提存款。要实现这一目标就必须满足两个条件：一个运转良好的保护基金和一个具有约束力的法律框架。

乍一看，欧盟委员会的提案似乎顺理成章。在一体化的欧洲金融市场中，我们需要在欧盟层面保护存款，以最大限度地降低挤提存款风险。如果完全由国家负责的存款保障系统无法解决问题，那么欧洲层面的方案将施以援手。

欧盟委员会提案的具体设想是什么？　2017—2019年是第一阶段，欧洲存款保险计划将以各国参与的再保险系统形式呈现，也就是以欧洲再保险基金作为该计划的后盾。随后，2020—2023年是共同保险阶段，即一旦发生破产，各国的存款保险计划和欧洲再保险基金将从第一笔赔付资金开始共同承担费用。欧洲再保险基金的份额将逐渐提升，直到第三阶段开始。最晚到2024年，我们将会建立一个欧洲层面的全面保险系统。该系统建成后，成员国银行的所有破产赔偿金都将由欧洲再保险基金支付。

坦白讲，存款保险欧洲化并成为银行业联盟"第三支柱"并非全然不可能。现在我们必须先满足所有必要条件，然后再思考"第三支柱"如何更好地实现预期目标——保护存款，从而防止存款人挤提存款。

建过房子的人都知道，建房子不仅需要大胆的设计方案，还必须考虑地质、建筑区域和建筑结构等基本条件。在开始建筑的第三阶段前，我们还需在基本条件方面做大量的工作。

## 2.4.4　根基未稳，支柱难立

大家可能听过夏洛克·福尔摩斯和华生医生去野营的故事。在享受过佳肴美酒后，他们回到帐篷里安然入睡。几个小时后，福尔摩斯醒来并立刻叫醒了华生。"亲爱的华生，"福尔摩斯说，"看看你的头顶，说说你看到了什么。"华生抬头看了看，答道："福尔摩斯，我看见了无数星星。"福尔摩斯问道："那么，你能从中推断出什么？"华生想了一会儿，答道："从天文学角度来看，我推断天空中有数百万个星系，可能有数万亿颗行星。……从时间角度来看，我推断现在大概是凌晨三点一刻。……从气象学角度来看，明天的天气应该会很好。那么，你又从中推断出什么？"福尔摩斯瞬时目光炯炯，说道："华生，你个傻瓜，有人偷了我们的帐篷。"

女士们，先生们，我给你们讲这个故事是有原因的。就像这位经验丰富的侦探和他忠实的助手一样，共同存款保险计划的建设者也应该区分各事项的主次。我们的首要目标是保护银行客户的存款。在我看来，目前是否应该在欧洲层面实现这一目标则是次要的。

我认为要尽可能巩固银行业联盟的"第三支柱"，就必须依靠以下三个要素。第一，确保满足必要的先决条件；第二，在考虑欧盟委员会的提案是否为实现目标的最佳方法时，必须慎之又慎；第三，我们不能轻易废除经过实践检验的各国存款保险制度。接下来，我将详细阐释这三个要素。

第一个要素是满足必要的先决条件。要保护存款，就不得不提到稳定银行这一重要因素，因为稳定的银行能够为存款提供最坚实的保障。欧洲在这方面仍然任重道远。我认为，欧洲应首先完成以下工作任务。

首先，共同存款保险计划的各成员国必须为限制风险做出同等努力，才能分担欧洲层面的风险。因此，各方都必须实施并遵守现有的规则。最重要的是，这意味着我们要实施已商定的信贷机构重组和处置措施，同时协调现有的存款保护计划。可惜并非所有成员国都已达到了这个目标。我们不仅必须落实这些规则，还要保证其有效性。比如，这要求银行有充足的可内部纾困债务，并在法律上明确内部纾困的可能性。为此我们需要对破产法中的相关条款进行后续调整。

其次，我关心的是如何切断银行与主权之间的联系：欧盟许多银行的资产负债表上都有大量主权债券，尤其是其本国政府的债券。银行对主权国家的大量债权投资自然就涉及信用风险和集中风险的问题。但只要持有主权债券能享受监管优惠待遇，银行不会主动削减资产负债表上的此类风险，从而继续依赖于其本国的经济状况。如果这样的现状持续下去，单一存款保险计划可能会间接将主权债务分摊给所有成员国。

我坚持认为，我们必须不惜一切代价，抵御将单一存款保险计划挪作他用的政治诱惑。令人欣慰的是，欧盟委员会在其关于欧洲存款保险计划的提案中，明确提到了主权债券监管优待带来的问题。但欧盟委员会现在必须通过具体提案来证明这一立场，并解决信用风险和集中风险。我认为，及时解决这个问题对于当前存款保险计划的协商进程至关重要。

我还要提出有效存款保险计划的另一个先决条件：实现行动和责任之间的平衡。只有当欧洲层面拥有足够的控制权时，才应该由欧洲承担责任。要实现这一目标，我们仍然前路漫漫。

尽管有欧洲银行监管和处置机制，国家经济政策仍然对国内银行的经济状况有很大影响。潜在法律条件也是如此。例如，各国的破产法仍然有很大的差异。此类法规在国家层面的差异自然会直接影响银行的风险状况，以及借款人破产时银行面临的负担。这意味着，各国的破产法规也会影响银行对存款保险计划的依赖程度。这种可能性可能会催生不公平的条件。因此，欧洲存款保险计划的其中一项基本要求就是，欧洲必须在各国经济政策和统一法律原则方面采取更有力的行动。

构建欧洲存款保险计划似乎合情合理。但要实现银行业联盟的设计初衷，我们就必须先纠正欧洲金融系统中的种种不法行为，修复漏洞。

在所有关于该计划的商议中，以最佳方式保护银行客户存款都应是重中之重。根据现有条件，我们还无法断定欧洲层面的存款保险计划比国家层面更有效的原因。

我这么说是因为，国家层面的情况并不像欧洲存款保险计划的支持者所说的那么严峻。自2014年年中，修订版《欧洲存款担保计划指令》开始实施后，欧洲就有了统一的存款保险机制。诚然，这个存款保险机制的资金由各国提供，但也达到了最低的欧洲标准。这些标准规定，所有由国家出资的存款保险计划都必须储备相当于存款额0.8%的资金。这笔资金使我们得以履行法定义务，即保证每位客户和每家金融机构的存款在10万欧元的额度内得到充分保障。这是一大进步，而我们的首要目标应是让这一机制顺利运转起来。

## 2.4.5 利用机会塑造"第三支柱"

女士们，先生们，从长远来看，我们不可能置身于关于欧洲共同体解决方案的讨论之外——对此我十分确信。但在庆祝银行业联盟完成架构之前，我们仍有百端待举。这就引出了一个问题——欧盟委员会目前的规划是最佳方案吗？

让我们回到华生的问题上，即不要忽视关键所在。存款保险计划的目标一直都是保护存款以防止存款者挤提存款。大量案例证明，各国的存款保险计划已经足以完成这一目标。除非银行出现系统性风险并危及整个金融业，国家层面的存款保险计划就不会束手无策。

欧盟委员会的提案能否有效实现这一目标？我们还有更好的选择吗？欧洲存款保险计划真的是建立"第三支柱"以挑起欧洲重担最有效的方式吗？

似乎并非所有人都同意这一观点。其实，一些杰出的经济学家认为，建立一个欧洲再保险系统也能起到同样效果，甚至更为有效。[1]再保险计划将国家基金作为第一道防线，并以欧洲再保险基金作为坚实后盾。这个方法也许能一劳永逸地让国家基金负责处理国家层面的案例，毕竟大部分的案例也都只停留在国家层面。在此背景下，倘若最坏的情况发生，欧洲再保险基金将是国家存款保护计划的坚实后盾。完全取消欧洲层面的基金，允许各国存款保险系统互相借贷也完全是意料之中的做法。现有的《欧洲存款担保计划指令》已概述了相关内容，但并不具有约束力。

当然，在满足我提到的先决条件之前，我们不应该启用这种再保险系统，特别是尚未满足降低风险的先决条件时。我不确定这种做法是否正确，所以我持保留态度，但它至少是值得一提的一种选择。

再保险基金和政府间协议这两种做法，都可以保证各国独立解决国家层面的问题；欧洲再保险基金只需解决各国无法独立应对的系统性危机。在正式开展工作前，我们应该仔细审查这两种做法以及其他可能的解决方案。在这方面，我们应在不急于分担风险的情况下尽情发挥创造力。

## 2.4.6　经过实践检验的存款保护计划值得保留

种种考虑都表明，欧盟委员会的提案不一定十拿九稳。如果想要加强欧洲存款保险计划，我们就必须深入考虑其他可能的解决方案。更何况欧盟委员会并没有尽职尽责地分析其提案的影响以及其他替代方案。

我认为其中一个重要的因素是，我们不能轻易地摒弃那些经过实践检验且证明有效的国家存款保护机制。金融业安全屏障的有效性并不取决于其是否完全欧洲化。只要这一安全屏障能充分利用各种强有力的手段防止客户被银行拒之门外，那么它就是有效的。

在某些方面，德国和欧洲现有的存款保险计划远比欧盟委员会为欧洲存款保险计划规划设计的简单赔付功能更为全面。事实上，储蓄银行和信用合作社的机构保护计划在其成员机构濒临破产时，筑起了更加坚实的安全屏障——我此处所指的是机构保护。同样，私营商业银行采取的自愿存款保护措施也降低了银行实际启用存款保护计划将进行赔付的概率。

继续探讨这一话题之前，我要明确指出一点，这些存款保护协议不是也不可能是用来规避法定存款保护要求的手段。当然，德国机构的法定存款保护计划和所有其他欧洲国家存款保护计划一样，有义务保证其客户的受保护存款额度达到10万欧元，并为此储备一定的专项资金。这一要求旨在保障自愿预防措施能提供附加值，我们也不能冒险失去这一附加值。

我们有充分理由怀疑金融业在这方面的积极主动性。自愿采取超出法律要求的行动对金融机构来说有什么好处？不出所料，金融机构这样做也是出于自身的利益的考虑。任何负责管理协会互助补偿安排的人发现协会成员濒临困境时，都会希望以低成本解决问题。因此，机构内部的责任承担和分担机制能鼓励成员机构密切留意交易对手的经营状态。只要这些自愿保护计划能有效运作，德意志联邦银行就会予以支持。但这些计划能否真正发挥作用，在很大程度上取决于金融机构协会内部是否积极推动和促进合作。

欧洲存款保险计划将如何影响机构保护协议？从法律上讲，欧洲存款保险计划不会对其产生任何影响，却在经济层面施加了压力。这是因为欧洲存款保险计划草案要求所有金融机构都必须向欧洲保险基金缴费。也就是说，如果加入这个保险机制降低了赔付概率，那么金融机构实际上是在向一个可能永远不会启用的基金缴费。各金融机构，特别是储蓄银行和信用合作社担心，欧洲存款保险计划将破坏机构缴费与其预期回报之间的微妙平衡。我完全理解这些担忧。

我们需要确保不会失去任何已经取得的成果。我们需要保留机构保护计划和自愿存款保险协议所提供的宝贵附加值。如果我们也想在欧洲存款保险计划下打造相同的自我监督激励机制，那么现在就需要提出经过深思熟虑的经济方案。其中一种可行之计是，在计算金融机构应向欧洲存款保险计划缴纳的金额时，适当考虑它们参与额外保护机制的实际违约风险。类似的问题将在很大程度上影响到银行业联盟"第三支柱"能否顺利融入现有的金融机构安全屏障体系。

## 2.4.7 结语

女士们，先生们，如你们所知，保护欧洲存款有多种不同的方式。尽管实行欧洲存款保险计划有诸多裨益，但我们也有充分的理由不以欧盟委员会提出的形式在当下推行这一计划。

在达成欧洲存款保护协议之前，我们迫切需要彻底解决以下三个问题。

第一，在开始讨论银行业联盟可能的"第三支柱"前，必须保证商定的复苏与处置措施在整个欧盟付诸实施。内部纾困工具作为新处置制度的核心所在，也必须在法律上确立可行性并在实际应用中发挥作用。

第二，需要彻底减少银行资产负债表中的主权风险，并取消政府债券受到的监管优待。

第三，欧洲需要在经济政策一体化方面取得真正进展，包括制定统一的破产制度。

此外，在详细考虑可行的、效果可能更好的替代方案前，我们不应做出任何重大安排决策。我们最终需要选择的是最稳固的结构设计，以确保存款保险计划能够抵御系统性危机。

经过实践检验的国家存款保险机制应该成为这种稳固结构的重要部分——这也是我们德意志联邦银行所倡导的。

非常感谢各位的倾听。

\* \* \*

# 2.5　于黑暗中摸索：金融监管的挑战

2014 年 11 月 28 日，法兰克福，于金融研究中心的演讲

## 2.5.1　引言

尊敬的克拉宁教授，

女士们，先生们：

感谢大家给我这次在金融研究中心演讲的宝贵机会。我很高兴能够来到这里。大家都知道，德意志联邦银行和金融研究中心在各个方面都保持着密切联系。两个机构之间的交流对双方都大有裨益。因此，我很高兴能够继续开展这样的对话。

据称亨利·基辛格曾经说过："下周不可能再有危机，因为我的日程表都已经排满了。"他的这句调侃道出了危机的本质——不可预测性。危机不会依从人的日程安排，哪怕是亨利·基辛格也不例外。相反，危机往往出人意料，甚至猝不及防。金融危机亦如是。

因此，为了防止危机发生，银行监管工作人员以及银行风险经理必须在黑暗中努力摸索，预测潜在风险。这要求他们满足两个条件：在黑暗中摸索的意愿和能力。接下来就让我们深入探讨这两个方面。

## 2.5.2　在黑暗中摸索的意愿

应对风险并非金融业的独有任务，而是我们每个人每天都要做的事。过马路有风险，吃寿司有风险，投资新的商业项目也有风险。虽然我们每天都在和风险打交道，但我们还是不太擅长应对风险。

学界已经做了大量有关人们在不同情况下如何应对风险的研究。就经济决策而言，这些研究表明，在特定情况下，人们做决定时更倾向于考虑潜在损失，而非潜在收益。因此，这些人能承担的风险低于合理水平。

比如，诺贝尔经济学奖得主丹尼尔·卡尼曼及其合著者阿莫斯·特沃斯基发现，大多数人会拒绝进行输赢概率相等的赌博，除非赌赢的收益是赌输损失的两倍。[2]所以，人们不仅能识别风险，还会在非必要情况下尽量规避风险。

有鉴于此，我不禁想到一个问题。如果人们天生讨厌风险，那么在金融危机爆发前，银行究竟出了什么问题？不过，在上述实验中，遭受风险威胁的都是人们自己的钱。如果是别人的钱，情况就截然不同了。

比如，约瑟夫·斯蒂格利茨及其合著者发现，自从推行存款保险机制并将中央银行作为最后贷款人以来，金融危机更为频繁了。[3]

由此我们可以得出结论，道德风险在银行应对风险的方式中扮演着重要角色。这场危机表明，我们面临着这样一种情况："盈利归银行，亏损由纳税人承担。"银行责任和监管控制的失衡使银行在风险管理中不再秉持审慎态度，降低了银行在黑暗中摸索的意愿。所以，如果我们想让银行重视风险，就必须恢复银行责任和监管控制之间的平衡。

在这方面最突出的例子是"大而不能倒"问题。我们从金融危机中吸取的一个基本教训是，规模巨大或与其他银行的关系盘根错节的银行倒闭会动摇整个金融系统的根基。想想2008年9月15日，雷曼兄弟公司破产事件正是全球金融危机的导火索。

"大而不能倒"的银行的处境于其自身有利，却对社会有害。为什么呢？

因为这些银行从隐性保险政策中获益，且不用付出任何成本。这些银行心知肚明，只要它们陷入困境，政府就会介入并出资援助，以免金融系统崩溃。

毫无疑问，这种隐性保险政策是一种错误的激励机制。如果银行一遇到困难便依赖国家支持，就再也不会认为风险和回报相辅相成。风险业务带来的收益属于银行，而潜在的损失则由纳税人背负。因此，为了健全银行内部的风险文化，我们必须解决"大而不能倒"问题。

为了实现这一目标，我们必须建立新机制，允许银行在不扰乱整个金融系统的情况下有序破产。破产的可能性是市场经济的基石，也是银行的基石。正如经济学家艾伦·梅尔策所说："没有经历破产的资本主义就像没有罪的宗教——根本行不通。"只有银行意识到破产的威胁，它们才会审慎管理风险。

我们已经在欧洲层面采取了一些正确的措施并取得了进步。自2016年起，我们将可以通过欧洲处置机制解决破产银行的问题，不会动摇金融系统根基，也不会增加纳税人的负担。在我看来，单一处置机制很有可能会重新恢复银行责任和监管控制之间的平衡。因此，单一处置机制会给银行的风险文化带来深远而积极的影响。

在全球层面，G20近期通过了一项提案，要求全球系统重要性银行改善其资本结构。这项提案特别指出，系统重要性银行必须达到总损失吸收能力最低要求，这一比例最高可达20%，且包括最低资本要求。这将确保在银行破产时，承担损失的将是银行所有者和债权人，而非纳税人。这也将促使银行审慎管理风险。

但是，我们不能只考虑如何激励银行，我们还需考虑如何激励银行工作人员。金融稳定理事会认为，健全风险文化的关键在于薪酬激励银行工作人员审慎承担风险。过去的薪酬制度倾向于奖励短期成功，而忽视了相关风险。

为此，欧盟已采取行动并实施新规。根据这些新规，银行管理人员的可变薪酬不得超过固定薪酬的100%。如果股东同意，这一比例可以增加到200%。此外，银行必须设立薪酬委员会，并满足多项新的薪酬披露要求。

不过，我们还是需要警惕监管套利和其他意外后果。由于雇员的可变薪酬受限，银行不得不提高固定薪酬。这可能会导致银行固定成本上涨，竞争力下降。

与此同时，新的欧盟规则比适用于全球范围的规则更为严格。因此，我们必须认识到监管套利的危险，并努力打造一个覆盖全球的公平薪酬环境。

尽管我在此做出诸多警告，但我相信各项监管措施会促使银行审慎行事。但归根结底，银行必须形成更重视可持续收益而非短期利益的新风险文化。在这方面，我们仍需努力。

### 2.5.3  在黑暗中摸索的能力

女士们，先生们，"大而不能倒"问题和薪酬制度的例子表明，监管已经极大地提高了银行和银行家在黑暗中摸索的意愿。银行显然更愿意审慎管理风险了，但问题是银行真的能够做到吗？

相关研究表明，人们在应对风险和概率事件时，天然存在一定的局限。众所周知，人们在不确定的情况下进行决策和判断时，容易产生系统性偏差。这些系统性偏差包括忽视基础信息、过度自信、或对某些事件发生频率的错误估计。

但专业的风险管理人员难道不该识别并减少偏差吗？然而，专业人员似乎也并不能免于系统性偏差。至少有两项研究的结果支持这一观点。

近期有一项研究探讨的是专业金融经理是否意识到了2004—2006年的房地产泡沫。为了得到这个问题的答案，研究人员分析了各金融经理的私人投资决策。结果表明，各金融经理私下投资房地产市场时并不谨慎。也就是说，即使是专业人士也没有察觉到已经形成的市场泡沫。[4]

在另一项研究中，股市专业人士和非专业人士预测了各种股票的价格，并估计了自己和另一组人预测结果的误差程度。两组人都认为，专业人士的预测误差会小于非专业人士。但实际上，两组人预测结果的误差大致相同。该项研究随后要求两组人从两个股票中选出表现最好的那个。在这个过程中，专业人士和非专业人士都过度相信自己选择最优股票的能力。最终，专业人士选择正确的概率仅有40%。如果他们随机选择两个股票中的一个，他们的正确率将达到50%左右。[5]

基于这些研究结果，纳西姆·塔勒布十分不客气地指出："某些专业人士虽然自认为是专家，但也不过如此。就他们的实践结果来看，他们对自己专业领域的了解并没有比普通人多，只是更加能言善道一些——甚至只是更擅于用复杂的数学模型来迷惑人。"这当然是一种夸张的说法，但似乎也表明我们在黑暗中的洞察能力比较有限。

塔勒布的这席话也引出了另一个相关问题。统计模型能否减少人们在处理风险时产生的偏差？统计模型当然可以在一定程度上使我们更警惕潜在风险，但模型绝非完美无缺。提到金融危机时，一些银行声称它们经历了一次"25西格玛"事件——即概率分布中有一点偏离了均值25个标准差。从统计学的角度来看，这样的事几乎不可能发生。

人们常常批评统计模型系统性地忽略了"低概率而高破坏性"的风险。[6]出现这种情况的其中一个原因是，许多统计模型往往会基于过去的情况来预测某些事件在未来发生的概率。这个弱点可以被称为"火鸡思维"。每天都从农夫处获取食物的鸡可能会期望农夫一直给它喂食。然而，正如哲学家伯特兰·罗素总结的那样："每天喂养这只鸡的人最终会扭断它的喉咙，要是鸡能更深入地了解自然规律就会认识到这一点。"

人们批评风险管理模型的另一个理由是，这些模型往往出于实用性考虑而以正态分布为基础。这样做的缺陷是导致模型低估了极端事件发生的概率。"25西格玛"事件发生的频率远远超出人们的预期。因此，我们必须小心行事，并认识到风险管理统计模型和银行监管统计模型的局限性。

在银行监管领域，我们常用统计模型来计算资产的风险权重，以确定资本要求。巴塞尔银行监管委员会的研究表明，各银行之间的风险权重差异大得令人悬心，且并非所有的偏差都有合理解释。[7]

因此，我们已经开始讨论如何调整监管方法以适应这些模型。其中一个设想是，基于修订后的标准化监管方法来规定一个资本下限。而且，我们也在考虑引入固定的违约损失参数，以处理违约率较低的无抵押贷款。此外，风险不变的杠杆率也将作为风险加权资本要求的保障。

除了"低概率而高破坏性"的事件以外，真正的"黑天鹅"事件也会猝不及防地发生，造成严重的后果。这些事件是风险管理和金融监管要面临的真正考验。它们超出了所有的预期，因此十分棘手且无法在统计模型的范围内处理。它们潜伏在黑暗中，无迹可寻。

我们可以从这些结果中汲取什么教训呢？我想强调三点。第一，我们必须意识到我们的认知是有限的，做出的决策可能会有偏差。第二，我们必须承认统计模型存在局限性。第三，我们必须接受"黑天鹅"事件的存在。银行必须准备好应对此类极端事件。也就是说，风险管理必须时刻准备好应对任何情况。

监管能发挥什么作用？如果我们接受下一次危机可能会来得猝不及防，那就必须采取一个关键策略——建立一道与危机性质无关的防线。这道防线的核心在于资本，更确切地说是股本。资本缓冲是最常用于保护银行免受冲击的手段，无论这些冲击是意料之内的，还是意料之外的。因此，金融监管改革的重点在于提高对银行的资本要求。新的《巴塞尔协议Ⅲ》框架要求银行持有更多质量更优的资本。这一要求可以提高银行的抗风险能力，使银行更好地应对未来的危机。

## 2.5.4 结语

女士们，先生们，突如其来的金融危机给全世界留下了巨大的创伤。因此，我今天演讲的出发点是——我们必须尝试在黑暗中摸索前行，以更好地预见未来的危机。这需要满足两个条件：拥有在黑暗中摸索的意愿和能力。

关于在黑暗中摸索的意愿，我谈到了如何正确地激励银行进行审慎风险管理。"大而不能倒"问题和薪酬制度是金融监管如何强化激励的两个例证。

至于在黑暗中摸索的能力，情况不容乐观。研究表明，人们在处理风险和概率事件时天生处于劣势——统计模型只能在一定程度上缓解这种不足。

因此，银行需要具有普适性的缓冲来应对各种冲击。在这种情况下，股本是最通用的缓冲。所以，金融监管改革的重点在于完善银行的资本规则。然而在监管方面，我们仍然得在黑暗中摸索前行。我们增加了资本缓冲，但缓冲是否已经达到适当的水平？这是我们必须努力去阐明的一个问题。

总而言之，危机永远不会依从我们的日程安排，我们也永远无法阻止未来危机的发生。我们能做的只有减轻其影响。追求这一目标值得我们付出一切努力，且我们在金融监管领域取得的进展也相当振奋人心。

谢谢大家。

\* \* \*

## 2.6　银行业联盟大爆炸：我们可以期望什么结果？

2014 年 11 月 18 日，法兰克福，于欧元金融周的演讲

### 2.6.1　引言

女士们，先生们：

感谢你们的邀请，让我得以再次在欧元金融周发表演讲。我很高兴能够来到这里。在探讨更切合欧元金融周的话题前，我想先简单地聊一聊物理学。

英国天文学家马丁·里斯曾说过："我们可以将事物的起源追溯到宇宙大爆炸的早期阶段，但我们仍未得知大爆炸的主体和原因。这是 21 世纪科学面临的一大挑战。"

欧元区在两周前也经历了一场"大爆炸"，而这一次，我们十分清楚大爆炸的主体和原因。11 月 4 日，欧洲中央银行开始直接监管欧元区规模最大的

120家银行，这些银行的资产占欧元区银行系统的80%以上。因此，随着这场"大爆炸"，欧洲中央银行一跃成为世界上最大的银行监管机构之一。

将银行监管从国家层面提升到欧洲层面，是自1999年引入欧元以来欧洲金融一体化的最大进展。这一场"大爆炸"为银行和金融市场炸开了一个"新宇宙"。

然而，我们究竟可以期望新的欧洲银行监管给出什么结果？或许更为关键的是：我们不应期望新银行监管给出什么结果？接下来，我会展开讨论这两个问题。

## 2.6.2 单一监管机制：仅仅只是第一步

将银行监管从国家层面提升到欧洲层面，解决了最近一次危机中暴露出的三个问题。

第一，欧洲银行监管将以相同的高标准来监管所有欧元区银行。这些标准将脱胎于各国监管机构交流的经验，以及各国银行监管方法的精华。例如，德国就可以借鉴其他国家更注重量化的银行监管方法，并从中受益。

第二，欧洲银行监管可以有效识别并处理跨境监管问题。这一点至关重要，因为当今的大型银行往往会在多个国家开展业务。2011年法比合资的德克夏银行的破产就是一个典型案例，证明跨境银行监管可以完善风险管理。2009年德国海波房地产控股银行的破产是另一个典型案例。

第三，将银行监管从国家层面提升到欧洲层面，将进一步分离监管机构与受其监管的银行。这样可以防止监管机构出于本国利益而对银行过于宽容。尽管如此，欧洲银行监管还是会借鉴各国监管机构的经验、利用各国监管机构的资源。进行监管的将是所谓的联合监管小组。这些小组将由欧洲中央银行的工作人员领导，但由各国的监管工作人员组成。

总之，我们可以对欧洲银行监管抱有乐观期待，现在也是它发挥作用的时候了。就此而言，我们应该牢记一件事：欧洲银行监管极为复杂，而相关机制的建立时间还很短。因此，一切不可能从一开始就一帆风顺。理顺银行监管实际工作的每一个细节注定需要时间。不过，我还是相信我们可以不负众望，圆满达成目标。

### 2.6.3　单一处置机制：必要的第二步

但我们不应让不切实际的期望成为自满的"温床"，从而孕育出失望。欧洲银行监管并非稳定金融的灵丹妙药。它确实可以使银行更加稳健，但并不能包治百病。因此，我们必须采取其他措施作为补充。关于这方面，请允许我详细阐述一点。

银行监管无法阻止个别银行的破产——国家层面和欧洲层面的银行监管都做不到这一点。这是问题吗？并非如此：破产的可能性是市场经济的一个关键要素。

然而，银行在这方面与众不同。回想一下2008年9月15日，一家投资银行的破产就将金融系统推到了崩溃的悬崖边。我们从中得到教训是，规模巨大、与其他银行的关系盘根错节的银行破产可能会引发系统性危机。因此，这些银行被视为"大而不能倒"的存在：当危机来袭时，政府可能不得不出手干预以免酿成大祸。

因此，"大而不能倒"的银行的运营依赖一种隐性且无偿的保险。这种保险不仅给纳税人带来沉重的负担，还会扭曲银行的风险意识。因此，为使金融系统更加稳健并减轻纳税人的负担，我们必须解决"大而不能倒"问题。

欧洲银行监管能解决这个问题吗？通过密切监视"大而不能倒"银行，欧洲银行监管当然有助于解决这个问题。但除此之外，欧洲银行监管还需采取其他措施作为补充。在全球层面和欧洲层面，我们都已取得了相关进展。

在全球层面，G20各成员国的政府首脑在本周日刚刚决定了全球系统重要性银行将来必须满足的有关资本结构的国际标准。特别是，这些银行必须满足总损失吸收能力的最低要求。这一方法结合了现有的最低资本要求与新的要求，以确保大型银行在处置前后都有足够的总损失吸收能力。

因此，我认为总损失吸收能力是解决"大而不能倒"问题的分水岭。它将有序处置这些银行而不扰乱金融系统，也不必动用税款。我想在此表达我对总损失吸收能力要求的强烈支持。

为了实现这些有价值的目标，我建议在金融稳定理事会提出的16%～20%的范围内，定下尽可能高的总损失吸收能力要求。但是，就总损失吸收能力要求达成共识并非监管议程的终点。未来几个月，我们需要广泛征集公众意见，并分析新规则的影响。希望这项研究能够证实，我们确实需要在给定范围内定下尽可能高的总损失吸收能力要求。在咨询公众意见并分析新规则影响之后，就应将新规付诸实践，绝不能掉以轻心。

解决"大而不能倒"问题的另一重要举措与跨境处置有关。今年10月，18家跨国银行和国际掉期与衍生工具协会（ISDA）达成共识，同意实施衍生品交易新规则。当大型银行破产时，这些规则将允许监管当局临时取消其他银行终止衍生品合约的权利。这将为有序处置破产银行争取宝贵的时间。但至关重要的是，我们不仅需要清算破产银行的必要程序，还需要实施清算程序的政治意愿。德国已经展现了这种政治意愿，而这正是解决"大而不能倒"问题的普遍先决条件。

我们在欧洲层面也取得了进展。《银行复苏与处置指令》明确规定了谁应在银行破产时承担损失。简而言之：外部求援已成过去式，内部纾困才是未来。今后，银行股东和债权人将首先承担银行破产的损失，纳税人在承担损失的次序中居于最末。德国将于2015年年初实施这一指令，在其他国家最晚也会在2016年落实。

同样从2016年开始，针对银行的欧洲处置机制将成为欧洲银行监管的补充。自那以后，银行业联盟将依托"两大支柱"，为欧洲金融市场提供一个稳定的框架。

### 2.6.4　银行何去何从？

这一切对银行来说意味着什么？监管机构和监管者本质上是在巩固市场经济原则。这自然就将更多的重担压在了市场参与者，也就是银行肩上。未来出现问题时，公共资金不会再成为随时援助银行的"救生员"。银行必须认识到，破产真的可能会发生。

银行应该关注如何保障自身稳定性并增强盈利能力。就银行的稳定性而言，综合评估已为我们深入剖析了欧洲银行系统的现况。那么就让我们仔细审视已接受综合评估的德国银行。

总而言之，德国银行表现得相当出色。在接受检查的25家德国银行中，只有一家出现了"技术性"问题，但这家出现问题的银行也已经补足了资本缺口。总体来看，德国银行的资本水平足够稳定，可以应对严峻的经济压力。

但是，任何银行都不应该自满。监管机构亦如是。我们应该意识到，综合评估侧重于风险加权资本比率。然而，市场和监管机构也关注非加权资本比率。与其他欧元区国家相比，德国银行的这些杠杆率低于平均水平。因此，德国银行还有很大的追赶空间，可以更进一步提升自身稳定性。

虽然银行必须保持稳定，但这还不够。银行还必须有盈利能力。在这方面，德国银行也需要迎头赶上。与其他欧元区国家相比，德国银行的资产回报率和股本回报率也相对较低。近期一项研究甚至得出去年只有6%的德国银行赚回了资本成本的结论。

是什么原因导致银行盈利甚微？德国银行盈利少的罪魁祸首，似乎是相对依赖利息收入的经营模式。在当前的低利率环境下，这种经营模式举步维艰。因此，今年上半年，德国大型银行的营业业绩比2013年的业绩低约8%。这在很大程度上是利差收窄导致的。尽管如此，银行在这种情况下也面临结构性问题：利差自20世纪80年代中期以来一直在不断下降。

因此，银行应该重新审视经营模式，并向可持续盈利的方向进行调整。

可以肯定的是，不仅只有德国银行需要调整经营模式。然而，国际货币基金组织在最近的《金融稳定报告》中指出，德国银行在改革经营模式方面也低于国际平均水平。在这方面，德国银行也有追赶其他国家同行的空间。

对德国银行来说，一个明显的策略是扩大收入来源，减少对利息收入的依赖。与其他国家银行的成本相比，德国银行表现得相当不错。这是个好消息。但德国银行仍然可以进一步降低成本。在这方面，合并是一个可行的降本策略。德国银行市场仍有进一步整合的空间——当然，整合应始终围绕构建可持续经营模式这一目标。

顺便说一句：未来，欧洲银行监管也将密切关注银行的经营模式。但我们不应期望监管工作人员能比银行家更好地管理银行。归根结底，做出管理决策的必须是那些承担风险和获取收益的人。监管工作人员可以做的是，在对银行经营模式的可持续性存有疑虑时，强制要求银行增加额外的资本或流动性储备。

## 2.6.5　结语

女士们，先生们，欧洲银行监管无疑是保证欧元区金融稳定的重要一步。但是正如我所说，不切实际的期望是自满的"温床"，从中会孕育出失望。

欧洲银行监管只是设想中银行业联盟的"第一支柱"，必须辅以欧洲银行处置机制。这一银行业联盟的"第二支柱"将在2016年建成。最终，银行业联盟将为银行系统提供一个稳定的框架，并强化市场力量。

这反过来会让银行承担更多责任。确保自身稳定性和盈利能力是每家银行肩负的责任。要保证这两点，银行需要重新审视其经营模式和经营文化。总损失吸收能力等监管措施将取消对银行的隐性担保，促使银行改善其行为。

银行本应服务于实体经济。将这一理念重新植入银行家的头脑中将极大地促进金融系统的稳定。我们必须摒弃"无令禁止即可为"的文化。我们需要一种鼓励银行家放眼于短期回报之外的文化。

如果银行能成功塑造这样一种文化，就可以重新赢得在危机中失去的公众信任。监管和监督可以提供帮助，但肩负重担的还是银行本身。

谢谢大家。

\* \* \*

## 2.7　何谓"良好监管"？

*2014年7月9日，法兰克福，于德意志联邦银行"银行监管对话"研讨会上的演讲*

### 2.7.1　引言

女士们，先生们：

欢迎来到"德意志联邦银行第18届银行业研讨会"。很高兴看到这场研讨会再次座无虚席，吸引了德国各地的来宾。我还要欢迎我在德意志联邦银行执行董事会的同事们，他们分别是伯姆勒先生、纳格尔先生和蒂勒先生。布赫副行长和魏德曼行长原本也想参加这个研讨会，但因先期的安排而未能前来。他们向大家致以诚挚的问候。如各位所见，执行董事会成员在银行监管问题上立场统一。

这次研讨会对我来说有点像首次亮相，因为这是我第一次作为负责银行监管的执行委员参会。今年恰是银行监管的关键一年。在展开进一步讨论之前，我要特别提到我在执行董事会的同事约阿希姆·纳格尔。在座的各位可能知道，执行董事会前副主席劳滕施莱格女士1月离任转赴欧洲中央银行后，纳格尔先生曾负责银行监管事务数月。纳格尔先生，我们非常感谢您在这一时期对银行监管领域作出的宝贵贡献。

或许各位也了解到，我本人于2010年入职德意志联邦银行前曾在商业银行工作多年。这意味着我既做过监管者，也做过被监管者。我知道，无论是监管者和被监管者，大家都有一个共同目标——建立一个稳定的银行系统以促进经济的繁荣发展。但我们只有通力合作才能实现这个目标。因此，我希望我们能好好利用这次研讨会，分享各自的观点和经验。

对话在任何时候都对银行监管至关重要，尤其是在"动荡时期"。大家应该都认同，我们目前正处于这样一个阶段。因此，我特别高兴新单一监管机制的监事会主席，即达妮埃莱·努伊女士能在今天的研讨会上分享她的见解。但首先，我想先分享一下我对当前形势的看法。我的演讲将围绕两个关键问题展开："何谓'良好监管'？以及何谓'良好监督'？"

## 2.7.2　何谓"良好监管"？

银行和储蓄机构在任何现代经济体中，甚至在我们的日常生活中，都发挥着至关重要的作用。我们根本离不开银行和储蓄机构。企业家、银行家和个人都受益于稳定的银行和金融系统。因此，金融稳定不仅是一种国家层面的公共利益，更是全球层面的公共利益。同时，银行业有时也会产生外部效应，不仅会影响银行及其经营伙伴，也会波及与之没有利益牵扯的第三方。而在金融危机期间，所谓的第三方就是纳税人。

监管工作人员和监管机构有能力纠正这种市场失灵，而且也理应为了公共利益这么做。问题不在于是否进行监管，而在于如何监管。我现在想讨论的就是如何监管这个问题——我并不是要探讨具体的法律条款，而是概述我认为特别重要的一些原则。

为避免产生任何误解，我首先要强调，监管工作人员和监管机构并没有义务让每一家银行都维持经营。在市场经济中，无论一家银行规模多大、与其他银行关联多深、重要性多高，只要其经营模式不可行，我们都应允许其破产。监管机构的任务是建立一个框架，让市场力量得以在不动摇金融系统根基的情况下发挥作用。

但我们必须要确保这个框架不过于死板，停滞与稳定完全是两码事。金融系统处于不断变化之中，而监管必须与之保持同步。可交易的资产支持证券就是一个很好的例子。若是能够及时、充分地监管这一新事物，也许金融危机就不会愈演愈烈。因此，监管框架需要像金融系统一样随机应变。

现在人们普遍认为，金融创新几乎不会简化金融系统，只会让金融系统更加复杂。古代腓尼基文明的一项关键金融创新就是远期交易——如今大家都非常熟悉这一金融工具。自那以后，金融创新就变得越来越复杂，以至于只有少数专家才懂现在所使用的那些金融工具。

但这是否意味着监管也需要变得越来越复杂？还是说，我们只需要一些简单的规则来确保监管有效并维护金融稳定？

在采用简单监管还是复杂监管的争论中，杠杆率就是一个现成的例子。主张对银行实施简单杠杆率的人认为，可以用一个"一刀切"的资本要求取代当前基于风险的资本规则。他们认为，不同风险的资产都应持有相同比例的资本。我不得不承认，这个想法乍听之下简单直接，很吸引人。这样做可以避免在计算风险权重的复杂过程中出现错误和人为操纵。

但杠杆率也会将银行引入歧途。如果银行必须对所有资产持有相同比例的资本，那么任何想要实现利润最大化的金融机构都会投资高风险资产，因为它们会带来特别高的收益。如此一来，资本保证就不再有降低风险的作用了。

权衡简单监管和复杂监管的利弊后，结合杠杆率使用风险权重的做法可能更好——这正是新规定的设想。因此，关于第一个问题，我给出的答案是：监管必须尽可能简单，但在必要时须尽可能复杂。

但一些情况却让监管非必要地复杂化。杠杆率就是其中一个例子。计算杠杆率本来很简单，但却因为各国不同的会计标准而变得复杂。我们要先进行复杂的换算，才能比较基于美国会计标准和欧洲会计标准计算的杠杆率。如果能在全球层面统一会计准则，全球监管就会变得更简单。

然而，监管越复杂，坚持监管一致性的原则就越重要。我认为，监管必须至少在三个层面上保持一致。

第一，不同国家和地区的监管必须保持一致。我们的全球金融系统需要全球监管。如果监管因国家而异，就会产生监管套利的风险——银行可能会将业务转移到监管最宽松的国家。这种行为的问题在于，在监管宽松的地区进行交易产生的风险可能会危及整个金融系统。所以G20才会将金融市场监管问题列为头等大事。G20正在与金融稳定理事会和巴塞尔银行监管委员会携手合作，致力于制定一个全球一致的监管框架。尽管如此，欧洲以外的一些国家还是我行我素，违反了跨境一致性原则，这令我很忧心。我认为，银行监管有可能会重新回到"各自为政"的状态，而这种危险需要引起重视。

第二，不仅不同国家和地区的监管必须保持一致，金融业内不同领域的监管也须保持一致。这方面的核心问题也是监管套利的风险。一个现成的例子就是"影子银行业"的发展。金融企业在"影子银行业"开展的业务产生了类似银行的风险，但这一领域要么监管不足，要么根本不受监管。在许多情况下，这些风险甚至没有被记录在案。但"影子银行业"可能会成为系统性风险的源头。因此，我们需要在这一领域内扩大监管框架，以确保监管一致。

第三，监管的内容当然也需要保持一致。资本规则就是一个很好的例子。与所有其他形式的信贷不同，银行不必按照政府债券的风险持有资本，这种监管内容的不一致会带来危险的副作用。至少自欧元区主权债务危机以来，人们已经清楚地认识到，政府债券绝非毫无风险。在这一领域，我们也应该努力在未来一段时间内恢复监管一致性。

虽然一致性很重要，但监管也需遵循比例原则。我们应严格监管那些与金融系统密切相连的大型机构，即系统重要性金融机构。但与此同时，我们也要避免让中小型机构负担过重，应简化针对中小型金融机构的监管。在监管中采用的标准化方法和报告中使用的最低门槛可以帮助我们落实这一比例原则。

女士们，先生们，我已概述了四项确保良好监管的原则。

第一，监管必须随机应变，与金融系统的发展保持同步。

第二，监管必须尽可能简单，但在必要时须尽可能复杂。

第三，不同国家、地区、领域的监管必须保持一致，监管内容也必须保持一致。

第四，监管必须遵循比例原则。

遵循这些原则当然不能解决所有监管问题。但这些原则确实为我们提供了评判监管规定的标准。我认为这一点弥足珍贵。

## 2.7.3 何谓"良好监督"？

总的来说，如果无人监督落实情况，即使是最完善的监管也发挥不了作用。这正是监管工作人员的职责所在。监管工作人员必须确保银行在追逐利润的过程中遵守规则，不忽视公共利益。

监管工作人员必须"比银行家更懂银行"吗？绝对不是。只有银行的雇员才有资格为银行做出商业决策。然而，监管工作人员必须了解并洞悉银行业的运作方式。基于此，我个人十分乐于见到银行业和监管机构之间的人员流动变得更为频繁。我认为，大量银行家申请加入欧洲中央银行的新欧洲监管机构是一个好兆头。在德意志联邦银行，我们也注意到，越来越多的银行家表达了对我们银行监管部门职位的兴趣并递交了申请。

监管工作人员也必须始终牢记自己的真正目标：维护公共利益。监管工作人员不能陷入某种"监管工作人员斯德哥尔摩综合征"，将公共利益与受监管银行的利益混为一谈。

### 2.7.3.1 新欧洲监管机制……

新欧洲监管机制在这个领域可以作出关键贡献。通过在国家立场之外增添欧洲立场，新欧洲监管机制将进一步拉开监管工作人员和被监管实体之间的距离。这将最大限度地避免监管工作人员与银行过从甚密，从而出于国家利益而对银行过于宽容。

总的来说，自推出单一货币以来，欧洲层面的监管就是欧元区金融市场一体化的最大进展。这也合乎逻辑，因为单一货币政策也需要一体化的金融市场——这无疑包括欧洲层面的监管。

目前我们正在深入审查直接受欧洲中央银行监管的所有银行。这一综合评估旨在确保新的欧洲监管机构顺利开始工作。因此，我们非常看好所有能够加强德国银行资本的措施。在过去几个月里，许多银行已经开始朝着正确的方向迈进。

在资产质量审查和压力测试中，清晰的沟通至关重要。我认为，这一过程应该尽可能透明，并且在法律允许的范围内尽早让银行参与进来。

整合压力测试和资产质量审查结果时，信息透明度将尤为重要。在我看来，我们应该尽可能自下而上地开展工作——换言之，我们应基于银行提供的具体数据开展工作，尽量避免进行笼统的假设。

在欧洲中央银行建立新的单一监管机制无疑是我们目前面临的最大挑战。因此，我特别高兴今天达妮埃莱·努伊能亲自向我们汇报第一手进展情况。目前，德意志联邦银行正在竭尽全力协助欧洲中央银行建立单一监管机制。

### 2.7.3.2 ……对德国监管的影响

此时此刻，在座的一些人可能会问，德国监管机构是否在自毁长城？一旦将监管权移交到欧洲层面，德意志联邦银行和德国联邦金融监管局将何去何从？对此，我想提出一些意见。

首先，我们德国人尤其不应该陷入欧洲监管意味着国家监管终结的错觉。毕竟，在约2000家德国信贷机构中，只有21家将从今年11月4日起由欧洲央行直接监管。我们德意志联邦银行和德国联邦金融监管局的监管工作人员将继续监管德国其他所有金融机构。

其次，直接由欧洲中央银行负责的机构将由"联合监管小组"进行监管，而德意志联邦银行和德国联邦金融监管局的工作人员也将是这些小组的成员。此外，他们还将参与监管其他国家金融机构的工作。简而言之，我们正在移交21家德国金融机构的全部或部分监管责任，但将开始参与监管99家外国金融机构。

在此过程中，德意志联邦银行将依托自身的专业知识、丰富经验以及遍布全国的经营基础，发挥积极作用。多年来，我们与在座的各位建立了紧密的工作关系。

事实证明，分离监管工作人员与决策者确实行之有效。所以，我们也该为新欧洲监管机制做出类似安排，由德意志联邦银行继续进行监管，并由欧洲中央银行负责做出决策。

我们举办这个论坛的同时，德国联邦内阁正在讨论修改银行法。内阁将权衡，改变现有的职责分工并阻断从德意志联邦银行到欧洲中央银行的直接报告渠道是否构成"良好监管"。我个人对此深表怀疑。我认为，德意志联邦银行必须与其他监管机构平起平坐。只有这样才能确保欧洲层面监管的有效性。

### 2.7.4　结语与展望

女士们，先生们，法国作家弗朗索瓦·芬乃伦曾说，"你说的越多，人们记住的就越少"。这显然不是我想要的结果，所以我想在本次演讲的结尾对未来进行一番展望。

监管的历史一直起伏跌宕。监管放松的时期通常会伴随着危机，危机后监管又开始重新收紧，然后再次放松。而在重新收紧监管的阶段，银行往往会抱怨所花费的时间和金钱——现在也不例外。但监管真的过度了吗？考虑到稳定银行系统对社会的裨益以及社会为银行危机付出的代价，我认为监管的成本是合理的。

但我希望将来监管能够更加稳健地演进，并更快地适应新的挑战，如低利率阶段、高频交易、对操纵伦敦银行间同业拆借利率（LIBOR）或外汇汇率和黄金价格的指控，等等。我们不应该等到下一次危机爆发之后，才去想应对这些挑战的办法。

但我并不认为监管工作人员和监管机构是无所不知、无所不能的。正如我一开始所说，我们只有通力合作才能维持金融稳定。作为银行家的你们和作为监管工作人员的我们同样肩负维护金融稳定的责任。我深知，"害群之马"少之又少。但我们所有人都深受其行为所害：危机爆发时是公众受害，而公众"一竿子打翻一船人"时是银行家受伤。

但我们应该意识到，金融系统的价值可以用一个关键标准来衡量，即在座各位作为实体经济服务者的可靠性。那么就让欧洲中央银行、德国联邦金融监管局和各家银行怀着这一共识携手并进，使金融系统更加稳定。这次研讨会是交流意见和碰撞思想火花的绝佳机会，让我们好好利用。

非常感谢大家的倾听。

* * *

## 2.8 斩断戈尔迪之结还是钻牛角尖：关于拆分银行的争论

2014 年 1 月 21 日，法兰克福，于法律与金融研讨所"'大而不能倒'Ⅲ：结构性改革建议——我们应该拆分银行吗？"主题会议的演讲

## 2.8.1 引言

女士们，先生们：

感谢大家邀请我在今天的会议上发言。能来到这里，我深感荣幸。

相传在历史上某个时期，弗里吉亚王国没有国王。因此，祭司们请下一道神谕，以决定由谁来坐上这个空缺的王座。神谕裁定，下一个驾着牛车进城的人应该便是新国王。那个人是一个叫戈尔迪亚斯的农民。

戈尔迪亚斯成了弗里吉亚的国王，出于感激，他的儿子将牛车献给了众神。众神便用一个错综复杂的结将牛车系在一根柱子上——这就是著名的戈

尔迪之结。这个结十分复杂，以至于几百年来都没人能解开它。因此，当公元前400年亚历山大大帝出现时，这辆牛车仍然系在柱子上。

与此同时，有预言说，解开这个结的人会成为亚洲之王。雄心勃勃的亚历山大接受了这个挑战。他找不到结的松散端，于是拔出剑砍断了绳结。从那以后，戈尔迪之结就象征着打破常规思考，并采取大胆行动以解决看似无解的难题。

我们面临的看似无解的难题是，如何确保金融稳定。经过六年的金融危机，不免有越来越多的人在寻找戈尔迪式的解决方案。许多人认为，解决方法是拆分银行——这几乎等同于大胆挥剑斩绳结。大致上来说，拆分的将是银行的商业银行业务和投资银行业务。

在我今天的演讲中，我将探讨这一方法是否明智。作为本次会议的首位发言者，我将概述这个问题，探讨该提议的利弊，并尝试得出一个初步结论。我们先来审视那些主张拆分银行的人提出的论点。

## 2.8.2　拆分银行：目标

拆分银行的依据在于，从事不同业务的银行，它们是截然不同的。在商业银行领域，银行家们保守而"审慎"，支持实体经济并且会保障存款安全。而在投资银行领域，每个银行家都像戈登·盖柯（电影《华尔街》中的角色，代表贪婪的金融从业者）一样持续威胁着金融稳定和税款。

这两个领域组合起来，就成了"全能银行"中的系统性风险的源头。因此，有人提议拆分"全能银行"：用纯粹的商业银行和纯粹的投资银行取代"全能银行"。但为什么商业银行和投资银行组合起来就是系统性风险的源头？那些想要分开它们的人究竟有什么目的？

总的来说，拆分银行是为了分离银行中对实体经济至关重要的部分和与实体经济无甚关联的部分——保护商业银行不受投资银行影响。这样做的依据是假设投资银行的业务充满风险，更容易蒙受损失并面临破产。

如果一家"全能银行"的投资银行业务失败，就会将其商业银行业务也拖下水。银行的两种业务会一起轰然倒塌，扰乱实体经济。因此有人认为，分离这两种业务将阻断这种风险传染渠道，保护实体经济、储户和纳税人。但这个论点通常还涉及其他两个因素。

第一个因素是存款保险计划。这些计划保护存款不受风险影响——至少在一定数额内如此。因此，存款人要求的风险溢价较低。即使相关银行从事风险投资银行业务，这一点也是成立的。因此，"全能银行"可以用存款为投资银行业务补贴资金。有人认为，分离商业银行和投资银行将取消这种补贴，调整对投资银行的激励，迫使它们缩减经营规模。

第二个因素是某些银行享有隐性的政府担保。如果一家规模庞大、与其他银行关联甚深的"全能银行"破产，那么整个金融系统都可能会受到冲击，实体经济也可能遭受重创。因此，国家可能不得不动用税款援助银行，以免产生更糟糕的后果。享有这种地位的银行因"大而不能倒"或"与其他银行关联甚深不能倒"而著称。这种隐性的政府担保就像存款保险一样，补贴了投资银行的业务。

主张拆分银行的人认为，与实体经济没有联系的纯投资银行的待遇将与现在大不相同。它们将被排除在存款保险计划和隐性政府担保之外。因此，如果投资银行出现问题，政府就不会动用税款来援助它们——道德风险将因而降低。此外，我们也将更容易处理不再那么错综复杂的银行。

这些就是拆分银行支持者提出的核心论点。他们声称，拆分银行将阻断风险传染渠道，取消对风险投资银行业务的补贴，降低发生系统性危机的风险，使银行变得更容易处理，最终节省税款。

### 2.8.3　拆分银行：真的会有用吗？

挥剑斩断戈尔迪之结真的能带来金融稳定吗？要回答这个问题，我们必须退后一步来审视这一做法。在我看来，只要有银行因规模太大、相互关联太紧密或太过错综复杂而不能破产，我们就无法实现金融稳定。找到解决银行不能破产问题的方法，就能消除隐性的政府担保，调整激励机制，并提高金融稳定性。

最基本而言，我们需要两道防线。首先，我们必须使银行更加安全，以降低其破产的可能性。其次，银行破产时，不得扰乱整个金融系统。建立这两道防线是我们面临的基本挑战。同时，我们也应以此标准评估拆分银行的好处。

因此，第一个问题是拆分银行能提高银行的安全性吗？如果能在一定程度上与投资银行的危险隔离开来，商业银行确实会受益。但商业银行真的就比投资银行更加安全吗？回顾过去，我们不得不承认，纯商业银行是最近这次危机的核心所在，如华盛顿互惠银行、美国国家金融服务公司、海波房地产控股银行和西班牙的储蓄银行。银行的稳定性最终取决于其经营模式的可持续性。一家高杠杆且经营模式不可持续的商业银行可能与投资银行一样危险。此外，拆分银行将降低其分散经营的潜力。这可能会使商业银行面对单个冲击时更加脆弱——甚至可能变得更加不安全。

第二个问题是拆分银行能否通过取消资金补贴来限制投资银行的规模？这个做法至少能取消与存款保险相关的补贴。但我们应该记住两点。第一，如果失去存款这一资金来源，越来越多的纯投资银行将被迫寻求更不稳定的资金来源——投资银行将变得更加不安全。第二，因隐性政府担保而产生的补贴又将会如何？这一点与我们的第二道防线有关——一家银行是否能在不扰乱整个金融系统的情况下破产。

说实话，我并不完全相信拆分银行能阻断相关的风险传染渠道。诚然，它会阻断银行内部的风险传染渠道，但难道银行之间就不能互相传染风险吗？我认为即使拆分了银行，金融系统内部的关系仍然盘根错节。还有，我们可以回顾历史。雷曼兄弟公司是一家纯投资银行，但它在2008年破产时却逼得金融系统濒临崩溃——因为它与其他银行的关联实在是太深了。

在此背景下，问题就成了：如果另一家纯投资银行破产又会如何？政府真的会坐视不理，任由其可能引发的连锁反应扩散吗？还是说不管这家银行是否附属于商业银行，政府都会像以前一样被迫出手干预，拯救濒临破产的银行？

那"影子银行"的问题又怎么处理？我认为，拆分银行很可能会导致银行将越来越多的风险活动转移到非银行业务中。然而，这些风险可能很容易重新进入常规银行系统。到头来，我们又是竹篮打水一场空。所以，我们必须继续努力控制"影子银行"。

关于拆分银行有效性和副作用的诸多问题，目前尚无定论。这就引出了我最后的一个问题。众所周知，毁掉好主意的往往是付诸实践的需要。在目前的情况下，这个需要具体体现为设计一套能分离银行职能的机制。进行理论性争论时，人们设想投资银行和商业银行之间有一条清晰的界线。但在现实中，我们究竟该如何划分两种银行？

如果商业银行要支持实体经济，那么其职能就不能只有提供贷款。以德国为例，德国的企业融资系统以银行为基础。德国的公司可以从德国银行获取多种多样的服务。因此，银行的客户业务、对冲交易、做市和传统自营交易之间的界限是模糊的。我们很难在这些活动的灰色地带画下正确的分界线，且很容易受到利益集团的游说干扰。

当前立法和立法提案在内容和范围上并不相同，这也在一定程度上反映了这些问题。美国的"沃尔克规则"试图禁止美国银行进行自营交易，并严格限制某些形式的投资。英国的"维克斯框架"试图在法律、组织和运营层面隔离存款吸收和信贷服务供给。而欧洲的"利卡宁报告"则提出了另一种模式，即在控股结构内保留"全能银行"，但对吸收存款的部门进行隔离。

## 2.8.4　拆分银行：替代方案

据上述论点来看，我似乎并不能肯定拆分银行是否能保证金融稳定。虽然拆分银行可能会使我们更容易处置银行——这一点倒是可以肯定，但我仍对三个关键点存有疑虑，需要进行详细的讨论。

第一，我怀疑拆分银行是否能使银行足够安全。

第二，我怀疑拆分银行是否能使银行在不扰乱金融系统的情况下破产。

第三，我怀疑拆分银行的提议是否能以适当的方式付诸实施。

我还怀疑是否应该由国家来决定哪种经营模式最为有效。在我看来，我们不需要让全世界的银行都采用一模一样的经营模式。包括德国在内的许多国家都在"全能银行"的模式下将金融系统运作得很好。所以，我个人认为我们没有理由摒弃"全能银行"。事实上，"利卡宁报告"等立法提案也没有要求完全废除"全能银行"。

为什么不让市场来决定哪些经营模式行之有效、哪些注定失败呢？请不要误解我的意思：国家当然必须设定规则来引导市场的选择过程，并保护金融系统、实体经济、存款人和纳税人。

在我看来，要确保金融稳定还需其他关键措施的配合。为了提高银行的安全性，我们必须提高资本要求。银行需要更多质量更优的资本。这正是新巴塞尔协议的内容。为了使银行能够在不扰乱金融系统的情况下破产，我们还需要建立处置机制。在国际层面，金融稳定理事会已经发布了相关准则。在欧洲层面，我们正在建立单一处置机制。我们应尽快建成这一机制，因为它将是银行业联盟的"核心支柱"。

我认为相较于单纯拆分银行，上述的这些措施更为重要，也更有助于维护金融稳定。最后我想提出一点：我们必须意识到监管不能解决所有问题。除了监管改革，银行界的文化也亟待转变。在这方面，投资银行可能要比商业银行做出更多改变。就以薪酬制度为例。我们需要用更可持续的薪酬制度代替奖励过度冒险行为的机制。我们已经制定了相关的监管规则，但要真正发挥这些规则的效力，就必须让它们渗透到银行文化之中。

## 2.8.5　结语

女士们，先生们，在演讲的开头，我讲述了亚历山大大帝解开看似无解的戈尔迪之结的故事。他没有像其他人那样试图解开它，而是挥剑斩断了绳结。

这个故事有很多个版本，这无疑是其中最著名的一版。还有许多关于亚历山大大帝如何将牛车从杆子上解开的传说。在阿里斯托布鲁给出的版本中，亚历山大大帝先拔掉了将轭固定在战车杆子上的销子，然后将车轭整个拔出以解开牛车。

这充分表明，解决问题的方法从来都不止一种。问题越是错综复杂，就越不可能"迎刃而解"。相反，一刀斩断绳结可能会使事态恶化。不要忘了，赫拉克勒斯砍掉九头蛇的头后，它又长出了两个头。

为了确保金融稳定，我们必须多管齐下，包括调整资本要求、落实流动性要求、确保银行具备可处置性等。

拆分银行也许能在一定程度上为商业银行筑起一道屏障，进而保护实体经济。然而仅靠这一措施并不能确保金融稳定。此外，在落实分离银行职能的制度时，斩断戈尔迪之结的尝试可能会让我们钻进牛角尖里去。

非常感谢大家的倾听。

\* \* \*

## 2.9 欧元、银行与危机：重塑金融世界

2014年3月10日，柏林，于美国学会的演讲

### 2.9.1 引言

女士们，先生们：

感谢你们邀请我来柏林的美国学会演讲。在座的各位或许知道，我是在美国出生的，除了德国护照以外，我还持有美国护照。所以，我十分赞赏学会在促进美德对话方面所做的工作，也全力支持加里·史密斯和他的团队。

一般来说，要应对挑战、解决问题，我们就必须在信任和相互理解的基础上展开对话。然而，信任和理解并不会无缘无故地产生。我想到了金融世界的境况。在过去几年里，世界各地的人们普遍不再信任金融系统，特别是银行。

这种不信任不仅反映在相当发人深省的民意调查结果中，也反映在人们的日常言论中。就在前几天，我听到了一句"玩笑话"，但在我听来一点儿也不好笑。这句话是这样的："诚实的罪犯会成为银行劫匪，而不诚实的罪犯会做银行经理。"

尽管我并不认同这一观点，但这句话确实很好地反映了人们的整体情绪。这种情绪对我们来说并不陌生。我们已经在一连串的危机中挣扎了将近七年，而银行和金融系统一直是每一场危机的中心。

在此背景下，所有人都认为我们必须重塑金融世界。对于银行来说，改革必须内外兼修。银行必须从内部着手改变文化，并接受外部的监管改革。

但我们也不能仅仅关注银行。我首先想到的是银行和国家之间的关联。欧元区的危机充分揭示了银行和国家命运之间的紧密联系。进一步的改革对切断这一关联至关重要，且势在必行。

最后，我们必须认识到，金融系统内不仅只有银行。金融系统的其他参与者也可能成为威胁金融稳定、经济、税款和我们财富的风险之源。

但我们还是先审视银行吧。

## 2.9.2　银行

抛开所有"细枝末节"不谈，我们应该做到一件事：让市场力量在金融市场中发挥更大的作用。乍一听，这可能有悖常理。在座的一些人可能会问："让市场力量发挥更大的作用？金融自由化不正是导致这些问题的罪魁祸首吗？"对此我的回答是，我说的不是金融自由化，而是市场经济的基本原则。

　　这一原则就是最重要的责任原则。人们在任何地方都应该为自己的行为负责，这是一个常识。但在一些批评家看来，银行业是唯一的例外。在金融危机期间，各国政府动用了数十亿美元的税款来救助银行。与此同时，实体经济中的许多公司却破产并退出了市场。

　　为什么银行似乎不必遵守同一套规则？它们难道不必为自己的行为负责吗？即使它们的经营模式行不通，也能在市场上屹立不倒吗？

　　这些问题的答案都可以在一个概念中找到。我们有时会称这个概念为"系统相关性"，有时会称其为"大而不能倒"。那么，当一家银行与金融系统相关或"大而不能倒"时，意味着什么？

　　从本质上讲，这意味着这家银行规模庞大，或是与其他银行有着盘根错节的关系。它深深植根于金融系统结构之中，其破产可能会导致整个金融系统崩溃。最著名的例子莫过于2008年9月雷曼兄弟公司的破产。这一事件宣告了全球金融危机的开始，而我们至今仍未走出这场危机。

　　银行"大而不能倒"的后果是：每当这类规模庞大或与其他银行关联甚深的银行陷入困境时，政府都可能会被迫出资援助以避免金融危机全面爆发。也就是说，这些银行拥有一种隐形保险。不管发生了什么，政府随时都会伸出援手。

　　因此，这些银行确实不必与其他银行遵守同一套规则。这就改变了整个市场环境。隐性保险促使这些银行从事高风险、高回报的业务。如果一切顺风顺水，银行就是从中获益的赢家。如果时运不济，纳税人就是付出代价的输家。

　　责任原则因此受到了践踏，一切又回到了我提出这一论点的原点。此时的关键问题是：我们需要为恢复责任原则做些什么？

　　最关键的一点在于，银行必须能够在不拖垮整个金融系统的情况下破产。为此，我们已经制定了一项关于恢复和处置系统重要性银行的新国际标准。这个新标准的出现是我们迈出的重要一步。

　　同时，单一处置机制将成为欧洲银行业联盟的"核心支柱"。有了这一机制，政府不动用税款也可以重组或处置银行。银行的所有者和债权人将首当其冲，承担银行破产的代价。

建立单一处置机制是当务之急，所以我要强调一下，参与商议的各方必须在5月的欧洲议会选举前就欧洲单一处置机制达成一致。没有欧洲处置机制，欧洲银行监管就无法充分发挥其作用。

在同一背景下，综合评估是成功建立银行业联盟的先决条件。综合评估旨在揭露银行资产负债表中的所有遗留资产，并评估银行在压力下的抗风险能力。为此，资产质量审查和压力测试必须严格而彻底。如此一来，欧洲监管和欧洲处置机制就不必处理在国家监管下积累的遗留问题。

### 2.9.3  银行与国家

让银行业与市场经济原则保持一致将大幅提升金融稳定性。但这还不够。为了维护整个金融系统的稳定，我们必须放眼于银行之外。

我们必须着手解决的一个问题是银行与公共部门之间的纽带。银行系统与公共财政紧密相连，催生了欧元区危机。那么，就让我们仔细审视银行和国家之间的关联。

当金融危机席卷全球，各国银行都陷入困境时，政府不得不出手干预以避免整个金融系统崩溃。这就是上述"大而不能倒"问题的现实写照。

然而，拯救银行需要政府付出高昂的代价。以爱尔兰为例。为了拯救其银行业，爱尔兰在2010年的预算赤字高达其经济产出的30%。同年，德国也因援助银行系统而增加了近330亿欧元的财政赤字。

救助银行显然给公共财政带来了巨大的压力。这就引出了恶性循环的另一面。

当公共财政陷入困境时，银行就会承受重压。对于持有政府债券的银行来说，财政困境更是个问题。购买了大量国债的，正是危机国家的银行以及意大利和西班牙的银行。

到1月底，意大利银行对意大利政府的风险敞口几乎占其总资产的10%，西班牙银行则是接近9%。购买主权债务大部分是实力较弱的银行。

总而言之，银行和国家之间的纽带如此紧密，很容易形成恶性循环。为了维护金融稳定，我们必须从两个方面打破这个恶性循环。我们必须保护公共财政不受陷入困境的银行的影响，同时也必须保护银行不受陷入困境的公共财政的影响。

关于第一个目标，我已经给出了大致的解决方案。我们需要建立一个处置机制，使我们可以在不给公共财政带来负担的情况下处置和重组银行。正如我之前所说，我们需要尽快在欧洲建立起这样的机制。

要实现第二个目标，就必须回到监管上来。我们必须调整监管要求，以保证政府财政陷入困境时不会影响银行。

如果我们想更好地保护银行，使其免受公共财政困难的影响，就必须把目标对准政府债券。从监管的角度来看，在这方面发挥作用的有两个要素。

第一个要素与银行的资本相关。在现行制度下，银行不需要为主权国家贷款的风险持有资本，而其他贷款则需要。这一制度建立在一个假设之上，即向政府贷款没有风险，因为国家不会违约。如果不会产生损失，那就没有必要建立资本缓冲。

反对这一观点的人心中的疑虑，最终在欧洲主权债务危机中不幸应验。不管接受与否，我们都需要重新审视政府贷款无风险这一假设。

因此，修改规则似乎刻不容缓。如果银行遵守要求，为其政府债券组合的风险持有资本，银行抵御财政困境冲击的能力将会显著提高。与此同时，银行大规模购入政府债券的做法也将得到有效遏制。

这就引出了第二个问题：仅有资本是不够的。风险管理的一个关键工具是多样化。俗话说得好，"不要把所有鸡蛋放在一个篮子里"。因此，我们还应引入对单一主权国家贷款的限额。

在私营部门贷款中这种限额早已成为常态。这种限额可以防止银行对单一借款人的风险敞口过大，从而降低银行因该借款人违约而受到的冲击。这不仅适用于私营借款人，也适用于政府借款人。

## 2.9.4　银行之外

女士们，先生们，我已经谈到了银行，也谈到了国家。但要重塑金融世界，我们必须将目光放得更远。金融世界里不仅仅只有银行。

以保险业为例。就在雷曼兄弟公司倒闭的第二天，美国政府不得不投入超过1800亿美元来救助保险巨头美国国际集团（AIG）。这是另一家"大而不能倒"的金融机构。五年后，对系统重要性保险公司的监管远不如对银行的监管完备。保险公司监管的框架正在缓慢形成，但有些基础工作才刚刚准备就绪。

还有其他一些领域也需要我们的关注。有一些金融领域有着类似银行的业务，却仍然游离于银行监管之外。我们通常称这些领域为"影子银行"。我认为这个术语有些误导性且有失公允，听起来像是在暗示"影子银行"中的机构不太光彩，但事实绝非如此。

总的来说，"影子银行"是另一种资金来源，有助于分散风险和经营专门化。在进行综合评估时，我们在原则上对"影子银行"作为资金供应渠道持欢迎态度。

"影子银行"中的机构虽然从事着类似银行的活动并承担着相应风险，但却并不受银行监管的约束。由于流动性和期限转换不受监管、杠杆累积、顺周期性等原因，这些"影子银行机构"的风险很有可能危及金融系统。

因此，我们必须充分监控并监管"影子银行机构"及其活动。这一目标是G20议程的重点之一，且已经取得了重大进展。尽管如此，我们还有很多工作尚待完成。

## 2.9.5　结语

女士们，先生们，重塑金融世界无疑是一个宏伟的计划。我们必须携手并肩才能实现这一目标。鉴于金融领域的全球性，重塑金融世界需要全球合作。

在此背景下，美国最近的监管举措让我悬心，如对银行控股公司和外国银行组织实行更高标准等。这似乎与国际合作的需要相矛盾。"各自为政"的监管态势构成了实实在在的风险，无论是欧洲还是美国的监管决策都应该考虑到这一点。

但我们需要的，不仅是各国家监管当局之间的合作。在我的演讲中，我讨论的主要是如何进行监管改革。但我们还应该意识到一点：监管并不能解决所有问题。要重塑金融世界，就必须由内而外地进行改革。

金融稳定始于金融从业者的内心与思想：投资银行家、股票经纪人、对冲基金经理以及所有管理他人资金的投资者。我们需要改变金融世界的文化。"贪婪就是美德"的时代早已不再。雄心壮志并没有错，但我们必须抵制急功近利和贪婪的行为。我们应该认识到金融系统的根本使命：为实体经济提供服务。

我们还必须放眼银行之外。欧洲的企业特别倾向于将银行贷款作为资金来源。因此，企业应更多地以资本市场作为替代银行贷款的资金来源。更加多元化的融资组合将增加企业在正常时期和危机时期获得资金的机会。

重塑金融世界无疑是稳定金融系统、繁荣实体经济的重要一步。在欧洲更加一体化的背景下，这也是我们朝着稳定货币联盟和稳定欧元这一共同目标所迈出的重要一步。

单一货币的经济优势将使包括德国在内的所有成员国受益。但我恳请大家，不要仅从经济范畴来看待欧元。早在1950年，法国经济学家雅克·吕夫就指出，实现欧洲一体化的唯一途径就是统一货币。欧元不仅是一项经济工程，也是一个政治项目。欧元是欧洲一体化的重要基石。

因此，我在今晚的演讲中提出的诸多问题服务于一系列目标，而其中每一个目标都值得我们全力追求。

非常感谢你们的倾听。

\* \* \*

## 注释

1. D. Gros（2015）, Completing the banking union: deposit insurance. CEPS Policy Brief No. 335/December 2015. D. Schoenmaker and G. Wolff（2015）, Options for European deposit insurance. Comment on VoxEU, 30 October 2015.

2. A. Tversky and D. Kahneman（1992）, Advances in prospect theory: cumulative representation of uncertainty. Journal of Risk and Uncertainty, 5（4）: 297–323.

3. T. F. Hellmann, K. C. Murdock and J. E. Stiglitz（2000）, Liberalization, moral hazard in banking, and prudential regulation: are capital requirements enough? American Economic Review, 90（1）: 147–165.

4. I. Cheng, S. Raina and W. Xiong（2014）, Wall Street and the housing bubble. American Economic Review, 104（9）: 2797–2829.

5. G. Törngren and H. Montgomery（2004）, Worse than chance? Performance and confidence among professionals and laypeople in the stock market. Journal of Behavioral Finance, 5（3）: 148–153.

6. N. Taleb（2007）, The Black Swan: The Impact of the Highly Improbable, London: Penguin.

7. Basel Committee on Banking Supervision（2013）, Regulatory Consistency Assessment Programme（RCAP）: analyses of risk-weighted assets for credit risk in the trading book, July 2013, Basel.

**3**

# 《巴塞尔协议Ⅲ》:
# 对一项重大监管项目的反思

## 3.1　改革是否已经完成？对危机后金融监督与规范机制的反思

*2016年9月1日，于开普敦大学的演讲*

### 3.1.1　引言

女士们，先生们：

危机后的改革已经历时约八年之久，我们现在需要自问一个简单的问题：现在改革是否已经完成？部分见报文章以及不少银行业专家认为，如今欧洲肩负收紧监管与监督的重担，这已经充分证明改革已经圆满完成。诚然，危机后的改革之路对所有相关方来说一直是一场艰辛历程。仅2010年《巴塞尔协议Ⅲ》的改革条款就已长达616页。除此之外，欧洲中央银行还为欧元区的新监管机制雇用了约900名新员工，协调了约4700名来自欧元区各国政府机构的监管工作人员。[1]说实话，我也想（大幅）减轻工作量。但对监管机构来说，当下片刻的悠闲，通常预示着未来必须付出双倍的努力。

但显然，仅靠成本来评判监管及监督是否过度或不足并不恰当。即使从银行的角度出发，抱怨监管过度也很片面，因为这忽视了改革为银行带来的潜在长期利益，如增强银行实力和公信力等。但更重要的是，监管及监督的成本和收益对整个社会的影响才应是最终的评判标准。任何重要基准都应该涵盖金融危机带来的巨额成本，如纳税人财富大规模流向金融机构和个人投资者的情况。通过事后分析，我们也许可以核算出监管及监督的成本和收益。但遗憾的是，这并不能指引我们制定未来的最优监管及监督方式。

那么，是否存在一个更佳的衡量标准来确定最优的监管及监督方式呢？偿付能力无疑是一个不错的选择。在当前金融架构中，保护具有偿付能力的金融机构是监管和监督的关键要素。充足的资本有助于银行顺利渡过经济低迷、战略决策失误或特殊问题等难关。实际上，完善现行的《巴塞尔协议Ⅲ》框架就是为了通过调整资本要求来维护金融机构的偿付能力。这就要求我们全面评估银行在贷款、交易和运营等方面所面临的风险。而《巴塞尔协议Ⅲ》的最终内容预计将于今年年底前敲定。总的来说，我们可以通过分析过往数据和借鉴实践经验来汲取宝贵的经验教训。但这是否意味着我们可以肯定地回答"现有的改革是否足够"这一问题？我觉得，仅基于过往经验回答这个问题过于狭隘了。这并不是在贬低《巴塞尔协议Ⅲ》等监管改革中大量使用的计算和数据分析评估方法，而是我们要确保以恰当的态度来对待这些方法。因此，我将在演讲中探讨我们在构建监管和监督体系方面取得的进展。

为拓宽重点，我将首先用演化框架来阐述金融稳定性。之后，我将以演化的视角审视自2008年以来在欧洲实施的一系列金融改革，以指出超越量化调整的改革措施。

很荣幸能受邀在开普敦大学这样的学术殿堂向科学界阐述这些想法。科学家们一向善于检验政治家和立法者是否符合其设定的目标。但科学家们也同样需要投身于有关方法论和总体目标的辩论中。如果有关金融稳定性的讨论无法公正开展，那么该讨论很有可能再次得出短视和狭隘的论点。

## 3.1.2 超越最优监管与监督：危机后迈向金融稳定之路

最优化是一个极具吸引力的分析概念。但出于种种原因，最优化从未成为金融政策制定的主流。

首先，金融市场、金融产品和金融实体的复杂性使我们无法确定金融业的最优状态。为了更精准地调整政策以趋近金融业的最佳状态，我们务必结合模型与数据，实现二者的优势互补。但数据可能不准确，模型也有可能出错。金融业的复杂性甚至可能引发意料之外的副作用。我们如今已经充分记录了由此产生的种种问题。安德鲁·霍尔丹曾围绕狗与飞盘发表过一次令人难忘的演讲——十分详尽地阐述了金融业的复杂性。

但金融业不仅仅具有复杂性。过去几十年间，数十次危机先后爆发，决策制定者随即做出快速反应，却又酝酿出其他类型的危机。这些经验清晰表明，银行及金融业的其他组成部分实际上是各个复杂且具适应性的系统——可以说它们充满活力且不断变化。它们就如生物体一般，也会通过不同的行为方式应对宏观经济变量或新的监管政策等环境变化。用经济学术语来说，就是激励机制会响应环境变化而做出调整，进而改变金融业的可观察模式。危机前金融机构寻求高收益的行为就是典型的例子。

然而，为求全面，我们不应将不当激励局限于银行家身上。监管机构自身也容易产生偏差，如监管俘获、监管"层层加码"以及监管过失。欧元危机期间曾有多起监督不力的案例曝光。为什么会出现这些偏差呢？进化论给出的答案是：因为这种情况有发生的可能。从金融危机和欧元危机中，我们可以得出一个简单的结论，即只有"动态稳定的规则"才能真正得到落实和遵守。用银行家的话来说就是，除非符合各方最大利益，否则人们不会遵循职业操守和法律法规。

这已然使制定相关规则和建立相关制度变得异常艰难。但我仍想着重探讨关于最优监管与监督的第三个问题。这个问题涉及该领域内所有政治努力的终极目标：金融稳定。金融稳定究竟是什么？我们无法给出一个准确的定义。事实上，金融稳定这一目标也许有些费解。它只是一个抽象的概念。就像身体健康一样，其重要性只有在状态不佳时才会显现出来。金融不稳定的原因有很多，如市场动荡、存款人挤提存款，甚至包括使银行丧失公信力的骗局。据此，我们就可以区分降低银行破产概率的政策、尽量减轻个别银行破产影响的政策以及试图重获公众信任的政策。除了这些措施以外，我们也需要在适当的情况下充分利用竞争机制，提高银行的盈利能力和抗风险能力，并在可能的情况下稳定经济大局。这些目标相互关联，却并非完全一致。因此，不同的金融稳定政策针对的可能是金融稳定的不同方面。

鉴于上述原因，想要提出一个监管与监督的最优方案无异于痴人说梦。

因为监管与监督面对的是不断演变的金融系统，其中存在着大量错综复杂的、在一定程度上无法预见的相互作用，甚至还可能存在漏洞。

从过往危机中汲取的教训，乍看之下可能颇具局限性，但却能提醒我们不要沉溺于可以解决所有问题、拥有绝对权力的幻想。相反，我们只能紧跟金融系统演变的步伐，有时甚至还会手忙脚乱。尽管如此，这对于从事金融监管和监督研究的人来说却是一个好消息：你们的工作永远有保障，因为金融业将会有源源不断的新发展可供研究。

那么我们又该如何实现新发展呢？进化论不仅指出了问题所在，也为我们指明了应对之道。其中一条对策涉及知识在这个本就不确定领域中的作用。的确，金融领域中的一些模型和解释过往监管的逻辑推理已然失效，但这一结果是因模型风险而起。也就是说，现实情况（往往）与假定的因果关系不同。诚然，金融从业者可能会利用我们对量化风险的偏好来谋取不当利益。与此同时，我们也要注意不能全盘否定金融理论和推论。基于模型的假设和基于数据分析的研究仍然有价值，也自然远胜于草率地修改监管或监督规则。例如，我仍然坚信在计算资本要求时应采用"风险价值"模型这一概念。我们必须承认，用风险价值模型计算出的结果终有一天会被推翻——这是不争的事实。归根结底，《巴塞尔协议Ⅲ》等量化调整都是金融稳定机制自下而上演化的一部分。

除了量化要求以外，我们很难给出确定的答案。要想做到这一点，就必须先明确定义理想的金融状态。然而，这并不现实。但我们可以运用一整套程序性的智慧和方法，如实施最佳实践方案、建立多道防线、刺激金融机构间的竞争、确定目标的优先级、制定灵活应变的规则和原则。换言之，为实现金融稳定这一抽象的目标，我们必须着眼于行之有效的程序，而非执着于完美的结果。

### 3.1.3 欧盟的监管与监督：调整是为化解眼下危机还是做长远打算？

那么，在此背景下应该如何解读当前的监管与监督制度呢？我们应将近期《巴塞尔协议》的发展视为金融稳定机制自下而上演化的一部分。尽管在校准资本要求时纳入了大量统计数据，但最终结果仍将是假设性推论及政治妥协。维护金融机构的偿付能力和流动性，只是创建稳健金融框架的众多策略之一。危机后监管的另一核心要素在于协调不同的监管规则，确保其在国际范围内的一致性，并防止金融机构绕开监管。不要忘记，金融行为体和实体作为金融系统中的生物体，总会寻找并利用一切可能的漏洞。只要能规避短期痛苦，这个价值数万亿欧元的行业一定不会放过任何可乘之机。我这么说并非出于批评或指责，只是基于事实进行陈述。监管的日益复杂化往往源于金融机构对规则的规避。

但我们也汲取了更多经验教训，其中之一便是，稳健的银行业需要多重监管与监督防线共同守护。具有偿付能力的银行确实是金融监管与监督的重心所在。然而，我们已不再依赖单一且"完美"的防线，因为这样的防线是否有效完全取决于法律理念和监管流程。我们现在更依赖于多重防线。银行监管机构从偿付能力和流动性入手，直击问题根源。资本缓冲的引入拓宽了银行在经济低迷时期的回旋余地。压力测试则检验了银行资本在未来不利经济形势下的稳健程度。此外，欧元区的监管机构正加大对银行经营模式的监督力度，因为银行当前的经营战略直接决定其未来的风险承受能力。监管机构甚至开始更密切地监督银行高管的文化与行为，因为高管的行为倾向与银行的实际偿付能力密切关联。所有的这些努力都是为了尽早降低银行状况恶化和破产的几率。

但偿付能力并非稳定银行业的唯一支柱。欧洲处置框架已成为对偿付能力要求的重要补充。因为即使所有维持银行经营和良好运转的努力都宣告失败，金融系统内也不应出现恐慌反应和传染效应。银行及相关主管部门必须为潜在的破产做好准备，保证处置程序平稳进行。需要注意的是，处置政策和偿付能力政策所针对的问题并不完全一致。实际上，危机管理就是以不同的方式维护金融稳定，即保证银行陷入困境后不会对私人储蓄或市场秩序造成负面冲击，而仅通过监管偿付能力很难实现这一点。

我们可以从多个角度解读欧洲近期规模最大的体制改革——银行业联盟。显然，欧元区曾深陷困境，而当时的体制框架既不可靠，也没效果，这一点在市场反应中得到了明确印证。从演化调整的角度看，推动银行业联盟的建设实际上是在修补原有监管系统的缺陷。因为后者也有生物体的特性，但在应对金融危机时却表现得并不理想。在银行业联盟的各大支柱中，最为完善的无疑是单一监管机制。该机制重塑了对欧元区129家规模最大、最为重要的银行的监管模式，改善了银行监管的多个方面。考虑到监管工作人员也会出现错误或偏差，该机制在欧洲央行的主导下组建了跨国监管小组，以削弱国家利益对监管工作人员的干扰。除此之外，该机制下的监管措施和结果更容易进行对比分析，因为监管工作人员的行为受到了更严格的约束。最后，所有监管和组织决策都须经该机制委员会批准，确保各国相关部门在统一架构下能够充分表达诉求。在日常决策中，各国政府部门需投入大量资源。但从金融稳定的角度出发，上述的机构间摩擦和利益冲突情况都在可控范围内，因为金融机构间的竞争可以形成良性的制衡作用。综上所述，单一监管机制改变了监管的激励机制。至于银行业联盟的另一大支柱，即单一处置机制能否以类似方式提升处置的有效性，则有待进一步观察。

## 3.1.4 结语

女士们，先生们，演讲伊始，我便提出了这个问题：危机后时代的监管与监督制度改革是否很快就会结束？对此我的回答是：虽然《巴塞尔协议Ⅲ》有望在今年年底前画上句号，但我们目前并不打算推出新的监管改革计划。我认为，我们应当从一个略为不同的角度来审视这一全局性问题。在我看来，欧洲与世界其他地区的监管与监督变革并非旨在实现某种"最优"的金融稳定，而是致力于构建一个适应金融系统演化的监管制度框架。正如目前有关制度校准的争论和关注监管过度的报刊文章所言，这绝非一个单纯的量化问题。

面对一个不断演化的金融系统，监管和监督制度在以下几个方面取得了重要进展：

①解决了各国监管标准不一致的问题，有效填补监管漏洞；

②拓展了监管防线，规避了将所有资源集中于单一领域的潜在风险；

③充分发挥了欧元区监管的潜在协同效应，保证现行激励机制符合初衷。

通过演化方法实现金融稳定并不只是一种学术性试验。这一方法蕴含的一系列监管策略，源于我们在过往金融危机中付出惨痛代价换来的宝贵经验。金融稳定是一个多维度的概念，不可能通过单一且理想化的政策和制度实现。各个领域都在不断演进。我们不应过分执着于寻求某种未知的最优状态，而应努力构建稳健、可靠的监管程序和监管制度。

当前关于监管过度和监督过度的批评声音也需要纳入这些考量。一些金融业界的代表人士怀疑，背后推动改革的是对银行保护欲过盛的政府机构。而演化视角能为之提供更合理的解释。

当然，采取预防性措施并不意味着银行业提出的批评就全无意义。我们很欢迎来自银行业的反馈，因为这有助于我们更好地理解不断进化的金融系统。但我们也应保持警惕，避免被那些基于片面计算和局部利弊分析的偏颇论点所误导。我们不应局限于检视当下状态、评判目前的监管与监督是过度还是不足，而是应该认识到实现更完善的监管符合我们的共同利益。这并非单纯的量化问题，监管的质量和审慎也同样重要。正如我们的健康状态并非由服药数量决定，充满活力且健康的金融业的发展也不能只依赖于一套狭隘的金融和监管补救措施。

谢谢大家！

\* \* \*

## 3.2 监管过松、过严，还是刚刚好？金融危机后的银行监管改革

2017年11月23日，法兰克福，于主题为"通往稳定金融系统之路"的第二十一届银行业与金融史研究所座谈会的主题演讲

### 3.2.1 通往稳定金融系统之路

女士们，先生们：

今天各位已经听过许多关于改革议案及其利弊的演讲。我想，现在是时候重新审视我们的实际目标了。这一目标就是找到"通往稳定金融系统之路"。

自2008年金融危机爆发以来，众多学者、政治家和监管工作人员一直在为这个问题绞尽脑汁。关于金融系统到底能否实现稳定的疑惑也涌上了人们的心头。但我们都心知肚明，现实世界中永远不会有完全稳定、完美规避危机的金融系统。

然而，我们今天能相聚于这次座谈会，正是因为我们都秉持同一种信念——哪怕没有万全之策，但只要能找到正确的方法，我们就能降低金融系统的脆弱性，从而更好地抵御危机的冲击。

为了使金融系统更加稳定，G20各成员国已走过了一条艰难曲折的长路。自2010年在德意志联邦银行任职起，我也开始沿着这条长路前行——我最初的职责就是维护金融稳定，自2014年起才负责银行与金融监管。

我也一直在反复思考：我们选择的道路是否正确？是否有所欠缺？抑或我们已经在某些地方走过了头，甚至完全走错了方向？

很不幸，要回答这三个问题并不容易——所以我们也一直受其困扰。不过，我还是希望基于以下三点来试作解答。

我首先想要探讨的是旨在指导后危机改革的监管原则：如果100%稳定的

金融系统只是空想，那么我们就应该进行改革，防止因错误估值和过度杠杆化催生金融泡沫，同时增强银行抵御危机的能力。

我要提到的第二点是关于平衡与改革的评估。作为监管工作人员，我不免会有些偏颇，但我坚信我们选择的正是一条中庸之道：就我所见，金融稳定与风险偏好目前正受到同等关注。因此，只要《巴塞尔协议Ⅲ》敲定，我们就可以在监管方面稍作喘息。

然而，改革只有在规则得到切实而严格的实施时才能达到预期效果——这也正是我想要强调的第三点。

## 3.2.2　防止泡沫累积，使银行具备抵御危机的能力

让我们先来探讨一下监管的正确指导原则。早在 1986 年，经济学家海曼·明斯基就在其著作《稳定不稳定的经济》中阐述了一条值得探索的监管途径。只可惜在长达二十年的时间里，该书一直鲜为人知，这种状态甚至持续到 1991 年明斯基去世之后的很长一段时间。直到 2008 年金融危机爆发，人们才认识到明斯基理论的重要性。[2]

明斯基认为，金融市场本就容易发生动荡和危机。这与当时主流的时代精神和蓬勃发展的金融市场格格不入，也与当时主导经济学理论的有效市场假说背道而驰。

从今天的视角来看，我们知道金融市场确实有过度反应的倾向，因此会经历周期性的不稳定。并非只有明斯基一人意识到了这一点。但关键在于，他发现了这种不稳定植根于稳定之中——更确切地说，是植根于愈发鼓励冒险行为的稳定时期。

这话是什么意思呢？经济长期增长创造了极为宽松的融资条件；反过来，这又促使企业和家庭抱着一种极高的期望进行投资，即期望经济能继续保持同等增速。银行还为这种乐观情绪火上浇油，先是放宽贷款条件，紧接着又降低信贷标准。这些行为导致债务不断累积，但只能维系到无力还清债务本

息为止。

然而，一旦无法偿还债务，资产价值也开始下跌时，就会出现所谓的"明斯基时刻"。换言之，当悲观情绪取代乐观预期，债务便无法维系。随后一连串的金融价格调整和债务违约将会给实体经济带来损失。

我们可以从中得出一个重要认识：金融危机及其原因是金融系统不可分割的一部分。与所有系统一样，导致动荡的因素已经融入金融系统。

那么，明斯基的见解对于银行与金融监管意味着什么？无论如何，这肯定不能说明我们可以无所事事。尽管明斯基解释了金融危机发生的原因，但他所描述的因果关系并非不可改变的自然规律。更重要的是，监管机构和监管工作人员要理解这些相互关系，并利用所有可支配的手段以降低"明斯基时刻"发生的概率。

因此，明斯基提出了一条值得深思的指导原则：若监管机构要制定监管新规，就必须确保新规能降低信贷增长导致泡沫累积的风险，使之低于易过度反应的无监管市场水平。不过，即使监管规则具有前瞻性，也无法完全阻止危机的发生，所以银行必须具备抵御危机的能力。

如我所说，明斯基理论已面世20年。但众所周知，指导原则并不会自动转变为最优监管。真正可行的监管方案需要更多实质性内容。

自2008年以来，这一直是决策制定者和监管工作人员同样重视的问题。我接下来要讨论的第二点是他们在这方面的工作表现。

### 3.2.3　金融危机后的改革：监管过松、过严，还是刚刚好？

今天早上，我在德意志联邦银行执行董事会的同事卡尔-路德维希·蒂勒已经在本次座谈会上阐述了金融危机后改革的几大基石。现在，我将介绍一些改革的最新进展作为细节上的补充：就《巴塞尔协议Ⅲ》的改革而言，我们已经快要达成一个折中方案。技术层面上的谈判已经结束。随着《巴塞尔协议Ⅲ》敲定，G20的改革议程基本上就算完成了。

至于这项改革是否帮助我们走上了稳定金融系统的正确道路，我并不打算援引具体的监管条款或百分比数据来回答这个问题，而是要给出一个总体评估。

良好监管的目标始终是尽可能防止形成经济泡沫，并在经济危机无法避免的情况下将其对公众和经济的影响降到最低。这正是我们面临的最大挑战：正确的措施是什么？怎样才算适度干预？哪些监管措施是恰当的，哪些监管措施欠妥？

正如我之前的解释，我坚信在过去几年我们已经走上了一条有效且平衡的监管道路。众多改革方案大幅提高了银行的安全性，如更严格的资本要求、杠杆率的引入、两项（而非一项）最低流动性要求的实施、资本缓冲的引入以及其他措施。

不仅如此，我们还在解决泡沫形成的问题。例如，我们通过审慎要求和压力测试等手段，要求金融机构必须在早期就采取更加小心谨慎的风险管理。我们还加强了微观审慎监管，对系统重要性金融机构实行了更严格的监管要求，并采取了防止经济泡沫产生的监管手段。例如，监管机构可能会根据经济周期要求银行为抵押贷款增持资本。

重要的是，银行业联盟的建立进一步加强了对欧元区金融系统的监管与监督。

总体而言，这些改革都致力于恢复市场经济的平衡。这一点在一项关键的新型监管手段中可窥见一斑，即处理银行困境的方法。在金融危机期间，许多银行都受到了政府救助。蒂勒先生曾将这种状况称为"市场经济的陨落"。

如今，欧洲已经建立了一套银行救助制度。5个月前西班牙一家大型银行的破产证明，这套制度行之有效，且银行投资人确实可以出资进行内部纾困。然而，其他一些不尽如人意的案例也暴露出这套制度中一些尚待弥补的漏洞。但总的来说，我认为这些改革是重要的监管手段，可以让理应负责的人公平承担金融危机的后果和代价。

显而易见，我们并非依赖于单一的监管手段或监管方法，而是有一整个包含多种互补措施的"监管工具箱"。我相信，这个"监管工具箱"可以使我们的金融系统更加稳定。

今天这次座谈会中提到的各种建议甚至更加激进。但它们都有一个共同理念，即只有采取激进的方法才能根除金融危机的根源。

这样的讨论意义非凡：在我看来，学者们绝对有责任跳出自己的研究领域，质疑传统方法并大胆进行创新。

出于这个原因，我并不会具体探讨这些新方法的利弊。我想阐述一个更普遍的观点：影响深远、推陈出新的方法的优点可能也是其固有的缺陷。用新方法解决旧问题的同时，也会带来新问题——我们往往无法在理论设计阶段预见这些新问题。

从这个角度看，将现有系统和全新系统作对比并不合理。我们审视现有系统时，关注的往往是切实存在的问题；而新方法则会将我们的注意力引向其对现有系统的改进，且前景十分诱人。新方法由于尚未经过现实检验，看起来总是比现有的系统更好。但实施新的监管方法，可能会对金融系统造成严重的、意料之外的负面影响。

我还希望大家认识到，监管确实有可能过于严苛。换言之，我们确实有可能会陷入一种错觉，误以为可以创造一个完美而稳定的金融世界。但改革的热情若是不加以控制，就可能会限制经济活动的发展，进而遏制创新，阻碍经济复苏。

不幸的是，改革所带来的意料之外的副作用确实可能会牵掣金融系统的关键职能，白白拆分行之有效的金融系统结构，导致财富增长遭受意外打击。经济的持续增长离不开创新和风险承担，但如果金融系统无法为经济体提供信贷支持，经济活力就会大打折扣。

在要求进一步加强金融监管的呼声中，我意识到了这些隐含的威胁。尽管我能理解这些呼吁的初衷，但我仍然对监管过严可能会带来的负面影响深感忧虑。

要想生活在完全没有风险的世界，就必须接受经济发展大大放缓的代价。

我认为还有一点也很重要：监管可能会无意中影响金融业的结构。如果以针对大型国际银行的要求来监管小型银行，必然会使后者处于不利地位。因此，我主张减轻无国际业务、风险较低的小型银行的监管负担。

总体而言，我对即将完成的危机后改革持乐观态度。以《巴塞尔协议Ⅲ》的折中方案为起点，我们现在应展望未来——众所周知，银行业正面临巨大的挑战。在监管方面，我们绝不能盲目听信那些想让监管"开倒车"的意见，也不该一味加大监管力度。

因此，我赞同在改革完成后暂时停止调整监管的做法。我们应充分利用改革后的阶段，全面评估改革措施的影响，并及时修正和完善所发现的漏洞和错误。不过，这并不包括一些亟须采取行动的改革未完成领域，如对政府债券的监管处理。

### 3.2.4 纸上任谈兵：态度不变，改革终是昙花一现

女士们，先生们，如你们所见，我是一个现实主义者。这也引出了我的第三个论点——如果人们的态度未能发生根本性的转变，即便是最好的改革也只会是昙花一现。

如果态度不变，改革后的新规就无法按照预期严格落实。我们在"柴油门"丑闻曝光前就明白，如果无人遵守，再好的规则也难取得成效。

理想情况下，金融业的态度转变应该建立在对这一事实的深刻认识之上：持续监督和遵守规则符合所有人的利益。但决策制定者往往认为，对银行进行审慎宽松的监管，以避免其资不抵债或是使其能够持续开展某些高风险业务，便是在为经济作贡献。他们的本意显然是为了维护稳定、保障就业。但不幸的是，结果往往事与愿违。

相反，宽松的监管往往只会提高未来出现金融泡沫和经济停滞的风险。

这是因为，金融危机不仅源于少数违规银行的行为和规则上的漏洞，更

源于这样一种理念：放宽对监管规则的解读和执行监督有利于经济发展。显而易见，政治理念会影响监管规则的落实情况——国际上已有不少铁证可以证实这一观点。[3]

　　但有些人还是会重新陷入旧有的思维方式。例如，美国关于放宽监管的争论以及有关不良贷款的讨论都证明了这一点。有时候，一些决策制定者甚至认为，处理这些根深蒂固的严重问题时，改革推进得再怎么缓慢温和也不为过。英国"脱欧"后关于放松监管以提高竞争力的争论，也表明旧有思维正在卷土重来。

　　更重要的是要意识到，唯有在监管规则得到一致有效的执行时，现在讨论的这些改革才能真正预防金融泡沫的形成，增强银行的实力。

　　通过放宽对监管规则的解读来纵容银行，甚至救助濒临破产的银行，只会腐蚀我们的经济基础。这样的做法正在破坏市场经济中的竞争原则，削弱银行业的创新潜力，甚至还助长了那些依附于宽松监管的"僵尸银行"的发展。纵容信贷机构及其债权人最终只会拖累经济增长。

　　金融业总会重蹈历史覆辙，所以我们必须坚定执行已达成的改革。我所说的态度转变对于审慎决策究竟意味着什么？其实，大多数的审慎决策都是在已有的法律框架下做出的，而正是我们的改革使已有的框架更加严密可靠。

　　在监管规则未明、可以酌情处理的情况下，我们可能很难做出决策。而正是在这种时刻，决策者的态度转变可以发挥重要作用。如今，我们都知道监管工作人员做决策时需要权衡两种选择：是降低泡沫形成的风险，还是允许银行继续从事一些收益低但相对风险较高的业务。依我之见，在这种情况下，监管工作人员必须鼓起勇气，坚定地选择有利于金融稳定的措施——即使事后证明某个决定过于极端，也必须勇于承担后果。因为维护稳定的决策往往对整体经济更为有利。

　　要实现这一原则，决策制定者也需要做出艰难的抉择。比如在银行未能满足缓冲资本要求时，应果断要求其投资者出资进行内部纾困、实行清算、强制其增持资本或限制其分红。

我想再次强调，在防止泡沫形成的同时，我们也要避免抑制经济增长。这是监管机构和监管工作人员在任何时候都要重视的问题。对于大多数的决策来说，如果我们像警长一样严厉打击所有金融中介活动并非明智之举。我们只需要秉持审慎、专业和坚决的态度关注真正关键的决策。

具体而言，这意味着监管部门和决策制定者都必须全面接受危机后改革及其他方面体现的态度转变。监管工作人员不仅需要掌握监管手段，还需要以足够坚定的态度切实执行监管。为了对银行网开一面而削弱这种决心是绝对错误的做法。因此，决策制定者应尊重监管部门的专业独立性及其所做出的客观决策。换言之，决策制定者不得出于政治原因而向监管部门施加压力。

## 3.2.5  结语

自金融危机爆发以来，改革已经取得了相当大的进展。如今，银行和金融系统的状况已经得到了极大的改善。我们已经打造了一个"监管工具箱"来降低未来危机的发生概率，并提高银行抵御金融动荡的能力。如今，银行不仅持有更多资本，其风险管理能力也大幅上升。

但是，如果不能得到一致执行，再好的监管规则也难见成效。唯有对信贷机构实行严格而持续的监管，才能有效降低泡沫形成的风险，并确保紧急情况下有足够的资本缓冲吸收损失。

未来执行监管规则时，我们应该牢记明斯基理论的核心内容：尽管金融市场有种种不可否认的优点，但其内部总有形成泡沫的倾向，很容易陷入金融危机。此外，这些金融泡沫往往是在经济繁荣期形成的——那正是没有人愿意正视金融泡沫的时期。

为了有效防止泡沫的形成并提升银行抵御危机的能力，监管工作人员和决策制定者必须站在社会整体利益的高度，评估各项措施的影响。这一切的前提是，大部分的监管工作人员和决策制定者的态度已然彻底转变。希望今天的座谈会能为这一目标的实现贡献一点力量。

感谢大家的倾听。

\* \* \*

# 3.3 《巴塞尔协议Ⅲ》：目标在望

2017 年 3 月 15 日，法兰克福，法兰克福展览公司欧洲会议大楼，于德意志联邦银行"银行监管对话"研讨会发表的开幕演讲

## 3.3.1 引言

女士们，先生们：

热烈欢迎大家来到今年的德意志联邦银行研讨会。我也很高兴能看到今年有如此多的嘉宾来到现场，欧洲会议大楼的会议厅再次座无虚席。

就在一周前，一条引起轰动的新闻报道不胫而走。不，巴塞尔银行监管委员会并没有赶在这次研讨会前火速敲定《巴塞尔协议Ⅲ》改革方案。很遗憾，此次研讨会的影响力还没有那么大……

我说的是埃及的那项轰动世界的发现。考古学家发现了一座拉美西斯二世（Ramses Ⅱ）的雕像，重达 7 吨，高逾 9 米。

那么，我为什么要在此说起这条新闻呢？拉美西斯二世和《巴塞尔协议Ⅲ》有什么干系？毕竟，我的演讲本应围绕《巴塞尔协议Ⅲ》展开。但请允许我留一点悬念，到演讲的结尾再解答这个疑问。

## 3.3.2 还有多久结束？改革谈判现状

女士们，先生们，巴塞尔协议的改革已然接近尾声。而越是接近尾声，

我们就越关注改革会带来的影响。许多金融机构都对此深感不安，特别是德国的金融机构。最终的改革方案究竟会是什么样子？新的监管标准会不会过于严苛？金融机构要怎样做才能满足新的监管要求？

金融机构提出这些疑虑也情有可原。毕竟，自金融危机以来，银行和储蓄银行已经经历了一轮又一轮的改革。它们现在自然会担心改革会更进一步，更担心改革超出它们的承受范围。这就是为什么这次改革也常被称为《巴塞尔协议Ⅳ》。

但这些顾虑到底有多少根据？这正是我今天要探讨的问题。让我们以事实为基础开始探讨。改革谈判的现状如何？我们可以期待些什么？

首先我们要记住，《巴塞尔协议Ⅲ》大部分内容已经获得一致通过并付诸实践。不过，还有几个部分的内容悬而未决。这几个部分主要涉及风险加权资产的计算，也是本次谈判的重点。我的演讲结束后，巴塞尔银行监管委员会主席，即斯特凡·英韦斯行长将带大家了解此次谈判的第一手情况。我谨在此对英韦斯行长表示感谢。

自去年年底以来，巴塞尔协议的谈判已经取得了实质性进展。我们几乎就所有未决问题达成了共识，同时也考虑了德国提出的重要关切。

以德国银行乃至全球银行的重要业务领域，房地产贷款为例。在这一议题上，德国代表积极发声，确保本次谈判将更全面地考虑区域间的差异。毕竟，德国在评估房地产抵押品时一直特别谨慎，而大多数其他国家的标准要宽松得多。我们始终认为，《巴塞尔协议》下的监管标准不应将这些不同评估方法等同视之。否则将扭曲全球竞争，严重打击谨慎评估房地产融资风险的银行。

另一个例子是估算信贷风险的内部模型。德意志联邦银行一直坚决反对过度限制这些内部模型的使用。因为与计算股本的标准方法相比，使用内部模型的计算能更精准地反映风险状况。在这个问题上，我们最终也达成了兼顾双方利益的折中方案。我们还在运营风险的测量以及借款上限的细节方面达成了类似的共识。

在《巴塞尔协议Ⅲ》的最后敲定过程中，尽管内部模型受到了种种限制，但我认为保持风险敏感性至关重要。因为无论是完全不考虑风险的资本支持，还是过度依赖内部模型进行风险测量，这两种极端都会带来严重的负面作用。

女士们，先生们，我们确实有理由对目前的谈判状态感到满意。但我也不得不指出，仍有许多问题亟待解决。其中一项便是关于引入风险加权资产新产出下限的提议。这项提议针对的主要是采用内部模型计算风险加权资产的金融机构，其中大部分是大型银行。

众所周知，德国的监管工作人员对此提议持有异议。这一产出下限旨在限制风险加权资产计算结果的过度波动。但在调整这一要求时，我们应该慎之又慎，以免设定门槛过高，引发适得其反的激励效应。毕竟，模型计算的设计原则是合理的——风险越高需要的资本越多，反之亦然。如果过高的产出下限要求损害了这一简单原则，风险敏感性势必随之下降。银行也就更不愿意以风险为导向开展业务了。值得一提的是，受我们监管的近1900家德国银行中，仅有不到50家银行还在使用内部模型。也就是说，只有很小一部分银行会受到产出下限要求的影响。但这部分银行往往有着举足轻重的地位。

此外，杠杆率如今已成了一道坚固的防线，为银行设定了额外的最低资本要求，以防止不愿充分准备资本的银行滥用内部模型。这一道防线为我们提供了有力保障，完善了欧洲监管机制的现行规定。

因此，在谈判中，我们会坚持产出下限不应设置过高的立场。过高的产出下限并不必要，还可能造成不良后果。我敢断言：只要我们还参与谈判，产出下限就不可能过高。

女士们，先生们，总的来看，谈判正朝着正确的方向推进。那么，接下来又会发生什么？

巴塞尔银行监管委员会内部存在一项共识，即我们应该继续致力于为市场参与者创造一个规则清楚、明确的未来，以便他们做好预期安排。而且我们还应尽快实现这一目标。鉴于我们的主要谈判伙伴美国正在调整立场，我眼下并不想就谈判的时间规划做出任何具体承诺。但德意志联邦银行将一如既往地坚守在谈判桌前，随时准备达成共识。自然，我们需要考虑到欧洲与美国银行系统的差异，以及新规则需要让所有谈判伙伴都能够接受这一事实。毕竟，我们在讨论的是全球性的最低标准——既不会太严苛，也不会太宽松。

谈判速度并非关键所在，最重要的还是谈判结果。我相信，如果能在减少风险加权资产计算过度波动的同时，保留风险敏感性原则，我们就能达成一个良好的谈判结果。

### 3.3.3　不要夸大其词：德国金融机构受到的影响有限

然而，改革的成功与否，实则也系于银行和储蓄银行能否承受改革带来的冲击，并成功过渡到新的监管时代。接下来这部分演讲内容，即使是最爱抱怨监管的人也会竖起耳朵来听……

我们的内部影响研究清楚地表明，只要改革能够按照预期形式完成，德国金融机构完全有能力应对《巴塞尔协议》未来的要求。从德国立场来看，这套规则兼顾了28个国家和地区的特殊情况，实现了高度的地区平衡，无疑是一个成功的结果。

具体而言，德国的银行和储蓄银行到底会受到什么影响？为了给出一个可靠的回答，我们采用了巴塞尔银行监管委员会的最新数据，并结合了我们自己的一些计算结果。因此，我们的预测反映的是目前谈判的现状。

总的来说，大多数受约束金融机构的风险加权资产和资本要求并不会出现实质性增长。对许多德国银行来说，这意味着平均增幅将不会高于5%。在某些情况下，资本要求甚至会降低。在我看来，担心整个德国金融系统的资本要求会大幅上升无异于杞人忧天——因为事实恰恰相反。部分群体实在没有理由再为此惶惶不安。我就打开天窗说亮话吧：批评者们是时候该停止抨击《巴塞尔协议Ⅲ》，展望未来了。

但有一点我并不想一语带过：每家金融机构需要采取的措施必然是不同的。部分金融机构肯定会受到《巴塞尔协议》改革提案的影响。受影响最大的金融机构可能会面临更高的资本要求，在极少数特殊情况下，这一要求的升幅可能会超过20%。这主要是受到拟议的产出下限要求的影响。这一产出下限将会约束大部分的德国大型银行，但约束力度不尽相同。然而，这也意味着采用标准计算方法的储蓄银行和合作银行几乎不会受到影响，并在一定程度上将从《巴塞尔协议Ⅲ》中获益。

对那些最受影响的金融机构来说，满足《巴塞尔协议Ⅲ》的要求无疑是一个不可小觑的挑战。但这部分金融机构毕竟只是少数，而且我认为它们完全可以承受改革的后果。过往经验表明，我们的初步计算往往会高估而非低估实际要求。部分原因在于，我们的计算基于某一报告日期的银行资产负债表数据，而没有考虑到银行的反应，如在资产端的重组操作等。然而，一些金融机构确实在这方面有相当大的回旋余地。德国银行和储蓄银行的股东权益比率已经上升超过0.5个百分点，达到了16.2%的水平。这主要是风险加权资产的减少所致。

此外，新监管规则不会在一夜之间落实。根据计划，所有金融机构都会有充足的实施期限来平稳过渡。这将延长金融机构留存资金以充实资本基础的时间。如果预期中的理想市场环境如期而至，金融机构也将更容易募集新的资本。重要的是，各金融机构也可以在充裕的过渡时间内，彻底检视自身的经营模式。作为巴塞尔银行监管委员会的德国代表，我将尽己所能，为德国金融机构争取充分的过渡期安排。

虽然部分金融机构将面临艰巨重任，但大多数德国信贷机构几乎不需要采取任何行动，尤其是中小型金融机构。如前所述，部分机构甚至有望面临更低的资本要求。说不定，今晚这里就会产生《巴塞尔协议Ⅲ》的第一批拥趸了。

## 3.3.4 切记目标：大背景下的《巴塞尔协议Ⅲ》

有鉴于此，现在我想将大家的注意力从当下转移到《巴塞尔协议Ⅲ》改革的长远影响上。毕竟，这一系列规则肩负着为银行系统定下全球标准的重任，其影响或将延续多年。

当然，大家将会以不同的形式亲身体验到这一点。毕竟，这一系列规则要么会加重信贷机构的压力，要么会为其带来喘息之机。但这并非改革的意外之果，而是其核心所在。归根结底，《巴塞尔协议》改革的理念旨在激励银行采取负责任的治理方式。而风险加权则是实现这一目标的最佳方法。当然，这些激励措施具有两面性：它们会提高进行某些金融活动的成本，从而增加其他活动的吸引力。总体而言，我相信银行业内部更公平的资本分配将惠及所有银行。

此外，这一改革方案的成功实施也有助于进一步安抚市场，必将大有裨益。毕竟，欧洲银行资本不足的问题引起了市场的广泛担忧，导致风险溢价持续攀升。

女士们，先生们，《巴塞尔协议Ⅲ》并非意在给各位，以及各位所在的机构增添困扰。相反，从长远来看，更完善的监管规则将惠及整个银行业。

因此，美国目前有关放宽监管的讨论让我深感忧虑。如果美国不采纳《巴塞尔协议Ⅲ》框架，欧洲肯定不会单方面引入新规则——而全世界都会为此付出代价。我们从前推行《巴塞尔协议Ⅱ》的过程中已有前车之鉴。我深知，银行业已为近年来的系列监管变革付出了巨大努力，且小型金融机构的负担尤为沉重。我也坚定认为，小型区域性银行不必全盘遵守《巴塞尔协议Ⅲ》的规则。

因此，我很高兴看到，关于在银行监管中更多应用比例原则的讨论日益在欧洲受到重视。为此，我们应当公正客观地评估，是否应该强制所有德国的银行和储蓄银行严格遵守《巴塞尔协议Ⅲ》框架内容。还是说不必如此严格，在一定程度上豁免小型金融机构更为合理？我所说的豁免指的是运营要求方面的豁免。而在资本和流动性要求方面，无论是过去、现在还是未来，我们都决不能也不应该给予任何豁免。

但这并非此次讨论的主题。我们也绝不能将其作为推卸《巴塞尔协议Ⅲ》

改革的借口。因为如今的金融系统早已跨越国界，我们亟需严格的全球监管与监督标准来确保全球金融稳定。在这方面，我们务必牢记从上一次危机中吸取的教训。

## 3.3.5　结语

女士们，先生们，最后请允许我重申三点，并将这三点与古埃及法老的故事相类比。

第一，这是本次演讲最重要的内容——如果我们能在未来几天就《巴塞尔协议》达成折中方案并充分解决德国提出的问题，那么德国的金融机构就能顺利应对改革带来的影响。我之前提到过，我们并不想大幅提高德国的资本要求。对于德国银行业来说，资本要求的平均增幅会小于5%。从德国的角度来说，我们主张继续维持现状。至于预计需要增资逾20%的少数银行，在特定情况下，我们也会为其提供合理的过渡期安排，使之有足够的缓冲时间来满足新要求。

第二，拉美西斯二世的雕像不仅是一件艺术品，也是当时最高水平工艺的结晶，这才是它能历经三千年沧桑而不毁的关键所在。借此为喻，我们在推进《巴塞尔协议》改革时也应当如此。我们不仅要制定统一的规则，还需要始终贯彻风险敏感性这一指导原则。因此在谈判过程中，我们会坚定主张资本要求必须与风险水平同步提高。

第三，如同拉美西斯二世雕像的发掘一样，《巴塞尔协议》改革也需要分阶段进行。在一些尤为关键的阶段，所有参与方都要通力合作，相互妥协和让步。接下来的几天，考古工作人员会用起重机小心翼翼地发掘拉美西斯二世雕像的最后一部分。与此同时，我们也应全力以赴，确保《巴塞尔协议Ⅲ》的谈判圆满落幕。虽然改革并没有确切的时间期限，但是全球统一标准的重要性不言而喻，此谈判的成果将惠及所有人。无论是监管机构还是金融机构，都需要明确的监管规则来指导实践。当然，我们不会为求达成一致而不惜任何代价——所达成的任何妥协都必须在我们的可接受范围内。

我始终相信《巴塞尔协议》谈判可以达成理想成果，制定出全面的改革方案，并在银行业发挥应有作用。假如三千年后，考古学家发掘出从未被采用的《巴塞尔协议Ⅲ》框架，那才是所有人都不愿看到的结局。

谢谢大家。

\* \* \*

## 3.4 前路在何方？《巴塞尔协议Ⅲ》敲定后美欧金融关系的前景

*2018年3月5日，华盛顿特区，于国际银行家学会的演讲*

### 3.4.1 引言

女士们，先生们：

感谢主办方的友好介绍。很荣幸能够受邀参加国际银行家学会（IIB）在华盛顿举办的年度会议。此时正值落实危机后全球改革的关键时期，请允许我借此良机，向各位分享一下我对未来美欧金融关系的见解。

准备这次演讲时，我不禁思考："参加这次会议的人都有什么共同点？"大西洋两岸的银行家和监管工作人员是否怀有相同的信念和追求？我们在金融政策理念上是否所见略同？说实话，我并不太敢肯定。不过我想，我们至少有一个共同点，即我们都不确定未来事态走向如何。

以全球银行监管为例，尤其是《巴塞尔协议Ⅲ》。我们刚刚敲定了针对国际银行的最低全球标准，即《巴塞尔协议Ⅲ》。但与此同时，美国和欧盟的议会和政府却正在讨论似乎与这一全球共识相悖的监管调整举措。这无疑让银行对监管前景的确切走向感到困惑和不安。

此外，这种不确定性并不仅限于金融领域。美国政府的经济政策声明、英国"脱欧"以及其他欧洲国家的大选，都让人们开始质疑各国今后是否能够协调一致地实施经济政策。

全球标准与国家政策之间的矛盾在政治领域制造了诸多变数。例如，许多企业都对未来的经济政策环境感到不安。同样，银行家们也在不断探寻各自辖区内究竟会实施多少《巴塞尔协议Ⅲ》的规则，哪些国家又可能会采取何种不同的监管方案。

全球统一协调合作与各国各自为政的诉求之间的矛盾，将会成为未来美欧金融关系最主要的分歧点。接下来我会详细阐释这一挑战。

## 3.4.2 对于国际协调，我们应该期待什么，不应该期待什么

近年来，我们对于全球协调充满信心，甚至有些过于乐观了。这种局面的形成，在很大程度上是受到了金融危机及其余波的影响。危机之后，G20积极带头，展现了坚决的国际响应姿态。整个国际社会都展露出惊人的决心。尽管G20的成立早于危机的爆发，但自2009年匹兹堡峰会及后续会议以来，其成员国体现了出空前的共同行动意志。国际银行业监管领域也取得了具有里程碑意义的进展。这种改革意愿一直延续至近期，即《巴塞尔协议Ⅲ》这一新的银行监管国际最低标准敲定之时。

为了使全球银行架构获得整个社会与公众的广泛接受，这种针对金融危机的国际响应很有必要。

但我们不应被全球化理念冲昏头脑，也不应认为全球协调能包治百病——认为实施越多国际规则就越有裨益的观念是错误的。事实绝非如此。我们必须正视这样一个事实：在当今世界，国家和地区利益仍然是缔结国际协议时的重要考量因素。尽管我们有充分的理由支持国际协调，但也必须尊重反对统一某些领域监管方法的意见，以及各国应因地制宜制定监管规则的理由。

当前，各国对扩大主权的诉求成为热议的话题之一。在欧洲，最受瞩目

的例子就是英国在2016年全民公投中决定退出欧盟。大西洋两岸的我们也在贸易协定的曲折谈判中深刻体会到了这一点。欧加《全面经济贸易协定》（CETA）和《跨大西洋贸易与投资伙伴关系协定》（TTIP）都遭受了不少批评，并因此进展缓慢甚至陷入了停滞。

主张扩大国家主权的人也有一定道理：主权为处理本国问题提供了自主空间。与国情相适应的监管格局，在一定程度上需要独特的国家政策手段来塑造。而完全与国际协调的规则却剥夺了这种本土化的余地。

这种现象在银行监管领域也有出现。目前，针对国际大型银行的全球标准也影响了小型社区银行。这些小银行本身并不需要遵守与国际银行相同的规则。相反，这些规则可能会妨碍它们在经济中发挥重要作用。我稍后会进一步探讨这个话题。

现在我想阐明的是一个普遍性问题。在思考国际关系的未来走向时，我们不应忽视各国国内的政治阻力。相反，我们需要接纳一定程度的国际多样性。为此，我们首先需要注意平衡国家和国际目标的持续需求。其次，我们需要确定最能有效实现这些目标的手段。如今，我们仍在各个政策领域探索如何实现这一目标。

但这在实践中意味着什么呢？超越政治口号，重新定义全球合作与国家主权之间的平衡将是一个艰难的过程，且涉及诸多技术和政治层面的决策。在部分情况下进一步协调规则或许是明智之举，但在另一些情况下，容许更多差异性也许更为恰当。

所以，我们并没有设计一个简单、通用的监管方案。接下来我要概述未来合作中三个关键领域的一些发展动向，即金融全球化及跨境银行业务的覆盖范围和发展程度、全球监管标准和监管合作。

### 3.4.3 实施《巴塞尔协议 III》：全球监管标准的局限性

首先，我要讨论的是平衡全球银行业监管标准与地区特殊情况的挑战。

去年12月，巴塞尔银行监管委员会经过长达八年的全球合作，终于敲定了《巴塞尔协议Ⅲ》，确定了一套复杂的监管规则。

我十分支持在欧盟内实施这套监管标准，并热切期待美国能够采取类似立场。只有美国和欧盟都信守承诺，全面执行包括交易账簿基本审查（FRTB）在内的《巴塞尔协议Ⅲ》规则，我们才能避免监管冲突或监管套利，为国际银行营造一个可靠的监管环境。

但请注意两个限制性条件：首先，这些只是针对开展国际业务的银行的最低标准。

由于《巴塞尔协议》的规则只是最低标准，各国完全可以自行制定更严格的规定。比如，瑞士就实行了更高的杠杆率要求。英国则规定银行必须隔离基本职能与风险业务。这并不是巴塞尔银行监管委员会提出的要求，英国可在其管辖范围内自行决定如何实施。

第二个限制性条件是，这些标准只针对开展国际业务的银行。因此，对那些规模较小、只在本土经营、对国际金融稳定没有威胁的银行，各国可以自行决定采用何种监管规则。大部分国家对小型银行的监管比较宽松，以减轻它们的运营负担。我极力主张普及这种监管力度与风险程度相匹配的做法。因为危机后针对全球性银行的监管改革十分复杂，给区域性小银行带来了过于沉重的负担。

总之，我们应当将精力集中在真正具有全球影响力的领域，如监管跨国经营的大型银行，并让各国自行监管只在本土经营的小银行。

## 3.4.4 监管合作的挑战

第二个需要重新权衡全球合作程度的领域是监管合作。

与监管类似，我们需要重新评估哪些情况需要引入全球统一规则，哪些情况更适合由各国自行其事。因此，我们可能会在某些领域产生更多分歧，但也希望在其他领域能有更多合作。

产生更多分歧的领域可能是提高外国银行分行和子公司的准入许可要求。就以欧盟引入中间控股公司（IHC）等效制度的讨论为例。欧盟正在讨论的一项草案要求，外国银行须在欧盟设立统一的中间母公司（IPU），以更好地管理其在欧盟的业务。这一制度类似于美国的中间控股公司制度。这一草案很有可能会成为正式的法律。理由很充分，因为我们确实需要更清晰、全面地了解在欧洲开展业务的国际银行的整体情况。更重要的是，我们需要确保能在动荡时期对国际银行采取有效行动，否则就无法履行维护金融稳定的职责。但请不要误会，这绝非为了加大外资银行的市场准入难度——德意志联邦银行将继续主张给予外国银行公平的市场准入机会。

因此，期望仅凭一份执照就能为在全球范围内自由提供服务的想法越来越不切实际了。这从某种程度上说很令人沮丧，却是一种贴合实际的做法。

然而，这并不意味着全球合作会减少。事实恰恰相反。来参加这次会议前，我还和兰德尔·夸尔斯一起参与了一场会议。为全面掌握全球性银行的运营情况，美国、英国和欧盟政府之间的三方合作将变得至关重要。虽然这在经济繁荣时也相当重要，但在危机时期尤甚——尽管金融稳定理事会在这方面取得了一些进展，但清算一家全球性银行仍然如同一场噩梦。而且，英国"脱欧"也将加大各监督机构之间的合作需求。在英国退出欧盟后，跨国银行的半正式监督联席会将变得愈加重要，尤其是在监管标准出现分歧的情况下。

在此，我无法给出一个明确的解决方案。首先，即便存在一些分歧，我们也必须承认，缺乏合作将对全球和各国金融稳定造成巨大冲击。有时候，这意味着我们应该接受一些与眼前利益不符的解决方案。

其中牵涉最深的就是保护主义的问题。产业结构变革对工业国家来说当然也是个艰巨挑战。但是，征收保护性关税并不可行，因为这可能会激起报复性反制措施，进而陷入贸易战——我再次郑重警告，没人能从贸易战中获益。虽然一些国家可能会认为这是聪明的做法，但单打独斗的思维其实是最短视的。我相信，新一届德国政府将以欧盟和全球规则为基础，坚定推进基于规则的公平贸易政策。

## 3.4.5  金融全球化和跨境银行的未来

在国际银行监管与监督跨境合作方面，我们仍在努力重新调整平衡。这些努力不会将现有制度推向极端的"非黑即白"状态，而是旨在引导其向更成熟稳健的方向发展。这也体现在跨境银行的发展轨迹上。

近年来的金融格局变化甚大，但这并不意味着全球金融的终结。不妨简略梳理一些客观事实，就能发现有两个趋势格外突出。

首先，虽然资本流动水平自2007年以来一直在下降，但这其实是自2000年以来资本流动过度扩张后的合理回调。从20世纪90年代到21世纪初，资本流动相对于国内生产总值增长了一倍多；若是只看绝对数值，从21世纪初到2007年，资本流动已经翻了五倍。然而，到了2016年，资本流动已经回落到世纪之交时的水平。回顾金融危机期间的资金冻结以及由此引发的市场动荡，就会发现这种下降实际上是一个合理的去风险趋势，将资本流动降低到与风险相符的水平。

第二大趋势是2007年以来全球金融结构的重大变革。虽然各类资本流动均有所下降，但过半的下降额都来自跨境贷款。

据国际货币基金组织和麦肯锡公司分析，出现这种下降的主要原因是欧洲主要银行和部分美国银行开始缩减海外业务，减少对跨境批发融资的依赖。与此同时，外国直接投资和证券投资等稳定资本流动自金融危机后反而有所增长。

总之，我们不应过于夸大2007年以来跨境资本流动的下降，毕竟危机前的经济存在严重的泡沫。此外，自金融危机以来，跨境银行的业务规模和结构实际上都已经更加稳健了。

这表明，企业对全球化的狂热似乎有所降温。企业开始认识到跨国经营确实存在风险，并且意识到过度依赖短期批发融资是相当有问题的。

这些变化不是全球金融衰退的信号，而是金融市场走向成熟的体现。

## 3.4.6 结语

女士们，先生们，我生于美国，长于德国，并在欧洲各地都工作过。我持有美国、德国双重国籍，同时也是一名欧盟公民。

若美德两国的合作关系破裂，于我而言如同将自己的人格撕裂。但我也明白，我的两个家园有着不同的偏好和规则。我们已经设法克服了一些差异，这确实是了不起的成就，可我们不应试图强行抹平所有差异。

我们有责任在全球经济政策合作和扩大国家主权的诉求之间寻求新的平衡。我们应珍惜跨境金融在规模和构成上的日渐成熟，以及其可持续化的发展；我们应恪守制定《巴塞尔协议Ⅲ》时做出的承诺，尽管它对非国际银行有一些局限性；我们还应该克服对加强监管合作的顾虑，因为其重要性将会与日俱增。

美欧金融关系在未来将更加错综复杂，但这未尝不是一件好事——这种复杂性不会使双方关系降至冰点，反而会助推我们的关系走向成熟。

谢谢大家的倾听！

\* \* \*

# 3.5 《巴塞尔协议Ⅲ》：已经尘埃落定了吗？

2018年1月29日，法兰克福，法律与金融研讨会议上关于《巴塞尔协议Ⅲ》的讲话

谢谢！尼古拉斯。很荣幸能在这次专家小组会议上发言。我谨代表德意志联邦银行对众多应邀与会的专家致以热烈的欢迎！

首先，我想要开门见山地说明我的立场：我坚决支持最终敲定的《巴塞尔协议Ⅲ》方案——在当今时代，制定全球性的最低标准是一项重大且值得

称道的成就。这一最低标准有助于稳定全球金融系统，并防止监管套利。在谈及《巴塞尔协议Ⅲ》时，许多银行和说客可能会认为"事态远没有看上去那么糟糕！"当然，他们希望该协议标准的执行有所放宽。但我不得不说，即便从他们的立场出发，我也不会抱有这种侥幸心理。

放眼未来，所有巴塞尔银行监管委员会的成员国都必须竭力确保《巴塞尔协议Ⅲ》的全面实施。不过，在强调《巴塞尔协议Ⅲ》重要性的同时，我们也不应忘记其初衷和局限性。首先，《巴塞尔协议Ⅲ》只是最低标准；其次，这些所谓最低标准只针对开展国际业务的银行。关于第一点，我简单说明一下：由于巴塞尔协议标准只是最低标准，各国可以自行制定更严格的要求。至于第二点，《巴塞尔协议Ⅲ》的适用对象仅限于开展国际业务的银行。因此，各国可以自行以不同的监管规则约束规模较小、仅在国内开展业务且不会对国际金融稳定构成威胁的银行。

总之，我们应当将精力集中在真正具有全球影响力的领域，如监管跨国经营的大型银行，并让各国自行处理更适用本土化规则的任务，如监管只在本土经营的小银行。在这方面，我们应牢记英格兰银行前行长默文·金的话："银行的发展壮大靠全球化，生死存亡之际却要靠国家。"我要阐明一点：全球统一标准不可或缺，但在实际执行过程中，我们不能"一刀切"地将其应用于不同国家的银行系统。所以，一言以蔽之：是的，《巴塞尔协议Ⅲ》已然尘埃落定，我们应刻不容缓地推进其实施。

在我看来，有一点至关重要：在实施《巴塞尔协议Ⅲ》后，我们需要一段监管休整期，因为监管疲劳不容忽视。但请不要误解我的意思——这绝不是为监管俘获或放松监管开绿灯。虽然银行已经疲于应对新监管规则，监管工作人员也同样疲于应对银行（未经许可的）游说。从这个角度出发，我确实期望业界能调整经营模式以适应新规。股市对《巴塞尔协议Ⅲ》折中方案的积极反应，在我看来是对监管确定性价值的肯定，所以我们要继续朝着这一方向努力。因此，我要在此重申《巴塞尔协议Ⅲ》的目标，即减少风险加权资产的波动，而非单纯地提高监管资本水平。在随后的实施阶段，我们仍将致力于实现这一目标。所以，对于我们的核心问题，我的回答是：是的，《巴塞尔协议Ⅲ》已然尘埃落定。

因此，再纠结于《巴塞尔协议Ⅲ》的效果或期望效果的讨论已无多大意义。我们现在需要讨论的是如何在实际实施过程中更贴近所敲定的标准，同时充分考虑到各国的特殊情况。做到这一点之后，我们就可以进入监管休整期，回头审视各项改革措施是否协调，以及是否发挥了应有的作用。同时，我们也需停止抱怨产出下限那1%或2%的微小升幅，而应开始讨论真正可能危及金融系统的实际问题，包括网络犯罪在内的诸多挑战还等着我们应对。

* * *

**注释**

1. 在单一监管机制中，用于银行监管的人力资源通常是按照全职当量（Full-Time Equivalent，FTE）人数来计算的。

2. H. P. Minsky（1986），Stabilizing an Unstable Economy，New Haven，CT：Yale University Press.

3. J. R. Barth，G. Caprio and D. S. Levine（2012），Guardians of Finance：Making Regulators Work for Us，Cambridge，MA：MIT Press.

**4**

# 落伍了吗?
# 气候变化对银行监管的影响

# 4.1　落伍了吗？气候风险对银行风险管理的影响

*2017 年 10 月 2 日，星期一，于新加坡国立大学的讲话*

## 4.1.1　引言

女士们，先生们：

当我与一位同事分享我即将前往新加坡发表演讲的消息时，他提起了自己几年前游览新加坡动物园的经历。那次游览中，他参加了该动物园著名的夜间野生动物园活动，并观赏了其中一场表演。

出乎他意料的是，那场表演并非旨在展示夜行动物在自然栖息地的生存状态。表演主角是一只勤劳的小黄鼬。它在培训员的指令下进行垃圾分类，准确无误地将塑料瓶、易拉罐等废弃物装入不同容器。

据他所说，表演临近尾声时，主持人向观众解说塑料制品是由有限的化石燃料制作而成。所以，倘若将塑料废弃物焚烧掉而不做循环利用，便会排放温室气体，导致气候变暖。令我同事感到万分惊讶的是，表演结束时，全场观众齐声高呼起"减少使用，物尽其用，循环再用"的口号。

我从同事的这番经历中得到两点启示：一是我也应该亲往夜间野生动物园观赏那只训练有素的小黄鼬表演；二是气候变化已经深深地渗透到我们的日常生活中。

## 4.1.2　气候变化的诸多影响

温室气体排放无疑是当今时代最大的"负面外部效应"。科学界一致认为，当前排放量已远超大自然的承受极限，温室气体正不断在大气中累积，引发了气候变化这一严重后果。

气候变化影响着我们生活的方方面面，这已是众所周知的事实——生活水准、人口迁移、技术发展和经济状况无不与其相关联。

然而，气候变化对金融业有何影响却是一个较新颖的话题。2015年可以说是这一话题发展的转折点。当年，中国主持的G20峰会首次将"绿色金融"纳入议程。德国接任成为主席国后也继续深化了对该主题的探讨。同年，我们还见证了《巴黎协定》的达成。我稍后会进一步详谈这一协议。最后值得特别一提的是，英格兰银行行长马克·卡尼在伦敦的一次讲话为该话题后续的讨论提供了框架。

自那以后，我们对气候变化如何影响金融业的认知又有何进展？

## 4.1.3 有关绿色金融和气候风险的讨论

"绿色金融"无疑是这场讨论的核心主题，但其定义和应用却未能达成一致共识。气候变化对金融业的诸多影响，均可纳入"绿色金融"框架之下进行探讨。从狭义上说，绿色金融指金融业在缓解气候变化影响、促进环境可持续发展方面的各种贡献，如引导资金向绿色技术领域流动。

在绿色金融的讨论中，我们不免会谈及气候变化给金融业带来的潜在风险，以及金融机构为规避这些风险应当做出的调整。

这正是我今天想重点探讨的内容。我将从风险的角度切入，探讨以下核心问题：我们是否低估了与气候变化及向绿色经济转型相关的金融风险？

对此我的答案是：我们确实低估了这些风险。但我的回答并非一句简单的断言，接下来我将进一步阐述我的观点。

## 4.1.4 气候风险的特征

那么，气候变化对金融业产生了哪些潜在影响？只需稍加留意即可发现，潜在影响比比皆是。但在我看来，气候变化主要通过两大渠道对金融业造成冲击。

### 4.1.4.1　第一大渠道：物理风险

第一大渠道最为直接，且涉及一切与极端天气事件或气候条件变化相关的物理风险。洪水和暴风雨都会严重损害私人和公共实体资产。

以现在的大西洋飓风季为例。根据多项气象指标，这无疑是多年来最严峻的一个飓风季，造成的损失也将创下新高。评级机构和再保险公司的初步评估显示，该飓风季将导致数千亿美元的巨额损失。仅一场飓风"哈维"过后，灾后重建费用就可能高达1800亿美元，甚至高于2005年飓风"卡特里娜"约1600亿美元（按现值估算）的重建成本。

而干旱和其他更为持久的地区气候变迁事件，则可能对农作物产量造成毁灭性打击，削弱农业及相关行业的生产力。

显然，极端天气事件或气候条件变迁都会使公共部门和私营部门蒙受巨大损失。

金融业也面临着同样的损失。如果这些损失能够通过保险得到赔付，那么气候物理风险就会累及保险业。如果保险无法赔付这些损失，银行和其他金融机构就会受到影响。例如，物理风险冲击下，普通家庭更有可能拖欠贷款和抵押贷款，而其抵押品也无法弥补这些损失。而一旦企业盈利率下降、资产负债表衰退，银行面临的信用风险也会相应上升。

本地或全球供应链中断、生产力下降等更广泛的经济连锁反应，都可能造成更大的巨额损失，导致金融机构所持有的投资资产贬值。最终，经济活动受损将加剧主权国家的财政窘境，进而增加主权违约的风险。

英格兰银行收集的数据显示，过去三十年，全球每年因天气相关事件造成的平均损失增加了约两倍。与此同时，无保险覆盖的损失比例也逐步攀升。如果极端气候事件的发生频率和破坏力如预期般不断提高，那么这类风险的可保险性将受到质疑，保险覆盖缺口也将因此进一步扩大。

这就引出了一项认知上的重大突破。如我们所见，无法投保的风险显然是金融稳定的长期风险。银行和其他金融机构都需要认识到这一点。

人们逐渐意识到极端气候事件可能带来毁灭性影响——这种影响不仅局限于经济层面，更将波及全人类和大自然的生存与发展。国际社会也已经开始采取行动。为减轻气候变化影响，将近200个国家于2015年12月共同签署了《巴黎协定》。该协定随后开始生效。各缔约方一致同意："把全球平均气温较工业化前升高幅度控制在2℃之内，并为把升温幅度控制在1.5℃之内而努力。"

实现这一目标至关重要，而且需要所有国家付出巨大努力。因此，美国政府目前对该协定的反对态度令我深感担忧。但与此同时，各国政府也表达了实现这一艰巨目标的坚定决心。现有的科学证据表明，如果我们能实现这一目标，那么物理风险将会大幅减少。

但这也会引发另一种风险——转型风险。这也是我要谈论的第二大渠道。

### 4.1.4.2　第二大渠道：转型风险

事实上，只有全球各经济体都转型为绿色低碳经济体，我们才能达成《巴黎协定》的目标，即将平均气温升幅控制在2℃以内。实现这一转型不仅需要技术领域的开创性突破，也需要在气候政策层面进行深层变革。

毫无疑问，这种转型将推进市场重新评估各类资产的价值。转型以及随之而来的资产重新定价的快慢和有序性，都可能会对金融机构的稳定性产生重要影响。

为了更具体地阐述这种转型的影响，我们需要先了解一下"碳预算"这一概念。实现《巴黎协定》的目标需要限制全球碳排放量。联合国政府间气候变化专门委员会估计，要实现"2℃"内增幅目标的概率达到50%，那么从现在起到21世纪末，全球至多只能再排放约1.1万亿吨二氧化碳。剩余碳预算越低，成功实现目标的概率就越高。

据估计，全球目前已探明的化石燃料储备所蕴含的碳总量大约为2.8万亿吨。这意味着，为了有较高概率实现"2℃"目标，我们必须停止开采利用约三分之二的已知煤炭、石油和天然气资源。但许多企业的基础价值在很大程度上依赖于这些储备资源的开采——尤其是从事化石燃料开采和提炼的企业。受影响的也不是仅有这些企业。世界自然基金会（WWF）的数据显示，目前已探明的全球化石燃料储量中，过半数是上市的化石燃料企业在资产负债表上列出的资产。如果无法开采利用这些化石燃料，其相应资产就将一文不值，成为所谓的"搁浅资产"。

各国政府将通过出台与气候相关的法律法规决定是否真正限制碳排放。目前，政府加大干预的趋势已经十分明显。《全球气候法规研究报告》显示，自1997年起，与气候变化相关法律和政策的数量每四五年就会翻一番。虽然近期相关法律政策数量增长有所放缓，但总体趋势依然清晰。

如今已有不少化石燃料和能源业企业急剧贬值。美国前四大煤炭生产商就是人们常常提起的一个例子。自2010年以来，其总市值已暴跌90%以上。德国的上市公用事业公司也遭遇了严重贬值。这些案例不仅证明了转型风险的存在，也表明了市场具有未雨绸缪的能力。

重要的是，我们要认识到转型风险并不限于化石燃料生产企业或能源企业。目前依赖化石燃料或高能耗的其他行业，如运输、物流、汽车、化工和重工业等，同样可能受到转型成本的冲击。但这些第二轮、第三轮效应极为复杂，目前只能通过同样复杂的假设情况进行量化。

金融业的风险敞口清晰可见。因为保险公司、养老基金和其他投资者不仅会直接投资相关问题行业，还总是追求投资组合与资本市场指数保持一致，而后者往往包含大量可能受转型影响的行业。正如我们讨论物理风险时所提到的那样，贷款人会因为抵押品贬值或借款人的经营模式不再盈利而面临风险。但为公平起见，我们也需要考虑到，一些绿色经营模式的盈利能力和财务回报可能达不到投资者预期。

转型开始得越早、可预测性越高，转型风险也就越小。道理很简单，政府拖的时间越长，之后就需要采取更多行动来实现目标。

## 4.1.5 未来之路

我们已经确定了两大风险类别：直接与气候变化相关的物理风险，以及与社会对气候变化的反应相关的转型风险。

在演讲伊始，我提出了这样一个问题：我们是否低估了这些风险？我认为我们确实低估了。识别风险、监测风险和管理风险之间存在区别。我们或许识别出了风险，但却没有认识到其重要性。这一现状亟待改变。在接下来的演讲中，我想讨论的正是如何改变这一现状。

由于种种原因，要了解我所谈及的风险本身就极具挑战性。首先，我们面临的是长期的发展变化，其结果具有不确定性；其次，历史数据并不能为我们提供有效的预测依据；最后，整个发展过程都将深受政策决策的影响，进而带来更多不确定性。

另一个典型问题是，分析家的视野通常局限于五年之内。他们依赖过去的经验，通常只关注短期内会发生的情况。这意味着，分析家可能会忽视长期、非线性、非周期性且超出预测期限的风险。换言之，市场参与者面临着视野受限的困境。

将长期发展纳入分析的一大障碍在于，我们缺乏由发行机构给出的前瞻性数据。由于披露框架未规范化，与气候相关的金融风险数据往往稀缺杂乱。为了改变这一情况，金融稳定理事会近期召集了相关从业人员，组成了一个特别工作组。该工作组提出了一些建议：企业披露此类风险时，应秉持自愿、统一且公开透明的原则。这是改变现状的重要一步，其成功与否将取决于是否有足够多的企业遵循这些建议。与此同时，G20也在努力提高公众获取公共环境数据的便利性。

我们亟须采取下一步行动——改进分析工具。许多银行与机构投资者还没有能力识别和量化将环境因素纳入资产估值所带来的风险。德国担任G20轮值主席国期间，推动金融行业使用环境风险分析便是一项重要议题。诚然，这首先是金融机构的职责所在。银行需要将气候风险纳入风险管理之中，这一点对长期项目的融资尤为重要。

德意志联邦银行和其他中央银行正在积极努力，提升自身分析气候风险的能力。但我认为，中央银行还可以发挥更大的作用。作为与金融机构保持密切联系的监管工作人员，我们可以增进对物理和转型风险的认识，并确保它们得到应有的重视。在适当情况下，我们也会将气候相关风险纳入监管风险分析中。例如，对于由物理或转型风险引发的投资组合风险的分析，即所谓的碳压力测试，目前仍未受到广泛关注。但我认为，我们必须改变这种情况。

此外，中央银行也可以在知识积累方面发挥作用。例如，荷兰中央银行已经建立了可持续融资平台，以促进和鼓励金融业就可持续融资展开对话。希望不久的将来会涌现更多类似的倡议，并在推广相关知识方面发挥重要作用。

为企业和金融市场提供有关气候相关法律法规政策路径的指引，是政府的一项重要职责。倘若政府和相关主管部门能够重视即将到来的经济转型，并保持政策的稳定性和可预测性，企业和市场就将有更充足的时间来理解和适应相关政策。企业和市场越早开始调整投资组合，就能越快纠正资源配置上的错误，受转型风险的影响也就越小。

## 4.1.6 结语

女士们，先生们，大气中二氧化碳含量不断增加，同样，这个会议室里的二氧化碳浓度也在不断上升。在该浓度达到临界值之前，请容我简要总结此次演讲。

我们已经识别出气候变化以及我们的应对措施可能会给金融业带来的两大类风险——物理风险和转型风险。我们也对这两大风险的作用机制有了基本认识。但我们尚未充分认识到这些风险的重要性，也不确定金融机构和金融市场是否已经充分考虑了这些风险。

我已列举了若干我认为将有助于实现这一目标的步骤。显然，我们在这方面的工作才刚刚起步。

法国作家维克多·雨果曾说："人无法抗拒一个时机已经成熟的理念。"我认为，经济转型和金融业的绿色化正是时机已经成熟的理念。所以，让我们马上行动吧。

\* \* \*

## 4.2　更绿色的金融就是更好的金融吗？金融业应绿色化到何种程度？

*2018年3月7日，法兰克福，于德意志联邦银行"银行监管对话"研讨会的演讲*

### 4.2.1　引言

女士们，先生们：

衷心欢迎各位来到德意志联邦银行主办的"银行监管对话"研讨会。我很荣幸能够在第20届研讨会上致开幕辞。

在座的部分嘉宾可能会好奇，为什么德意志联邦银行的第20届研讨会选中了这个主题。我们真的要聚在这里讨论温室气体、极地冰盖融化和濒危物种，而不是信贷风险、自有资金和银行业联盟吗？德意志联邦银行真的已经满不在乎了吗？

女士们，先生们，事实恰恰相反。事实上，德意志联邦银行研讨会在过去20年里，一直致力于探讨那些推动金融界发展的热点话题。我也想利用自己任期内的最后一次研讨会，来探讨一个事关我们生死存亡的议题：气候变化以及金融界所发挥的作用。

这一话题的重要性日益凸显，尤其是在2015年《巴黎协定》获得通过并几乎得到全球所有国家批准之后。这项全球性的承诺标志着人类为遏制气候变化采取的共同行动，是几十年努力的最终成果，也是人们曾认为永远无法实现的一项壮举。这一全球协议的达成，正是基于对气候变化人为成因的清醒认识，以及唯有全人类通力合作才能减缓其影响的共识。

该协议似乎取得了成功，但并不是所有人都认识到在巴黎举办的联合国气候变化大会的意义。对大多数人来说，那仍然只是个抽象的约定，旨在把全球平均气温较工业化前升高幅度控制在2℃之内，同时努力将升温幅度控制在更低水平。但是我们都需要意识到一点：哪怕国际社会只有一半的决心来实现这个"2℃"艰巨目标，我们也必须对所熟知的经济体系进行一些深刻变革。而且，我们行动得越晚，所需的干预措施就将愈加彻底。我们总不能指望地球来为我们铺平道路。

具体而言，这意味着我们需要比以往任何时候都更加勇于作为。我们需要从系统层面来审视这个问题。每个经济领域都需要做出调整，正确评估并内化气候变化的外部效应。这些调整不仅仅意味着削减二氧化碳排放量，更意味着彻底改变我们的经营方式，进而影响整个经济和社会的发展进程。

我认为经济中有三个可应对气候变化的具体反馈调节机制。首先是未来的绿色能源。我们已在这一领域取得了长足的进步。其次是绿色运输系统。但很遗憾，我们并没有在这一领域有什么值得一提的成果。最后是可持续和绿色的食物供给。我们目前并没有什么可靠的预测来展望其发展前景。

毫无疑问，金融业也必将受到这三个反馈调节机制的影响。作为实体经济的信贷提供者，银行和储蓄银行不可能置身于经济绿色化进程之外。这便是此次研讨会选择这个主题的缘由，也是我以此为题作开场致辞的原因。

我想各位或多或少都听过"绿色金融"这个词。从根本上说，绿色金融关注的是金融业如何应对气候变化，如何通过将资金引入环保技术和环保产业领域以减缓气候变化影响、促进生态可持续发展。绿色金融的核心内容还包括金融业如何从上述领域的发展中获益。对我而言，绿色金融更像是"耐心金融"，即金融业首先要关注自身行为的长期影响。这无异于一次范式转变。我们能否克服短视思维？我们能否真的优先考虑长期投资而非短期交易机会？我们难道不想成为"买入并长期持有"的股东，而非获利甚微的高频交易员吗？今天的这场研讨会正是为了提高大家对这些问题的重视程度。

但还有一个方面至关重要，尤其是从银行监管的角度来看，那就是气候变化和经济转型可能会给金融业带来的风险，以及金融机构需要做出多大程度的调整，以有效规避这种风险。

最后，作为中央银行家和监管工作人员，我们需要正视的问题是：在向绿色金融系统转型的过程中，我们能够发挥何种作用？我们计划发挥何种作用？金融行业所面临的风险、未来的机遇和监管机构发挥的作用，正是我今天在这里演讲的主要内容。

## 4.2.2 从风险视角出发：我们到底在谈论些什么？

让我们首先从风险视角出发展开讨论。一提到气候变化，大多数人首先想到的是自然灾害：暴风雨、热浪、干旱、洪水和飓风。各位也许还记得，去年的大西洋飓风季节是有史以来最严重的飓风季之一。如此严重的天灾给人类带来了深重的苦难，也带来了经济风险，或者说"物理风险"。这些风险不仅会威胁个人的生命财产安全，也冲击着政府预算、保险公司和其他金融机构。

这些风险造成的损失正体现在非寿险保险公司和再保险公司的资产负债表上。仅2017年的飓风季就造成了逾2000亿美元的损失。这样的天文数字自然会上头条新闻。但若是通过银行和储蓄银行融资的资产受损，如房地产、生产设施和可交易商品等，那么银行和储蓄银行也会受到自然灾害的直接影响。这可能会间接扰乱价值创造和供应链，进而引发一系列连锁反应，最终影响银行的客户。而且，随着气候变化加剧，自然灾害的发生频率和预期损失金额也在急剧上升，可这并不代表与气候相关的损失就能够获得保险赔付。

但我们的分析不能止步于此。除了气候变化的直接影响，我们还需警惕另一些风险。因为向低排放转型的经济绿色化过程，本身也是潜在风险的来源，即"转型风险"。

该风险产生的背景如下。实现这一转型需要开创性的技术突破，以及气候政策上的深刻变革。所有的经济部门都会受到这种发展的影响。我可以肯定地说，这些重大变革将迫使市场参与者重新定价许多资产。

在座的各位对"搁浅资产"一词有印象吗？为实现"2℃"目标，我们需要控制全球二氧化碳排放量。据粗略估计，我们的剩余二氧化碳排放预算可能已不足1.1万亿吨。然而，目前已探明的全球化石燃料储备所蕴含的二氧化碳含量却高达这个数字的三倍之多。这意味着，我们不得不放弃开采利用大部分的化石燃料储备资源。但问题在于，许多企业的资产估值在很大程度上依赖于这些化石燃料储备资源的未来预期价值。而一旦这些资源被搁置，它们便只是一文不值的"搁浅资产"。这些资产的贬值将危及相关企业的生存。以美国主要煤炭企业为例，它们的市值在过去五年里已经缩减约60%；若是从十年前算起，减幅更是高约90%。而与此同时，整个美国股市却是一路高歌猛进，屡创新高。

这只是诸多例子之一。转型及随之而来的资产重新定价的速度和有序性，都可能会对整个经济部门的稳定性产生巨大影响。所以，每当企业和投资者因必须随时准备响应短期政策动向而无法进行长期规划时，问题便凸显出来。这可能会导致悬崖效应，引发经济动荡和经济损失，进而影响金融系统及其稳定性。

## 4.2.3　德国银行系统中的气候风险

现在，让我们直接从理论讨论转向实践。向低排放经济转型会在多大程度上影响德国的银行和储蓄银行？

乍一看，德国金融机构向高二氧化碳排放行业发放的贷款似乎不足挂齿：目前德国银行向煤矿公司发放的100万欧元及以上贷款的总额不足10亿欧元。然而，对于某些金融机构而言，向煤矿公司发放的贷款可能占其已发放的100

万欧元及以上贷款的1%~2%。因此，我们在这方面不能掉以轻心。

此外，我们也需谨记绿色转型过程将产生更广泛的连锁反应。如果将贷款范围扩大到涉及原油和天然气开采以及煤炭和矿物油加工的公司，银行发放的100万欧元及以上贷款的总额将达到约200亿欧元。个别金融机构向这些行业发放的100万欧元及以上贷款高达其贷款总额的6%。

若贷款范围包括能源供应商，这个数字将进一步增大。约有60家机构向上述行业发放的100万欧元及以上贷款超过其贷款总额的10%，部分机构的这一比例甚至高达20%。

大家应该领会到我要表达的意思了——这种连锁反应可能会持续相当长一段时间。现在的主要问题是，我们能从这些数据中得出什么结论？

首先我要说，即使基于这种相对粗略的情况概览，我们也无法排除个别机构面临重大风险的可能。不过，我们仍需注意以下几点。

第一，我提供的数据比较笼统，许多关联关系不太明确。并且，计算中的许多借款方都是大型企业集团，它们只有部分收入来自高耗能行业。

第二，绿色转型过程如何展开还存在很大不确定性，因此我们也不能肯定究竟哪些行业会受到何种影响。以汽车行业为例，我们很难预测个别制造商或个别国家的汽车行业将在多大程度上受到经济转型的影响。政府将出台何种气候政策措施——是限制排放、实施车辆禁令，还是推广免费公共交通？可持续交通将采用何种技术标准？汽车制造商在这些技术上将能否处于领先地位？

换言之，我们正处于未知领域。目前形势尚不明朗：回顾历史违约概率和违约损失率毫无意义，而成熟的风险模型也无法提供太多帮助。因此，我们面临着巨大的不确定性。

## 4.2.4 银行如何应对风险

那么，接下来的问题就是我们需要采取什么行动？

如果大家只能从我的演讲中记住一点，那么我希望是这一点：仅从企业社会责任的角度来审视绿色金融是远远不够的。我们需要将潜在的气候相关风险作为风险管理的一部分来考虑。换言之，银行和储蓄银行需要了解自身、客户以及客户的经营模式受到气候相关风险的影响程度，并且需要意识到这对它们的金融风险敞口意味着什么。

我们并不需要另起炉灶来解决这个问题，那只会是白费力气。尽管我们面临的是新风险，但其影响与已有的信贷风险、市场风险和运营风险等金融风险并没有什么本质区别。

但我们也不该过分从简。仅让风险经理列出对几个高排放行业的风险敞口，并得出它们单独来看都是可控风险的结论远远不够。绿色转型是一个错综复杂的过程——这一过程才刚刚开始，并将催生我们现在才略知皮毛的新风险传导机制。

在这一转型过程中，历史数据和既定的统计程序并不像以往一样适用。情景分析可能有助于提高人们对这一系列问题的重视。此外，我们还需积极探讨金融系统中的最佳实践。通过相互交流，我们可以制定新的风险衡量方法，并评估其有效性和益处。

## 4.2.5　银行如何从转型中受益

女士们，先生们，气候变化是一个全球公认的挑战。但我们也不应忘记，向绿色经济转型不仅给金融机构带来上述风险，更蕴含着巨大的机遇。就此而言，绿色金融绝不只是企业树立绿色形象的一个机会。

这是因为经济转型必将为银行和储蓄银行开辟新的业务领域。过去几个世纪发生的所有重大社会变革，背后都有金融从业者的支持和推动。如今，我们也需要再次发挥同样的作用。

只看转型所需的投资规模，其中蕴含的机遇就一览无遗了：实现《巴黎协定》所规定的"2℃"目标预计需要数十万亿的全球投资。欧盟委员会预计，为在2030年前实现《巴黎协定》目标，欧洲经济区每年将需要1800亿欧元的额外投资。

所以，我所说的机遇正是能源供应等领域的重大项目。但如果可持续性标准能发挥更大作用，那么即使是住宅物业融资等日常金融服务也可能受到影响。金融机构的机遇也在于为技术进步和创新提供资金，如能源生产、输送和储存、电动交通和高效回收等。

最后，我们也注意到近年来个人投资者对绿色投资的需求飞速增加。从2006年到2016年，德国、奥地利和瑞士的可持续投资规模增长了12倍多，从约200亿欧元增长到逾2400亿欧元。

由此可见，这一领域的潜力是巨大的。我认为，转型的挑战在于以负责任的方式引导并塑造转型过程。

我的意思是，想要参与绿色投资融资的信贷机构需要尽早获取或增加相关领域的专业知识。因为无论初衷多么高尚，各机构都必须首先保证自己不会陷入典型创新风险的泥淖。凡是备受吹捧的技术和创新产品，都有估值失真和价格骤然修正的风险。只有真正的专家才能在时刻警惕潜在危险的同时，满足客户的未来期望和需求。若想从经济转型中获益，金融机构就必须同时具备这两种能力。

## 4.2.6　监督和监管应绿色化到何种程度？

我已经详细阐述了气候变化和经济转型对在座各位工作的影响。但这对监管和监督意味着什么？换言之，监督和监管应绿色化到何种程度？

在展开进一步讨论之前，我想先打消大家的顾虑——各位不需要另起炉灶来解决风险管理问题，同样，银行监管机构也不必提出全新的审慎监管要求。《风险管理最低要求》以及相应的欧盟规则已经明确要求，金融机构必须将面临或可能面临的所有重大风险纳入考虑。因此，从这个角度来说，现有监管框架已经覆盖了新的风险来源。

但毫无疑问，监管机构有责任提高金融机构对气候相关风险的意识——尤其是在风险初现的阶段。通过举办今天的研讨会，我们正在为此作出贡献。此外，在德意志联邦银行与信贷机构的监管会议中，气候相关风险同样会是一个重要议题。

我坚决主张，监管机构和中央银行应发挥示范和引领作用，推动金融机构的变革和发展。这意味着二者应帮助金融机构加深对风险机制的理解。正是出于这个原因，"绿色金融网络"才在不久前应运而生。绿色金融网络将为世界各地的中央银行和银行监管机构提供一个平台，就金融业的气候风险、监管问题和绿色债券等议题交流看法。无论监管机构的目标为何，确立统一的分类标准和定义都至关重要，因为这是在绿色金融领域制定可靠标准的基础。克拉斯·诺特稍后会向大家详细阐述这一点。

作为监管工作人员，我们从不逃避在银行资产负债表脱碳过程中应负的责任。然而，银行监督和监管工作人员还面临着其他颇具风险的要求。我对此正保持着密切关注。

在讨论如何实现《巴黎协定》目标时，一部分人建议利用审慎监管框架，主动引导资金从碳排放量大的行业流向更环保的行业。更确切地说，最近有人要求银行监管纳入特殊规则，通过资本要求等手段限制银行资产负债表上不环保的"棕色"投资，或是支持"绿色"金融资产。呼吁者称该做法为"绿色支撑因素"。

然而，环保意义上的可持续性并不一定伴随风险降低——我在今天的演讲中已经提及过创新风险。因此，资本要求应该只基于一个因素来计算，那就是相关敞口的风险水平。金融市场监管，尤其是银行监管，应专注于其核心任务，并继续以风险为导向。淡化监管职责将引发利益冲突，最终危及金融稳定——这绝不是我们想要得到的结果。

欧盟委员会今日公布了其可持续金融行动计划。对我们而言，重要的是金融绿色化不能通过金融市场监管和银行监管的暗箱操作来实现。在落实可持续金融行动计划时，我们将会密切关注这一点。

决策制定者可以利用税收激励措施等其他传统手段，来推动绿色经济领域的发展。这种做法更有效，也不会对金融稳定产生不利影响。

## 4.2.7 结语

女士们，先生们，《巴黎协定》是对气候保护的一项坚定政治承诺。现在的关键是要确保将气候保护目标融入市场经济。只有在市场机制朝着正确方向发挥作用时，经济绿色化才能取得成功：可持续的行为应有回报，而危害环境和后代的行为应变得无利可图。

虽然气候变化是决策制定者最应重视的议题，但却并非只与决策制定者相关。金融机构同样肩负着将气候变化和气候政策议题纳入风险管理实践的重任。提前规划并及早着手应对气候变化、气候政策和气候风险至关重要——请记住，我们正处于一个未知领域。但风险往往与机遇并存。银行和储蓄银行作为实体经济的信贷提供者，不仅可以从经济绿色化进程中获益，也能够引领和推动其发展。

监管机构也需要意识到所肩负的责任，以身作则，避免滥用职权。更确切地说，滥用监管来推动经济发展是错误的做法。因此我认为，引入会削弱对风险关注度的绿色扶持因素毫无价值。不过，我认为可以考虑对"棕色"金融实施反向激励措施——但这些反向激励只能通过税收等传统手段实现。

女士们，先生们，这是我任期内最后一次参加此研讨会，因此我想在此次演讲的结尾向大家发出急切呼吁：气候变化关乎我们所有人的未来，而时间不等人。我们拖延的时间越长，要付出的代价就越大，造成的后果也就越严重。希望所有人都能立即采取行动。

我在德意志联邦银行研讨会上的最后一次演讲即将结束。在过去四年中，我曾讨论过"何谓良好监管""数字化及其对德国银行业的意义""欧洲存款保险"和"《巴塞尔协议Ⅱ》"等议题。能与达妮埃莱·努伊、斯特凡·英韦斯、萨宾·劳滕施莱格、费利克斯·胡菲尔德和克拉斯·诺特等备受尊敬的同行同台演讲，是我莫大的荣幸。

当然，现在就进行正式告别还为时尚早。毕竟距离我正式离开德意志联邦银行还有约七周的时间。虽然我的离开是基于长期规划的个人选择，但我心中也感到万分不舍。衷心祝愿我的继任者在银行监管领域的工作一切顺利，若需要帮助或建议，我愿随时伸出援手。自在银行做学徒以来，我已在这一行业深耕了33年，因此我始终对德国银行业怀有特殊的感情。

作为德意志联邦银行执行董事会的一员，虽然即将离开，但我在工作上也并不会放任自流——这也是我们在保护地球家园时绝不能采取的态度。

谢谢大家。

\* \* \*

# 5

## 选择加入还是退出？
## 英国"脱欧"之下的欧盟前景

# 5.1 英国"脱欧"对欧洲各银行有何影响？

2016年7月13日，周三，法兰克福大学，于德国银行业协会金融研究中心会议

的主题演讲

## 5.1.1 引言

女士们，先生们：

近几日，人们最常提及的便是"困惑"和"局促"。这两个词贴切地反映了英国"脱欧"后人们心中的迷茫与不安，而这与专家们的预期大相径庭。英国"脱欧"无疑将成为欧洲历史上的一个重要转折点。

德国哲学家尤尔根·哈贝马斯在德国《时代周报》上发表观点称："我从未料到，民粹主义能在资本主义的发祥地占上风。考虑到银行业对于英国的重要性持续存在，以及伦敦金融城的媒体和政治影响力，我原以为身份认同问题难以撼动其他利益。"[1]

6月24日清晨以来，困惑可能至今仍萦绕在我们这些金融从业者心头，因为我们面临着诸多悬而未决的问题。英国"脱欧"的全面影响需要时间的沉淀才能逐渐显现，毕竟英国与欧盟的未来关系将取决于一场尚未开启的谈判。截至目前，英国尚未根据《里斯本条约》第50条正式启动"脱欧"程序。

只有这场谈判正式拉开帷幕，我们才能更全面地评估这次公投所带来的经济和政治影响。但大家渴望找到方向，迫切地想讨论这个问题。因此，像今天这样的小组讨论意义重大，我要为此对德国银行业协会及金融研究中心的倡议表示由衷感谢。

我想借此机会，就英国公投决定产生的潜在经济和政治影响发表一些个人见解。

## 5.1.2　银行面临直接经济后果

英国"脱欧"的决定虽出乎多数欧洲人的意料，但其在金融领域的直接影响却与预期一致。

整体来看，金融市场对英国"脱欧"的反应基本在预期之内。尽管这一消息令人意外，但未引发市场恐慌：英镑面临贬值压力，投资伦敦金融城或英国其他地区的银行股票和房地产基金亦受到冲击。此外，英国国家信用评级的调整也在意料之中。欧洲斯托克50指数在公投临近时波动加剧，但仍处于今年早些时候和去年8月市场动荡的范围内。虽然公投后次日股价出现大幅下跌，但市场局势已在午后逐渐稳定。

进一步观察发现，自公投以来，多家金融机构的股价大幅下跌，估值明显低于非金融板块——英国和欧元区其他地区都出现了这种情况。这说明，欧洲银行业仍存在其他根深蒂固的结构性问题。我稍后将深入探讨其中一个问题。

不过，大多数银行已事先充分考虑到英国"脱欧"的可能性并做足了准备。监管机构要求各银行提前评估当时所持有的股票、债券和外币的风险。因此，银行被迫制定了应急预案。得益于进一步加强的资本和流动性监管，如今银行业的状况与2007年全球金融危机初期相比已有显著改善。

在此，我要对英格兰银行在公投前后的专业表现表示赞赏——其准备和执行能力堪称一流。欧洲中央银行及其他央行也宣布，将在必要情况下随时提供流动性支持。但截至目前，尚未出现需要为额外流动性留出准备金的情况。

当前采取的所有行动确实有助于避免金融市场产生更剧烈的反应。然而，这并不代表市场已经恢复稳定。我们不能完全排除价格进一步波动或资金在各类资产间流动。尽管如此，我们仍可持谨慎乐观的态度——从当前金融市场情况来看，不太可能出现对英国"脱欧"的恐慌性反应。

在很大程度上，英国无疑将承担这次公投带来的后果。英国的消费者信心因公投而受到了严重打击。英格兰银行早在 5 月就预测，由于不确定性增加，2016 年英国 GDP 增长将放缓至 2%[2]——而公投后的新预测无疑会更不容乐观。就整个欧盟而言，各成员国的财政部长都已将 2017 年的增长预期下调了 0.2~0.5 个百分点。

欧元体系的经济增长预测将英国"脱欧"视为下行风险之一。中期经济增长的走向将在很大程度上取决于对公投长期经济影响的预期，而对公投长期经济影响的预期又与"脱欧"谈判的结果密切相关。单一市场和生产率之间的因果关系一目了然：单一市场的准入限制越严格，贸易受到的阻碍就越大，生产率受限程度也就越严重。这一因果既会影响英国，也会影响欧盟。

尽管英国"脱欧"会对经济增长产生负面影响，但共识经济学（Consensus Economics）公司预测 2017 年欧元区增长会下降 0.6 个百分点的言论似乎言过其实了。

## 5.1.3 政治前景不明朗近在眼前

那么公投的结果对泛欧洲金融系统的未来又将产生怎样的影响呢？我预计会在某些方面产生显著的影响。

我这里特指的是伦敦作为欧洲债券、衍生品和外汇交易中心的吸引力。监管机构一直对欧元业务主要集中在伦敦而非欧元区之内的情况持批判性态度。自公投以来，这种批判性态度无疑已经更加明显。对于欧元计价的清算业务和中央证券存管服务，监管机构也持相同态度。如果允许这些业务在欧元区之外，甚至整个欧盟范围外进行，银行监督机构将必须更宽容。但坦白说，这种程度的宽容我既难以想象，也绝不会支持。

在这一背景下，我们需要重新审视德意志交易所和伦敦证券交易所宣布的合并计划。尽管初步看来这一结果似乎有些不合常理，但公投确实推动了这一合并计划的产生，甚至增强了其经济层面的合理性。一旦英国退出欧盟，在两个经济体之间建立稳固联系的需要会比以往任何时候都更为迫切。而德意志交易所和伦敦证券交易所的合并则有望成为联通两个经济体的关键桥梁。

显然，"脱欧"公投也为合并后的公司治理带来了新的挑战：各方需要寻找一种能够平衡所有合理利益的治理结构，哪怕这意味着牺牲部分协同效应。此外，从中长期来看，伦敦可能无法再像过去那样大规模开展欧元清算业务，而我坚信法兰克福将成为更合适的选择。由德意志交易所和伦敦证券交易所设立的公投委员正面临冷静应对各项挑战的考验，并需要牢记这一合并计划的经济合理性由于"脱欧"公投而进一步加强。

然而，"脱欧"决定所带来的不确定性更多源于政治层面，而非单纯的经济层面。其实，几乎所有的经济影响都与政治不确定性密切相关。我们都知道经济不确定性往往是政治不确定性的直接产物。

众所周知，《里斯本条约》第50条虽然明确规定了退出欧盟的机制，但这一规定只能保证谈判程序的规范性，并不能减少谈判本身的复杂性。显然，"脱欧"的实际影响将在很大程度上将取决于谈判达成的协议内容。

这一点也同样适用于英吉利海峡两岸的银行。许多金融机构都是基于欧盟内部的金融合作框架来构建其经营模式的。欧洲的银行在英国市场开展业务，并在伦敦设有重要分行。而伦敦金融城也吸引了众多非欧洲金融机构。这些机构利用欧盟的金融市场准入制度在其他欧盟国家开展业务，成就了伦敦作为欧洲银行市场中心的地位。

那么，当谈判期结束后，欧盟金融市场准入制度将何去何从？有一点十分明确：这在很大程度上取决于政治决策。

如果英国决定维持其作为欧洲经济区（EEA）成员的身份，那么英吉利海峡两岸的银行和企业将基本维持现状。因为欧洲经济区的成员国同样需要遵守欧盟的银行业监管规则。同样，监管机构现有的监管权力也不会受到任何影响。

欧盟成员资格当然不仅意味着贸易自由，更意味着遵守欧盟所有法律法规。其中，人员自由流动便是这些法规的核心内容。一方面，伦敦的金融机构受益于欧洲大陆的人力资本流入。但从另一方面来看，这种自由流动所引发的负面影响，也成为许多"脱欧派"在公投前夕用以论证英国应该"脱欧"的理由之一。对于某些人来说，英国在"脱欧"后保留欧洲经济区成员国的身份，无异于才出虎口又入狼窝。因此，除了欧洲经济区之外，我们还可以考虑其他多种形式的合作，如世界贸易组织框架这样现成的合作模式。

对于银行来说，英国成为第三国的影响将带来一系列后果，具体取决于"脱欧"谈判达成的协议内容。若英国成为普通第三国且与欧盟合作程度较低，那么英国银行和外国银行就必须在每个欧盟国家为其分行申请执照。同时，各分行还需准备充足的营运资金作为接受监管的前提——至少德国肯定会提出这一要求。这确实会促使第三国银行仅在一个欧盟国家境内设立子公司，以避免申请获取多个执照的烦琐程序。

即便如此，作为普通第三国的英国仍有可能严重干扰银行现有的经营模式。对于那些将英国子公司作为进军欧洲市场跳板的外国银行而言，英国成为第三国无疑将破坏它们在欧盟的经营模式。

当然，双方仍有可能达成进一步的双边协议。因此，德国当局可能会给予持有英国执照的外国银行某些豁免权，并提供较为宽松的监管待遇，甚至可以参照英国作为欧洲经济区成员国时的模式进行监管。但这需要满足一系列前提条件，尤其是英国必须遵守国际公认的监管政策准则。若以此模式进行监管，欧盟成员国将致力于防范任何形式的监管套利。此外，这也需要双方展现出坚定的政治决心。然而，一旦"脱欧"成为现实，这种政治上的和睦关系可能会受到损害。我们现在只能静观其变。

总的来说，英吉利海峡两岸银行业的未来法律框架仍充满不确定性，这使我们难以做出可靠的预测。这种规划上的不确定性势必会带来高昂的代价。而在具体条件尚未明朗之前，英吉利海峡两岸的企业也难以规划长期战略。此外，各银行分行的迁移需要一定的时间，所以银行可能会在政策尘埃落定前就采取行动。然而，我们无法肯定这种不确定性是否会在两年后结束，也无法预测谈判双方是否会延长谈判期限。

## 5.1.4 在不确定中继续前进

女士们，先生们，我的核心观点十分简单：无论英国"脱欧"谈判的法律结果如何，我们都应尽快做出相应安排。对于银行业乃至整体经济而言，任何不确定性都应被降至最低。

在谈判过程中，双方可能都期望维持现有的贸易联系。但与此同时，欧盟也应阻止英国选择只对自己有利的最佳条款。因此，在不做出让步的前提下，英国极有可能无法通过单独的协议获得进入欧盟市场的权利。

尽管谈判尚未正式开始，但我们已经可以从公投结果中得出一些明确的结论：

①金融机构应早做准备，应对欧元计价的交易与清算在欧盟之外将难以为继的情况。

②关于德意志银行与伦敦证券交易所的合并事宜，英国"脱欧"公投结果实际上为其经济逻辑增添了几分说服力。但要想真正从中获益，双方就应该从现在开始投入资源，建立一个均衡的治理结构。

③欧洲的金融界已经成功消化了这一出人意料的公投结果。即便市场持续波动，我们也不应以此为由，成为忽视欧盟内刚建立的金融稳定支柱的借口。

请允许我简要阐述一下至关重要的第三点。我特指的是，确保银行投资者在银行破产时承担责任的挑战，即所谓的"内部纾困"。目前，我们已拥有一套成文的内部纾困机制，并于今年年初全面实行。若我们允许各国自行决定是否援助本国银行，就会损害内部纾困机制的核心要素，即其公信力。

如果内部纾困机制遭到破坏或失效，市场的约束力将不复存在。为规避因未达资本要求而面临清算的风险，银行管理层总是力求在监管机构规定的资本要求之上保有更充裕的安全缓冲。我相信，银行监管机构一旦发现内部纾困机制遭到破坏，它们将会采取最合乎逻辑且必要的应对措施，即提高资本要求以弥补市场约束力的缺失。

面对英国"脱欧"公投及对欧盟治理的批评，我们必须更加致力于提升规则的公信力。英国"脱欧"公投不应成为我们推迟改革甚至逆转欧洲一体化成果的借口。相反，欧盟应重视这一警钟，并做出恰当的回应。

我还想发表最后一点个人看法：我将深深怀念那些在欧洲机构中与我们共事的英国同行，因为他们始终致力于维护稳定与自由市场经济——这可能也是大部分，甚至可以说是全体德国同事的心声。但幸运的是，作为中央银行家，我们仍会在G7、G20、国际货币基金组织和国际清算银行等多个平台上继续开展合作。

\* \* \*

## 5.2 英国"脱欧"给金融格局带来的潜在影响

2017年2月24日，伦敦，于zeb公司的演讲

### 5.2.1 引言

女士们，先生们：

早上好。希望大家都享用了丰盛的自助早餐。我相信，zeb公司的新办公室内应该不会再流传那些关于英国早餐品质的陈词滥调。大家在美味早餐的滋养下开启了全新的一天，我也想要给大家提供一些滋养思想的食粮，即我对当前最热门话题的想法。

这个热门话题自然是英国"脱欧"。虽然此事已非新闻，它在去年6月给我们带来的那份震惊也早已淡去，但它引发的关注和讨论却仍旧热烈。而今天我们齐聚一堂，正是为了更深入地探讨这一重要议题。

英国"脱欧"一事之所以备受瞩目，热度不减，背后有多重原因。英国"脱欧"不仅可能给整个世界带来深远的影响，也带来了围绕"脱欧"实际影

响的巨大不确定性。这种重要性与不确定性的交织，使英国"脱欧"成为一个值得深入探讨的话题。如果大家一直密切关注这一话题，可能已经发现，不同的人在同一个问题上会持有截然不同甚至对立的观点。

然而，仅凭猜测无济于事，基于情景的深入思考和分析才更有意义。今天，我将尝试阐明一些属于金融领域的问题。因此，我此次演讲的第一部分将重点探讨英国"脱欧"对金融业的潜在影响。而在第二部分，我将从更宏观视角出发，与大家分享我对"脱欧"谈判的期望，以及对欧盟和英国未来监管格局的一些个人看法。

## 5.2.2　英国"脱欧"对金融格局产生的潜在影响

谈到英国"脱欧"对金融格局的潜在影响，市场准入问题无疑是最为关键的议题。我们须知市场准入是一个双向的过程，所以我会分别探讨欧盟市场和英国市场的准入。然而，鉴于前者对银行和其他金融机构的深远影响，英国金融机构在欧盟市场的准入无疑是我们的重点讨论内容。市场准入的变化将直接影响那些以伦敦为立足点，进军欧洲大陆业务的英国本土机构和国际机构。

2016年1月中旬，关于市场准入问题的辩论迎来了一个转折点。英国首相特蕾莎·梅明确表示，英国市场将与欧盟单一市场彻底割裂。对于金融业而言，伦敦作为欧洲市场门户的地位可能将不复存在。当前，欧盟和英国以外的第三国银行若想在整个欧洲经济区开展业务，就必须在该区域内开设一个获得执照的经济实体。就在英国首相发表讲话后不久，英国金融游说组织TheCityUK便放弃了通过金融市场准入制度进入欧洲市场的要求。

因此，现在许多人寄希望于对等决定能弥补金融市场准入权利失效后的空白。如果欧盟委员会认为英国的监管和监督制度与欧盟对等，那么部分市场准入要求将得以保留。至于对等决定能否为银行在欧洲的长期立足提供坚实基础，我对此持保留态度。对等制度与单一市场准入制度存在本质上的不同。

对等决定存在三大缺陷。首先，对等决定仅涵盖银行的批发业务。其次，鉴于银行在新地点创立新经济实体需要时间，对等决定的及时性和准确性会影响银行的分行地址选择。最后，对等决定具有可逆性，因此一旦监管框架产生变化而不再对等，银行就必须被迫做出调整以适应新的监管环境。根据这些缺陷，我坚信对等决定无法有效替代单一市场准入制度。

目前看来，通过英国获得欧盟市场准入权的前景堪忧。过渡期或许能减轻金融机构的压力，减少风险、增加银行的规划确定性并对经济产生积极影响。此外，它还能通过减轻监管机构和银行的压力，推动市场顺利重新布局，如降低"先动优势"的重要性。但过渡期在谈判中本身就是一个政治敏感话题，我们目前尚不清楚达成此类协议的可能性有多大。

如前所述，欧洲银行进入英国市场的准入问题同样至关重要。以德国各银行为例，英国是其仅次于美国的第二大重要外汇市场。届时，英国审慎监管局（PRA）将发挥关键作用，决定欧洲银行在英国市场的准入条件。英国是否愿意单方面向欧盟金融机构开放市场，以维持伦敦作为全球金融中心的地位，目前仍是个未知数。此外，欧洲银行选择在英国开设分支机构或子公司时，除了考虑监管因素外，还会综合考虑其交易对手和客户的业务需求。

我想在此总结我对市场准入前景的一些个人观点。继续实行欧盟金融市场准入制度的可能性已经微乎其微，而且对等决定也并不能完美替代这一制度。过渡期或许能暂时缓解银行的压力，但其本身就是一个敏感话题。

自由贸易协定能否成为一条出路？就英国政府的"脱欧"白皮书来看，他们确实有意愿和欧盟达成一项高水平的自由贸易协定，并将其视为一项长期解决方案。然而，达成全面自由贸易协定注定是一项艰巨且耗时的任务，特别是在金融服务这一复杂且敏感的领域。迄今为止，欧盟与第三国签订的自由贸易协定中从未真正涉及金融领域。

那么，这一系列事件将把我们引向何方呢？尽管决策制定者们已经接受了英国与欧盟分道扬镳的事实，但他们仍在努力探索如何维持英国与欧盟经济区域和司法管辖区域之间的联系，并将继续这一尝试。因为我们普遍认为，统一的规则能够消除不必要的摩擦，并极大地促进实体经济和金融业的跨国界业务发展。然而，鉴于我之前列举的种种情况，我们也不得不承认：上述目标恐难以轻易达成。金融机构必须做好在两个独立的司法管辖区内运营的准备，且随着时间的推移，这两个司法管辖区可能会渐行渐远——英国"脱欧"或将立即触发这一分化趋势。

## 5.2.3 是否迁移？迁往何处？

英国"脱欧"导致许多银行正在考虑将部分业务迁移到欧盟。尽管我认为伦敦将继续保持其全球金融中心的卓越地位，但部分以英国为总部的市场参与者至少会迁移部分业务部门，以应对谈判可能带来的各种结果。

如今，一个备受热议的问题是：银行将迁往何处？作为一名监管工作人员，我最关心的是银行能否按照严格且一致的标准接受监管。这一点在实行欧洲单一监管机制的区域内最有保障。因此，我不会偏袒任何特定的金融中心。但如果金融机构考虑将业务部门迁移到德国，那么我很乐意就迁移条件进行评估并展开对话。我甚至可以说，这些迁移条件从多个方面看都很有吸引力。

目前，许多主要市场参与者已经主动接洽德国联邦金融监管局以及德意志联邦银行。我们将以务实的态度回应这些请求。也就是说，我们会迅速为金融机构提供可靠的指导，并在它们决定将业务部门迁移至欧洲大陆时协助实现平稳过渡。三周前，德国联邦金融监管局为外国银行代表举办了一场研讨会，全面探讨了与英国"脱欧"相关的问题。本周三，德意志联邦银行更是推出了一个专门网站，为考虑将部分业务迁至德国的银行提供相关信息以及联系方式。

我们当然也特别强调了在欧盟设立获执照实体的要求。这意味着，我们不会容忍在伦敦运营的任何"空壳公司"或"皮包公司"仍然拥有实际业务。

英国以外的欧盟子公司必须始终配备有专业资质的人员，负责管理、控制和合规等核心职能。请各银行不要浪费时间去设计各种策略来规避这些要求，如看似巧妙的"打飞的上班"或"阳奉阴违"等方法。前者指的是银行工作人员每天从伦敦飞往欧盟子公司上班，后者指的是交易在欧盟子公司入账，实则仍由伦敦团队执行。

总的来说，尽管外包策略在银行重组业务以适应新环境的过程中至关重要，但也有其局限性。我们期望所有分行或子公司都能切实承担起运营业务的主要责任。

## 5.2.4  期望与准备

我相信，绝大多数金融机构都已意识到市场准入方面的诸多问题，且正在积极评估这些问题的潜在影响。然而，金融机构不能仅仅关注表面问题，而需系统性地思考英国"脱欧"可能对其各业务领域产生的具体影响。例如，银行应剖析契约条款在英国"脱欧"影响下的变化，以及这些变化对追加保证金处理机制的影响。

我之前提到过，我们的考量需要基于各种情况。然而，评估不同情况发生的可能性并非易事。英国"脱欧"谈判注定会充满政治色彩，政治辩论的紧张氛围已经弥漫开来。双方决策制定者都意识到，英国与欧盟的"分手"将是一场艰苦的拉锯战。欧盟委员会主席容克预测谈判将"异常艰难"，而英国"脱欧"事务大臣戴维斯则称之为"史无前例"的复杂谈判。

作为一名中央银行从业者，我一般不会使用如此夸张的措辞，但他们两位的观点确有其合理之处。欧洲领导人认为欧盟正面临一场关乎生死存亡的危机，并强调欧盟27国的未来团结是最高优先事项，欧盟四大自由原则不可分割。与此同时，英国则渴望重新掌控立法、公共财政和移民事务。在这些重要事项上，英国政府希望满足支持"脱欧"的选民的诉求。调查显示，这些选民在做出决定时，往往将主权和移民问题置于经济之上。

所以，尽管经济政策在谈判过程中无疑会占据举足轻重的地位，但我们不应指望理性的经济考量能够成为主导谈判的原则。这意味着我们必须考虑到，英国有可能在2019年未能与欧盟达成退出协议的情况下采取"硬脱欧"策略，更不用说英国所谋求的全面贸易协定了。尽管我们很清楚，"硬脱欧"极有可能对英吉利海峡两岸的经济活动造成重大冲击，但经济活动受损并不一定能阻止"硬脱欧"发生。

## 5.2.5　监管与监督

女士们，先生们，我已详细阐述了关于英国"脱欧"对金融界影响的个人看法，并分享了对谈判走向的见解。接下来，我想用剩余的时间着重讨论英国"脱欧"背景下的监管与监督。

我主要想强调的是，我们必须不惜一切代价避免监管层面的逐底竞争。鉴于今年早些时候英国"脱欧"辩论的激烈程度，这一告诫并非无的放矢。英国已经提出了一个维持伦敦金融中心地位的备选方案，其中包括极低的企业税率和宽松的监管政策。2017年1月，英国财政大臣菲利普·哈蒙德明确表示，英国将"竭尽所能"重振竞争力。

过去，英国的监管和监督制度一直以专业和稳健著称。我衷心希望英国的监管机构能够继续保持这一优良传统，不为任何放松监管和弱化监督的要求所动摇。我们共同制定的现行监管和监督标准是从金融危机中汲取的宝贵教训，任何削弱这些标准的行为都将是严重的错误。从长远来看，只有资本实力雄厚且受到严格监管的金融系统才能立于不败之地。

我要明确指出的是，无论是英国还是欧盟，都不应滥用监管或监督手段来增强自身竞争力。或许有人会试图利用英国"脱欧"的契机来提高欧洲其他地区金融中心的地位，如在执照发放程序上提供便利。但我们不应采取这种行为。我深信，单一监管机制的强大作用及其广泛职权，包括欧洲中央银行在下发执照方面的职责，都将有效防止此类不当行为成为现实。

尽管我对放宽监管和放松规则的做法发出了严正警告，但我也谨慎并乐观地认为，我们可以阻止这种情况发生。因为我深知伦敦的同行们与我持有相同观点。过去我们与英国审慎监管局的合作堪称典范，未来我们也将全力以赴，继续深化这一合作关系。

现在，我们比以往任何时候都更加需要利用双方关系的优势，在英国"脱欧"期间展开紧密合作。信息共享无疑应成为这一合作的重要环节。例如，欧盟监管机构审查有意在欧洲大陆设立子公司的银行的风险模型时，英国审慎监管局之前的评估结果将对我们大有助益。评估结果包括英国审慎监管局上次审查该模型的时间、所依据的假设以及最终得出的结论等关键信息。同样，我们也愿意向英国审慎监管局分享一切必要信息，以协助其审理欧盟银行在英国开展业务的申请。

我们合作的指导原则应当是确保英国"脱欧"后平稳过渡。作为远离政治谈判纷扰的监管机构，我们可以通过提供务实且有效的解决方案作出实质性的贡献。此外，我认为欧盟和英国的监管机构还应该积极探索如何更正式地开展未来合作。

## 5.2.6 结语

女士们，先生们，请允许我进行简要总结。金融格局将发生变化，但其具体变化趋势却仍然扑朔迷离。尽管我已经指出了一些可能发生的情况以及不太可能出现的局面，但在未来相当长的一段时间内，不确定性仍将如影随形。因此，金融机构的首要任务，便是以尽可能高效的方式应对这种围绕英国"脱欧"带来的不确定性。

在谈判过程中，我们应时刻牢记，经济理性或许不会成为主导谈判的核心原则，更不会是唯一原则。这意味着，企业在规划未来时，必须充分考虑到一种可能性：最终达成的协议可能不会优先考虑经济利益，在最坏的情况下，双方甚至可能无法达成任何形式的协议。

无论我们未来的关系将如何发展，有一点我们必须铭记在心，即宽松的金融规则往往是失败的催化剂。十年前那场惨痛的金融危机已经深刻印证了这一点，其影响至今仍在持续。我们都不希望短期内再次看到类似的悲剧重演。因此，维护我们在提升金融机构抗风险能力方面取得的进步，是确保我们不再重蹈覆辙的唯一途径。

非常感谢大家的倾听。

\* \* \*

# 5.3　英国"脱欧"后德国与英国的金融关系

2018年2月8日，伦敦，于UK Finance的演讲

## 5.3.1　引言

女士们，先生们：

首先感谢主办方的友好介绍，也很荣幸能受邀在此探讨英国"脱欧"后的金融服务业的未来。

虽然我今天的主要议题是金融，但英国，尤其是伦敦，对我而言所承载的意义远不止于此。这里是工业革命与现代市场经济的摇篮，是19世纪全球化浪潮的核心所在。这个伟大的国家和这座了不起的城市孕育着未来，承载着无与伦比的艺术与多元文化，是经济活力和创新的源泉。今晚能够与大家相聚在此，我深感荣幸。

英国"脱欧"公投结果揭晓的那一刻，我震惊不已。看到新闻报道时，我简直不敢相信自己的眼睛。相信在座的各位当时也有同样的感受。

当然，我尊重英国民众的这一决定。但我深信，英国与欧盟分道扬镳将使双方蒙受巨大的损失。[3]

因此，震惊只能是一时的情绪。在接下来的日子里，我们需要以务实的态度共同努力，建立一种新型的、基于相互尊重和友好的伙伴关系。

今天，我将深入讨论这种未来金融伙伴关系的正式框架。但我们必须明白，仅凭形式上的协议无法建立基于相互信任和友好的伙伴关系。公民和企业的直接参与同样重要。因为正是这些参与者的共同努力，才打下了两国友谊和经济伙伴关系的坚实基础。这也是我今天到访此处的重要原因。

接下来，我将概述我们在谈判未来协议方面所取得的进展，并探讨除"硬脱欧"之外是否可能有更好的结果。鉴于"硬脱欧"下的金融服务已成为现实，我将详述在这种新现实下我认为可以采取的切实可行的应对方式。

## 5.3.2　我们目前所处阶段：关于金融服务的讨论

自2016年6月英国公投决定退出欧盟以来，关于英国与欧盟27国在英国"脱欧"后经济一体化程度的预期便持续走低。

虽然此预期持续走低，但好在2017年12月，欧盟27国与英国在"脱欧"三大核心议题上达成了广泛共识。[4]这一初步和解为我们探讨未来合作与一体化的模式奠定了基础，也使英国和欧盟更有可能在2019年3月的最后期限前达成合理和解。我们的目标是在今年10月之前，提出未来伙伴关系的政治宣言，并拟出英国"脱欧"协议的草案。

但我们应该认清这一现实：由于英国政府的目标尚不明朗，白厅内部立场亦存在分歧，因此达成这样的协议并非易事。首先，刚才我提到的"脱欧"三大核心议题的细节仍需深入磋商。其次，过渡期的长短亦悬而未决。最后，各谈判团体之间的根本分歧很有可能导致最终"硬脱欧"。

这意味着什么呢？意味着在"脱欧"伊始就存在的一个既定事实：私营部门和有关政府部门必须做好充分准备，应对从2019年3月开始可能出现的"硬脱欧"情况。稍后我将详细讨论这一结果对金融业的影响。

但与此同时，我们仍应保持实事求是和乐观的态度。仍有一半的机会能成功避免"硬脱欧"。所以，我们应该思考一下成功签订"脱欧"协议对金融服务意味着什么。"脱欧"协议是否会考量金融服务业？如果会，"脱欧"协议又将呈现何种形态？

与谈判的整体趋势相呼应，金融服务领域对于英国"脱欧"后经济一体化的期望也在逐渐降低。人们最初期望，英国能继续作为欧盟单一市场的一部分并享有欧盟金融市场准入，随后逐渐变为仅希望英国能在等同监管制度下获得准入。最后，人们的期望会降低到仅在某些特定领域实现互认——或是如UK Finance的建议一样，实现监管一致和互认。[5]

然而，我对于建立互认框架的可行性持怀疑态度。此外，未来的协议可能仅限于货物贸易，而劳动力迁移问题可能不包含在内。至少英国政府已将劳动力迁移问题视为不容侵犯的底线。而服务领域的自由贸易也似乎变得愈发遥不可及。正如欧盟谈判代表米歇尔·巴尼耶所言："（金融服务）没有立足之地。没有任何一项贸易协定为金融服务而制定，根本不存在与金融服务相关的条款。"[6]

## 5.3.3 直面艰难现实："硬脱欧"

对于金融服务乃至其他服务行业而言，达成自由贸易协定的可能性并不大。

那么，这对英国与欧盟之间的金融交易究竟意味着什么呢？简单来说，这意味着双方将在世界贸易组织所制定的规则下进行交易，而该套规则并没有充分覆盖服务行业。

届时，服务提供商将需要在两个司法管辖区分别申请包括各项业务许可在内的全面执照，并同时在两地满足运营一家银行所必要的条件。

我知道这听起来像是一个相当糟糕的情况。欧盟单一市场和金融市场准入制度曾带来极大的便利，使服务贸易可以不受法律和监管的束缚自由流动。这二十年来的服务贸易自由已经使我们习惯了这种环境，并将其作为我们展开辩论和提出政策建议的参照点。

但我们是时候正视现实了。自英国公投通过以来，我们的参照点已经发生了根本性的变化。过去的参照点是欧盟单一市场和金融市场准入制度，而现在则是与不受欧盟法律管辖的第三国签订的贸易协定——想必大家都清楚巴尼耶先生提出的英国"脱欧"后与欧盟关系的阶梯式选择。[7]在这样的安排下，劳动力和服务的自由流动往往受到极大限制。

我们必须接受这一新的政治参照点，因为旧的参照点在某种程度上已不再具有民主合法性。

这种变化确实会带来诸多不便和摩擦。然而，如果从更宏观的历史视角来看，我们就会发现，充分一体化并不是维持活跃的国际经济交流的先决条件。即便企业需要遵守不同国家的不同规则体系，也仍然可以实现创新、经济增长和紧密的经济联系。不同规则体系之间的竞争甚至可能促进制度的创新和多样性，进而增强经济和金融的稳定性。

因此，我们不应坚守于一个已经有些过时的参照点，而应积极探索新方法。所以，我们需要来自各行各业以及行业内部的建设性建议。

UK Finance 已经提出了一个建议，我对此表示欢迎。然而，对于 UK Finance 所提议的互认框架是否完全可行，我仍然持怀疑态度。赋予监管机构合作技术委员会实质性权力，可能会在无形中削弱国家主权和民主合法性——这无疑会触及英国的底线，并可能激怒那些不满于欧盟削弱国家议会权力的人。尤为棘手的是，欧盟与英国所达成的任何协议都必须成为未来的监管基准。也就是说，任何国家都不得"在框架商定后实施更为严格的条款"。[8]我对于这种做法的有效性尚存疑虑。

建立和维持这种技术合作安排所需的巨大努力，可能与其给社会带来的利益不成正比。这些努力或许更应该用于优化执照发放程序，使其更加顺畅高效。

归根结底，金融服务业的未来是一个政治决策问题。但不论结果如何，我们都应共同努力，在任何可能形成的框架下寻求务实可行的解决方案。金融企业、中央银行以及监管机构都将面临许多艰巨的任务。

### 5.3.4 过渡期来救场？

鉴于眼前艰巨的任务，众多企业和官员似乎都在期待过渡期的到来，希望过渡期能为企业赢得宝贵的喘息之机，以便更从容地应对挑战。关于这一过渡期的谈判已拉开序幕：上周，欧盟首席谈判代表米歇尔·巴尼耶收到反映欧盟27国在设立过渡期一事上的指示，即欧盟27国希望过渡期能延续至2020年年底。为此，双方已预留出约8周的时间进行过渡期的谈判，以期在3月就过渡期事宜达成共识，随后再重点磋商双方未来关系。

许多企业都抱有很高的期望，认为过渡期能够让它们对2020年年底之前英国和欧盟之间关系走向有一个明确的预期和掌控。一些观察家也对过渡期的实现抱有乐观态度。然而，我们仍需克服一些潜在的障碍。尽管过渡期在经济上确有益处，但在政治上设计起来却很棘手。

此外，就过渡期达成一个含糊不清、仅具原则性的政治协议意义不大，且这样的协议极易破裂。即便欧盟与英国能够在3月就详细的法律条文达成共识，这也仅是整体协议的一部分。双方仍需在今年10月左右，就整体的"分手"协议达成一致。若这一努力付诸东流，或议会未能批准协议，过渡期安排也将化为泡影。简而言之，能否达成过渡期协议将取决于双方能否就未来的整体关系达成共识——倘若英国和欧盟能够就未来伙伴关系的最终形态达成一致，相信我们能更容易找到过渡期的妥善解决方案。

尽管人们谨慎乐观地认为可以达成过渡期协议，我个人也一直秉持这种态度，但这一协议仍然无法为企业带来它们所渴望的确定性。就在本周一，马里奥·德拉吉在欧洲议会中重申，政治上的不确定性将在未来一段时间内持续存在。过渡期并不是一张万无一失的安全网。

### 5.3.5 认清现实：及时准备是关键

正因如此，我坚信除了及时做好全面准备，别无他法。所有受影响的行业都应如此，尤其是金融业。金融机构绝不能抱有一种不切实际的幻想，认为不论何种情况，英国和欧盟总能达成协议，并会留出足够的时间给各金融机构适应新框架。一旦发生"硬脱欧"，那些准备不充分的金融机构面临的经济损失，将远超妥善准备所需付出的成本。

以银行为例，在另一个经济体（即欧盟27国或英国）设立具备实际运营能力的基本实体，以继续开展业务也是一种妥善准备。"基本实体"的概念并不好界定。我再次强调，我们不会容忍在伦敦运营的任何"空壳公司"或"皮包公司"仍然存在实际业务。英国以外的欧盟子公司必须始终配备有专业资质的人员，负责管理、控制和合规等核心职能。我们期望所有分行或子公司都能切实承担起运营业务的主要责任。

这些就是我们的总体方针。然而，一旦涉及具体细节，事情往往会变得异常复杂——如我们在"脱欧"背景下审批银行执照的经验。仅仅决定要迁移哪些业务，并向监管机构提交一份10页长的银行执照申请是远远不够的。实际上，由于监管机构与申请银行之间的持续沟通和磋商，以及申请银行在获知情况有变后可能会改变主意，执照申请内容常常会在审批过程中被修改和完善。

这种情况并不令人意外。在很多方面，银行和监管机构都在共同探索这片未知的领域。英国"脱欧"带来的冲击不仅让企业应接不暇，也让监管机构面临前所未有的挑战。在正常情况下，欧洲单一监管机制每年根据《资本要求条例》向信贷机构发放约十个执照，同时为证券交易银行等实体发放少数国家级执照。然而，在"脱欧"背景下，目前有超过100家在英国运营的金融机构可能需要在欧盟获取新执照，或修改现有执照——其中不乏重量级和高度复杂的机构。

因此，我们已经加大了对欧洲银行监管和各国监管机构的资源投入。然而，我们必须清醒认识到，我们的能力终究是有限的。若在最后关头涌现出大量申请，我们可能无法避免能力瓶颈导致的申请流程延误。

所以，我强烈建议各银行不要因可能存在过渡期安排而放缓准备工作的步伐。金融业内已广泛认为，今年第一季度就是启动"脱欧"应急计划的最后期限。我认为这一判断是合理而准确的。那些未能在今年3月之前完成计划并付诸实施的机构，可能会在一年后的英国"脱欧"浪潮中处于不利地位。

我在此强调，这一建议同样适用于在英国运营的德国机构及其他欧洲国家的机构。我们注意到，尽管部分机构有意在英国"脱欧"后继续在该国经营业务，但它们却尚未与英国审慎监管局取得联系。这种缺乏主动性的态度令人担忧。我强烈建议这些机构尽快采取行动，确保自身的业务能够平稳过渡。

### 5.3.6 银行监管机构能做些什么？

有些人担心，欧洲官员向目前在英国运营的企业以及金融机构发出为"硬脱欧"做准备的警告，是为了将业务和工作岗位吸引至欧盟27国。我要郑重声明，这绝非我们的意图。自公投以来，我多次强调，我们并非法兰克福或任何其他欧洲金融中心的代言人。作为监管工作人员，我们的首要任务是保障金融业的稳定和顺畅运行。在未能达成未来关系协议、未能签署"脱欧"协议，甚至缺乏可靠且一致的意向声明的情况下，我们不得不向金融机构发出警示，提醒它们可能会面临的风险。这一举措既不符合欧盟利益，也不符合英国利益。

无论政治决策如何，银行监管机构都将不遗余力，确保向新体制的过渡尽可能平稳，并在长期内尽量减少不必要的效率低下情况。

2017年12月，英国审慎监管局发布了一份关于"脱欧"后监管方式的草案建议，我对此草案建议背后的精神表示由衷的赞赏。这一建议体现了一种以解决问题为导向、务实且注重稳定性的态度。与此同时，欧洲单一监管机制也针对相关问题制定了一系列务实且富有合作精神的"政策立场"。我坚信，这种合作精神将为平稳过渡期提供有力的支持。

### 5.3.7 结语

女士们，先生们，自英国"脱欧"公投结果揭晓以来，监管统一的参照点已然发生了变化。以往，我们依赖于欧盟单一市场和金融市场准入制度；

现在，我们则需要与不受欧盟法律管辖的第三国签订贸易协定。在此情况下，劳动力与服务的自由流动将受到极大的限制。

我们必须接受这一新的政治参照点，因为旧有的参照点已经在某种程度上丧失了民主合法性。

这一全新的现实为我们所有人带来了未知的挑战。但无论未来的框架如何演变，我们都需要齐心协力，寻求务实可行的解决方案，以维系经济体和金融业之间的紧密联系。

我深信，即便没有金融服务协定的支撑，经济体和金融业之间仍将紧密相连。更令我感到欣慰和充满信心的是，德国与英国将继续以紧密的合作和互信的传统为基础，维持长期合作伙伴关系。

感谢大家的倾听。

\* \* \*

## 5.4 我们能成功的，对吧？当前"脱欧"谈判面临的挑战

*2017年11月8日，伦敦旅行家俱乐部，于大西洋之桥主办活动上的演讲*

### 5.4.1 引言

女士们，先生们：

能在此刻于伦敦与大家相聚，我倍感荣幸。对我而言，伦敦不仅代表了英国，更是国际精神的象征。

不远处就是曾名为 EMI 录音室的阿比路录音室，52 年前的 1965 年 10 月 20 日，披头士乐队就在里面录制了传唱至今的经典单曲 *We Can Work It Out*（"我们能解决这个问题"）。

这首歌道出了修复一段破裂关系的艰难。据传，保罗·麦卡特尼为其注入了乐观积极的情感，聚焦于解决问题的希望。而约翰·列侬则为歌曲添上了些许怀疑的色彩。因此，整首歌曲在积极与消极之间游走。在我看来，这种复杂而矛盾的情感表达，恰好与当前英国"脱欧"谈判的复杂局面相呼应。

目前，欧盟与英国能否解决这一问题成为众人关注的焦点。然而，从某种意义上看，现在才关注这一问题似乎为时已晚：一切已成定局。英国将脱离欧盟，也将彻底退出欧盟单一市场和关税同盟。

但换个角度看，问题并未到无解的境地。我们仍有可能通过协商达成一项协议，实现两大核心目标：构建稳定且友好的政治联盟，作为外交和安全事务上紧密合作的基础；同时实现高效的经济合作形式，促进劳动力分工和贸易往来。

从经济层面来看，问题关键在于：我们是能够达成一份基本无阻碍的紧密合作协议？还是说双方将彻底分道扬镳，仅在严苛的条款下进行有限的贸易往来？

我仍然满怀信心，认为双方能够达成一项互利共赢的协议，并愿意为此付出努力。但这究竟有什么意义？

于我而言，其中蕴含两层意义。首先，我们不必陷入恐慌：即便面临最坏的情形，我们依然有能力掌控经济局面。不过，这必然会对我们的经济发展造成重大影响。

因此，这也引出了第二层意义。如果我们想要在未来构建一个基于稳固政治伙伴关系的强大经济合作伙伴关系，那么双方的政治家们必须竭尽全力促成最佳的经济合作条款，而企业也必须做好充分准备。

今天，我将探讨我们在迈向未来的道路上正面临的挑战。首先，我将简要概述英国"脱欧"所带来的后果，并解释为何无序"脱欧"可能会为英国带来巨大的损失。接下来，我将进一步分析，鉴于当前谈判的艰巨性，英国很可能会无序"脱欧"。因此，企业和政治家们都必须为英国无序"脱欧"做好充分准备。我将重点关注金融领域，以探讨无序"脱欧"的影响。不过，在此次演讲的结尾，我将以乐观的态度展望未来的合作条款。

## 5.4.2 如果我们无法解决这个问题会怎样？

首先让我们深入剖析一下这个问题的利害关系。如果我们无法解决这一难题，将会产生怎样的经济后果？

诚然，经济影响分析绝非一门精确科学，但我们可以尝试概述一些可能发生的情况。从目前的情况来看，英国政府似乎已经开始意识到，"硬脱欧"（无新订协议的无序"脱欧"）将给英国经济带来沉重的打击。

这种打击将主要通过两条主要渠道产生。首先是贸易和投资渠道。由于无法进入欧盟单一市场，英国出口商将蒙受损失，供应链也可能遭受重创。

其次是移民渠道。英国吸引海外高技能人才的能力可能会遭受重创。我深知移民问题在英国"脱欧"公投中发挥了举足轻重的作用，但在当今时代，如果无法通过移民渠道吸引高技能人才，无疑将对英国未来的经济增长造成不利影响。

相比之下，欧洲经济受到的影响将相对有限，如德国。尽管英国是德国重要的出口市场，占据其出口经济总量的7%，但仅相当于德国国内生产总值增加值的2%。因此，英国"脱欧"很可能不会对德国经济造成重大冲击。德意志联邦银行的模拟结果也进一步证实了这一点。即使发生"硬脱欧"，德国经济受到的影响仍在可控范围内。

总体而言，与欧盟剩余成员国相比，英国"脱欧"的成本可能更为高昂。"硬脱欧"无疑将严重干扰英国与欧盟剩余成员国的经济合作，特别对跨国供应链而言。

然而，对于那些支持"脱欧"的选民来说，这些潜在后果并不明朗。相反，他们往往将工资增长停滞、失业、工作岗位不稳定以及农村发展滞后等问题归咎于欧盟。最终，他们通过投票支持"脱欧"来表达自己的不满。

令人遗憾的是，英国退出欧盟并不会解决这些问题。实际上，经济合作破裂可能会加剧现有的困境。因此，英国和欧洲各国的政策，以及欧盟27国的政策都必须重视在经济变革中受到冲击的人群，并寻找切实有效而非情绪化的解决方案。

### 5.4.3 我们还能解决这个问题吗？

这一挑战将与英国"脱欧"谈判并行存在，且极有可能是一场持久战。目前来看，英国"脱欧"谈判本身似乎也将是一个旷日持久、充满变数的过程——迄今为止取得的进展确实令人大失所望。

2017年6月，欧盟与英国达成了一个共识，决定在探讨未来的关系之前，先解决"分手"事宜，包括英国尚未偿还的债务、在英国和欧盟居住的公民未来的身份，以及爱尔兰共和国与北爱尔兰之间的边境安排。但时至今日，这三个关键问题仍然悬而未决——其进展微乎其微。

三周前的欧盟峰会结束后，只得出一个合乎逻辑的结论，即目前的进展还不足以启动第二阶段的谈判。欧盟27国领导人在评估目前谈判的进展时展现出了空前的一致，认为目前还不能开启关于未来关系的谈判，也就是关于自由贸易协定和过渡期的讨论。

不过，欧盟27国领导人也采取了一种前瞻性的沟通策略。他们明确表示，尽管在"分手"问题上取得的进展不尽如人意，但这些问题在本质上是可以解决的，关于未来关系的谈判可能会在12月的下一次欧盟峰会上启动。这种策略之所以具有前瞻性，因为它使英国首相特蕾莎·梅在英国国内的处境更为艰难。她必须在主张"立即无协议'脱欧'"的极端分子和呼吁"尽可能保持紧密经济关系"的人群之间找到微妙的平衡。

但我们必须保持谨慎，因为英国的政治动荡可能是一种策略手段。根据国际谈判理论，领导人有时会利用国内的纷争作为谈判的筹码，声称自己因国内局势而无法做出更多让步。因此，欧盟领导人必须敦促英国尽快明确立场，以便能在12月顺利进入谈判的第二阶段。

总之，我们必须以严肃的态度对待当前的谈判形势，但不必过于恐慌。各位或许会问，为何在前景看似如此严峻的情况下，我们还要保持镇定？

原因有二。首先，我们所经历的这一过程在复杂的政治谈判中并不鲜见——谈判需要时间，双方在谈判初期往往会互相试探和权衡。因此，在这种谈判中，最终的结果往往要到最后时刻才逐渐明朗。

鉴于利害关系的重大性，花费时间达成协议是明智之举。毕竟，这些决策将不仅影响英国与欧盟未来数十年的关系，还会对全球供应链和地缘政治格局产生深远的影响。

我们需保持镇定的第二个原因在于，英国政府显然已经做好让步的准备。尽管人们认为特蕾莎·梅在1月的演讲中表达了她的"硬脱欧"立场——"宁可无协议'脱欧'，也不能达成糟糕的协议"，但随着时间的推移，她的语气和立场都有所缓和。这一点在她于佛罗伦萨的演讲中尤为明显。

如今我们了解到，英国政府的目标是达成一项高水平的自由贸易协定以及关税协议。作为交换，英国政府愿意为欧盟公民提供永久居留权，并就自身的债务问题做出明确的预算承诺。

因此，总体来看，尽管目前形势复杂，但英国和欧盟最终很有可能达成协议。

### 5.4.4　抱最大的希望，做最坏的准备

或许有人会根据我所做的冷静评估，得出企业可以坐观其变的结论。这种想法完全是一种误解。我会详细阐述企业为何不能袖手旁观，并将侧重点放在金融服务业方面。英国"脱欧"究竟会对金融机构产生怎样的影响？

金融机构应当为最糟糕的情况做好准备，即英国在2019年3月无协议、无序地"硬脱欧"。

虽然这种情况令人不安，但从另一个角度看，其结果相当明确，不会有任何意外。届时，英国将成为第三国，欧盟与英国之间的交易将遵循世贸组织规则。对于银行业而言，银行需要根据相关的欧盟法规和指令，向欧盟监管机构申请执照。

因此，银行完全可以针对这种情况制定应对策略，使最坏的情况变得可控。然而，必要的准备工作无疑会带来成本和沉重的行政负担，这是一个既

复杂又耗时的过程。

尽管做好准备需要付出成本，银行也不应基于对谈判结果的某种猜测（如可能的过渡期）而采取观望策略。这显然是不负责任的行为。

我必须再次强调，各金融机构应开始着手准备工作。如果尚未开始，那么金融机构必须立即马上开展行动！趁时间还来得及，在英国的银行必须抓紧在欧盟设立基本实体——反之亦然。在许多情况下，这意味着要申请新的执照并完成大量的文书工作。

尽管我对部分银行的准备状况感到忧虑，但相比之下，其他金融机构的现状更让我担忧。这些金融机构准备应对最坏情况的压力可能更大，且更应刻不容缓开展准备行动。

如上所述，"硬脱欧"的结果相当明确，不会有任何意外。但万无一失的前提是，企业必须深入思考"硬脱欧"的情况并自问："硬脱欧"将如何影响我们的业务运营、客户关系、产品供应、供应链以及监管审批？

我们可以将准备工作视为一次英国"脱欧"的压力测试。只有在做好充分准备的情况下，金融机构才能不受"硬脱欧"的冲击。因此，我们必须秉持这一态度：抱最大的希望，做最坏的准备。不作为的潜在后果是极其严重的。企业必须立即采取行动！

## 5.4.5 "分手"以后还能做朋友吗？未来合作的条款

在支持银行准备工作方面，监管机构发挥着关键作用，采用了既严格又务实的策略。

我们的目标是尽可能实现平稳过渡。为此，我们特地为银行设立了专门的联系点，详细解释了监管方法，并就执照申请流程提供了清晰的指导。

举个例子，当欧盟监管机构审查银行内部用于计算监管资本需求的模型时，可以暂时参考英国审慎监管局的评估结果。同样地，英国审慎监管局也可以依据欧盟单一监管机制的裁决做出决策。但为了确保这一合作模式可行，英国审慎监管局与欧洲中央银行或德意志联邦银行必须掌握彼此决策的具体信息。监管机构之间必须保持密切、负责的合作。

但银行绝不能寄希望于从监管机构那里获得任何特殊待遇。我们将严格履行监管职责，绝不姑息任何违规行为。我们坚决反对"空壳公司"的存在——只有银行在欧盟建立了与风险水平相当的风险管理机制后，我们才会考虑发放执照。

正因如此，我们迫切需要达成一项可行的自由贸易协定，以务实的方式整合服务业。欧盟与英国可以达成一项既能保障高监管标准，又能避免不必要烦琐程序的协议。但这一切的前提是，谈判必须顺利进入第二阶段。

## 5.4.6　结语

女士们，先生们，我对我们使英国有序"脱欧"的能力持乐观态度，也能稳固欧盟与英国的未来关系。

然而，当前的谈判进度亟待加快。若英国政府能找到一个具有建设性的方法，凝聚国内共识并在"脱欧"问题上取得实质性进展，那么谈判的推进速度将有望大幅提升。

但即便如此，在规定的时限内达成"脱欧"协议仍将是一项艰巨的任务。哪怕到最后一刻，英国都有可能无序"脱欧"，我们切不可掉以轻心。

＊　＊　＊

# 5.5　与分裂共存：英国"脱欧"后金融服务面对的现实

2018年3月20日，都柏林，于另类投资管理协会（AIMA）全球政策与监管论坛的主题演讲

## 5.5.1 引言

女士们，先生们：

感谢主办方的亲切介绍。很荣幸能够来到都柏林参加2018年另类投资管理协会论坛。

我认为"管理一个分裂的世界"这一主题，十分贴合当前形势。众多经济决策制定者正竭尽全力，试图摆脱贸易战和潜在"硬脱欧"的恶性循环。与此同时，银行、投资者及大多数企业也不得不为可能出现的最坏情况做足准备，因为监管机构正在敦促他们做足准备。

金融服务及其监管的这种分裂状态，可能会给行业内的许多人以及决策制定者带来了极大的困扰和不安。我对此深表理解——这确实隐藏着巨大的不确定性。

但我认为我们不必恐慌：英国"脱欧"后，金融服务及其监管的分裂程度似乎已注定会进一步加剧。尽管分裂的后果或许不会像某些人担忧的那样严重，但关键在于，我们需以建设性的方式应对这种分裂，避免陷入会损害所有人利益的民族主义泥沼。

因此，我今天将重点探讨英国"脱欧"后金融服务监管的预计分裂程度，以及我们应如何应对这一挑战。

## 5.5.2 英国"脱欧"与金融服务

在英国"脱欧"谈判中，欧盟与英国似乎很难达成共识。新伙伴关系的基本原则仍然模糊不清，企业的准备时间也逐渐缩短。因此，企业的不确定感正日益加剧。

从经济和金融市场的角度出发，最核心的两大问题或许是：

①双方能否达成自由贸易协定或类似性质的协定？

②若能达成自由贸易协定，该协定是否会涵盖金融服务领域？

在我看来，欧盟与英国很有可能达成一般性自由贸易协定。因此，我更关注这种未来关系的深度问题。例如，一份无关税协议将极具价值，且欧盟与英国极有可能达成这样的协议。然而，如何处理产品标准法规等非关税壁垒问题，却是一个更为模糊且棘手的挑战。

但从金融服务业的角度来看，由于英国决心退出欧盟单一市场和关税同盟，英国不太可能会和欧盟达成深入的自由贸易协定。

对于互认框架、通过技术委员会和独立仲裁机制实现监管协调等方法，我持有相当怀疑的态度。

这类方法很可能会削弱各个司法管辖区自主制定规则和维护金融稳定的能力。

因此，我们能够选择的要么是让英国"硬脱欧"，要么是接受类似欧加《全面经济贸易协定》的金融服务自由相对有限的情况。[9]那么，这两种情况将对英国和欧盟之间的金融交易产生什么影响？

首先，"硬脱欧"意味着欧盟和英国只能按照世界贸易组织的规则进行贸易——而这套规则并没有充分覆盖服务业。

服务提供商将不得不在两个司法管辖区都申请包括各项业务许可在内的全面执照，并同时在两地满足运营一家银行所必要的条件。

其次，即使达成类似欧加《全面经济贸易协定》的协议，也不一定意味着欧盟或英国的金融机构可以在对方的司法管辖区内自由提供金融服务。

### 5.5.3　与分裂共存

无论我们是否愿意接受，欧洲金融监管和监督的分裂程度都很可能会进一步加剧。目前尚不清楚这种分裂到底会带来怎样的影响。

正是由于英国"脱欧"后金融监管分裂的不确定性，使我们难以精确评估分裂加剧的成本和益处。

金融公司指出，金融监管分裂可能导致企业组织运行效率降低以及运营成本上升。至少在过渡到新体制和新组织结构的初期阶段，企业势必会付出不菲的成本。但从长远来看，这些成本可能不算太高——一旦企业适应了新体制，明智的管理者便会找到既满足新合规要求又不失效率的新组织方案。

尽管要付出相当大的成本，但政治家、监管工作人员和监管机构都从更为宏观的视角出发，与已经发生变化的民主偏好保持步调一致。

因此，从英国的角度来看，达成一份涉及广泛的金融服务业（乃至整个服务业）的自由贸易协定，可能会是其重新掌控法律和监管权力的阻碍。

与此同时，从欧盟的角度来看，我们不能接受一个没有共同监管标准的自由市场。否则，作为一名监管工作人员，我将十分担心金融稳定。所以，一定程度的监管分裂似乎是不可避免的现实。

但我们真的应该被动等待欧盟和英国金融关系的终结吗？还是说，我们应该抱最大的希望？

这当然不是我们应采取的态度。我们必须以富有建设性的方式管理这种监管分裂，即在新形势下探索创新解决方案。

但我要申明一点：监管分裂绝不能成为逐底竞争的借口。监管的分裂不应导致欧盟和英国通过放宽监管或监督来进行竞争。这种政策虽然看似最符合国家利益，但实质上只是特殊利益集团的政治手段。我们必须认清这些政策的本质：它们是对金融稳定的威胁。

因此，政治家、企业和监管机构必须在以下三个关键点上有所作为：第一，达成过渡协议；第二，实现建立务实的监管合作框架；第三，推动管理创新。

接下来，我将简要讨论这三个关键点。首先要讨论的是过渡期，也就是现在所谓的执行阶段。

### 5.5.4　过渡期不可或缺

昨日，英国与欧盟在谈判人员层面成功达成了一项过渡协议。这一执行阶段将一直延续至2020年年底，在此期间，欧盟法规将继续在英国境内生效。同时，双方将深入磋商未来伙伴关系的具体条款。此举至关重要，因为这为企业提供了更多时间来适应新形势。

此外，这一过渡协议也有助于降低英国"脱欧"的长期成本。企业得以在更加从容的环境中权衡利弊，决定其目标市场以及相应的组织架构设计。企业不再只追求降低不确定性，而有了充足的时间基于深入的市场分析和前瞻性规划以重新调整组织架构。这项过渡协议有望缓解金融中介的低效率问题，并控制潜在的高成本。

英国与欧盟显然都意识到了过渡期的重要性，因为它能使英国"脱欧"的过程更为平缓，长远来看也会减轻其带来的冲击。

尽管已经取得了一些积极的进展，但我们仍不能放松警惕。目前仍有许多问题需要进一步讨论，过渡期的具体安排也尚未最终确定。未来12个月内，英国与欧盟仍需努力就英国"脱欧"程序达成全面协议。例如，爱尔兰问题就是一个尚待解决的难题，即如何维持爱尔兰共和国与北爱尔兰之间的无形边界。因此，最近人们常挂在嘴边的"整体协议达成之前，任何条款皆不成立"的说法依然成立。

### 5.5.5　在分裂的世界中管理金融公司

英国"脱欧"和监管分裂在过渡期之后将不可避免地带来两大影响。其一，未来金融服务市场准入将更类似于给予第三国的待遇。其二，英国"脱欧"谈判的结果充满不确定性，其成功与否完全取决于双方能否达成并批准一份全面长期协议。

所以我们别无选择，必须未雨绸缪，做好充分准备以应对最坏的情况，即未达成任何自由贸易协定的"硬脱欧"。

对于银行业而言，充分准备意味着银行必须在另一个经济体（即欧盟27国或英国）设立具备实际运营能力的基本实体，以继续开展业务。"基本实体"的概念并不好界定。我再次强调，我们不会容忍在伦敦运营的任何"空壳公司"或"皮包公司"仍然存在实际业务。英国以外的欧盟子公司必须始终配备有专业资质的人员，负责管理、控制和合规等核心职能。我们期望所有分行或子公司都能切实承担起运营业务的主要责任。

此外，银行必须尽快行动起来，最晚在2018年第二季度末开始实施其计划并提交执照申请。否则，银行将很难避免"硬脱欧"带来的突然冲击。

企业对英国"脱欧"的抱怨声确实不少，我也深表理解。但如果英国和欧盟市场依然具有吸引力，那么采用创新方法以适应这一新体制就是合情合理的。所以，企业必须制定全新的、高效的组织战略。例如，我相信银行完全可以通过创立两个独立获得执照的实体，构建盈利的新运营模式。

## 5.5.6 在分裂的世界中进行监管和监督

但请不要误解我的意思：为实现效率、维护金融稳定并确保实体经济能够获得充足的信贷支持，监管工作人员和监管机构同样需要展现出务实和创新的态度。

随着金融公司纷纷将业务从伦敦迁移至法兰克福、都柏林等城市，紧密的监管合作在未来几年内将变得尤为重要，特别是我们需要在监管领域开辟新道路之际。

欧盟和英国监管部门之间的合作必须建立在全新的基础之上。我们必须确保信息交流的畅通无阻，并深入探讨如何减轻双重审批所带来的不必要负担。

无论政治决策如何，银行监管机构都会不遗余力地确保银行能平稳过渡至新体制，并在长期内减少不必要的低效率情况。

2017年12月，英国审慎监管局发布了一份关于"脱欧"后监管方式的草案建议，我对此草案建议背后的精神表示由衷的赞赏。这一建议体现了一种以解决问题为导向、务实且注重稳定性的态度。与此同时，欧洲单一监管机制也针对相关问题制定了一系列务实且富有合作精神的"政策立场"。我坚信，这种合作精神将为平稳过渡期提供有力的支持。

## 5.5.7　结语

女士们，先生们，英国"脱欧"很可能导致监管分裂进一步加剧，这是难以避免的结果。

与其徒劳地试图消除那些超出我们掌控的因素，不如集中精力探索务实的创新解决方案，以建设性的方式应对英国"脱欧"及其分裂后果。

然而，以建设性的方法应对分裂局面需要时间，因为其中涉及众多复杂而细致的应对措施——这正是我们需要一个足够长的过渡期的原因。

昨天得知双方已经同意设立过渡期时，我内心确实松了一口气。这个过渡期将使英国"脱欧"的过程更为平缓，长远来看也会减轻其带来的冲击。

在此过渡期间，监管机构需要探索既能提高金融稳定性，又不会损害经济效率的解决方案。

而金融企业也必须找到创新又务实的方法满足新的监管要求，同时保持自身的运营效率和盈利能力。

为处理这一系列待办事项，进行坦诚的对话至关重要——我们鼓励企业和投资者在遇到任何不必要的问题和负担时，积极与我们沟通。英国"脱欧"十分复杂，却又意义重大，我们必须严阵以待。

非常感谢大家的倾听。

\* \* \*

## 5.6　英国"脱欧"将如何改变世界金融版图？

2018年4月11日，美国纽约州阿蒙克，于哈佛法学院国际金融系统研究项目

2018年欧美研讨会的演讲

## 5.6.1 引言

女士们，先生们：

很高兴也很荣幸能够参加这个研讨会，这是我第二次有幸与各位共同探讨如此重要的话题。我对此处新颖而富有启发性的交流感到由衷的赞赏。

因此，我一度犹豫究竟要不要将英国"脱欧"与跨境金融作为此次演讲的主题。尽管这个话题至关重要，但它似乎成了国际决策制定者和监管机构割席分坐的那把刀。

我将坦诚地探讨当前悬而未决的问题，因为我深信，真诚的交流是维系信任关系的基石。希望在接下来的时间里，以解决问题为导向，与各位展开真诚的讨论和辩论。

英国"脱欧"必将改变全球金融版图，这是无可争议的事实。

然而，这些改变究竟是细微的调整还是剧烈的变革，目前仍是未知数——现在下定论还为时过早。

从长远来看，英国"脱欧"很可能成为一个历史转折点。这一事件可能会引发根本性变革，改变银行业务的地理分布以及国际监管的运作模式。

所以，我们有充分的理由深入思考，在英国"脱欧"后，如何有效地限制和监管跨境金融服务。因为我们现在所做的决策，很可能会成为未来国际金融监管的基本原则。

在今晚的演讲中，我想提出两个重要的问题，并试图给出初步答案。第一个问题是：英国"脱欧"后，欧盟和英国的金融服务及其监管将会分裂到何种程度？第二个问题不仅涉及美国，也牵涉欧盟第三国：监管外国金融公司的总体方针是否会发生变化？

## 5.6.2 英国"脱欧"会使金融服务及其监管分裂吗？

让我们从英国与欧盟的未来关系开始谈起。

近期英国"脱欧"谈判取得了显著进展，双方已就过渡期达成共识。[10]并且，欧盟与英国之间似乎有望签订一项自由贸易协定。

而我最关注的是这项自由贸易协定能够涵盖的范围。例如，不包含关税壁垒的协定无疑极具价值且高度可行。

但我们并没有充分的理由反对非关税壁垒，如产品标准法规等。这些规则旨在保护食品安全和金融稳定等公共利益。政府机构需要掌握捍卫这些标准的自主权，但绝不能滥用这一权力以实施保护主义措施。

在金融服务业，我们尤其没有理由反对非关税壁垒。为维护金融稳定这一公共利益，英国与欧盟不太可能达成与该行业相关的广泛自由贸易协定。

这是因为英国政府选择退出欧盟单一市场和关税同盟，并摆脱与之相关的监管框架。若无法遏制银行危及金融稳定的行为，监管机构便不可能允许外国银行在其管辖市场提供金融服务。

因此，我坚信任何自由贸易协定都不会包含太多金融服务相关的条款[11]——许多监管工作人员也会赞同我这一观点。

谈判的进展似乎也印证了这一趋势。在最近一次会议上，由欧盟领导人组成的欧洲理事会就金融服务制定了重要的谈判指导方针：首先是探讨能否在未来自由贸易协定中增加一章涵盖部分金融服务内容。然而，鉴于目前参照的前例是欧加《全面经济贸易协定》，我们似乎并没有太大的自由化空间。虽然只有极少数包含金融服务相关条款，但该协定赋予的自由度仍然十分有限。

## 5.6.3 英国"脱欧"后，欧盟与英国如何监管跨境银行业务？

不论自由贸易协定中是否包含金融服务内容，其自由度如何，核心问题始终未变：协议双方如何确保对方的金融机构受到充分监管与监督？

这正是欧洲理事会提出的第二条谈判指导方针的核心所在。即便是有限的跨境自由，其实现前提也是欧盟监管机构能够确认，英国企业在英国受到高标准的监管。除了要求企业申请包括各项业务许可在内的全面执照外，我们还可以通过实现对等监管的方式达成这一目标。这意味着，如果欧盟监管机构认可英国监管规则与欧盟规则对等，那么英国监管机构就可以在欧盟提供金融服务。

欧盟已有此类先例。最典型的例子是欧盟与美国就中央对手方（CCPs）的监管达成的对等协议。然而，欧盟这种做法基于逐条评估具体法规。只有在特定法律有明确规定的情况下，欧盟与美国才会判定监管条例对等。比如在银行执照颁发方面，就没有对等决定的法律基础。因此，欧洲理事会要求欧盟委员会和英国"脱欧"谈判团队深入分析，是否应该审慎加强这一做法。

这两条谈判指导方针——探讨能否在潜在自由贸易协定中增加有限的金融服务章节的可能性，以及加强对等机制——共同促成了谈判结果的三大类可能：

第一种结果是，成功在自由贸易协定中增加一个金融服务章节，其范围与欧加《全面经济贸易协定》相当甚至更广，并通过强化对等机制来保证高标准监管的实施。[12]我将这一结果称为"强化对等机制选择"。

与之相反的结果是，欧盟与英国在金融服务领域完全未能达成任何协议，转而采取"子公司化"的监管策略，即要求对方金融公司在己方市场内设立独立子公司，反之亦然。对等机制将大体上维持现状。我将这一结果称为"子公司化选择"。

介于两者之间的结果是，欧盟与英国达成了一系列限制性较大的金融服务协定，其涵盖范围小于欧加《全面经济贸易协定》。与此同时，双方也会小幅度调整对等机制，即将逐条评估具体法规的做法推广到目前尚未涉及的其他监管领域。

今晚的演讲已经涵盖了相当多的内容，因此我不会深入剖析这些做法的优劣。而且，此时断言哪种选择最为合适为时过早。不过，我很乐意分享一下我对下一步行动的看法。

在金融服务领域，目前所有的选择都并非尽善尽美。因此，我们不得不接受一种相对复杂的次优解决方案。在探讨各种选择的利弊时，我发现了一种偏好。这种偏好具体表现为，许多金融界人士、决策制定者和媒体更看重自由化和降低企业成本，而非金融稳定和民主问责制。

例如，如果按照金融业团体的意愿行事，新的对等制度可能会极大地促进金融服务领域的自由化。欧盟和英国监管机构共同组建的技术委员会可能会负责管理监管对等事宜，而独立仲裁机构将负责处理可能出现的冲突——这些解决方案有众多名称，而最突出的就是"互认"。

然而，我对互认的方式，以及通过技术委员会和独立仲裁机制实现监管协调的类似方法持怀疑态度。

首先，通过技术委员会来消除监管差异化的做法，可能会极大地削弱各司法管辖区在制定规则和维护金融稳定方面的自主权。

此外，这些方案都基于一个假设：金融越自由，经济越繁荣，而降低自由化程度则会损害经济增长。然而，我认为自由化程度并不是越高越好，因为过度自由化也可能带来金融不稳定等问题。

因此，虽然强化对等机制可能是有益且明智的做法，但我们首先要找到合适的方法。

另外，要求外国银行在本地设立独立子公司的子公司化选择，不仅非常适合维护金融稳定和民主问责制，而且在成本效益方面可能比全面互认制度更为优越。

我的观点是，目前并不存在理想的选择，三种次优解决方案中也没有明显的优劣之分。鉴于英国和欧盟将不再是单一市场，试图通过技术协议过度约束决策制定者和监管机构将是徒劳——这不仅会损害主权、削弱金融稳定性，而且从社会角度看也未必是成本效益最高的选择。

### 5.6.4 英国"脱欧"后跨境监管的三个问题

相反，我们需深入剖析最为适宜的差异化选择。在此过程中，我们需要重点关注三个关键问题：

第一个问题，如果自由贸易协定中包含与金融服务相关的章节，那么该章节条款将允许金融机构跨境提供哪些金融服务？又有哪些服务必须由独立且已获得当地执照的子公司提供？

第二个问题与对等制度相关。在不损害民主问责制、主权和金融稳定的前提下，我们能否系统性地拓宽对等制度的应用范围？鉴于目前探讨的方式均未能满足这些标准，我们又该如何实现这一目标？

第三个问题有关子公司化。子公司化是否看起来更节约成本？鉴于在其他现实情况中，子公司化将扮演更加核心的角色，我们如何以最优方式对其进行管理？换言之，我们应明确在两个司法管辖区内哪些金融业务需要隔离保护，哪些业务则不必。

显然，这仍是一个开放性的探索过程。关键在于，未来将出现两个拥有独立主权的监管管辖区，金融服务的自由跨境贸易将受到相当大的限制，而且所有其他选择都需要我们进一步分析与思考。

无论我们最终做出何种选择，我们的决策都将对欧盟与第三国产生间接而重大的影响。但这些影响是如何产生的呢？接下来，让我们来探讨本次演讲的第二个议题。

## 5.6.5 英国“脱欧”会改变欧盟与第三国的关系吗？

我将重点阐述美国的案例。英国“脱欧”可能会影响金融机构进入欧盟市场的两条主要途径，即监管对等决定和执照审批过程。

让我们逐一审视这些影响。

新的对等框架可能会更加系统化，但其具体调整措施仍待进一步观察。以中央对手方为例，欧盟目前正在修订《欧洲市场基础设施监管条例》（EMIR）。部长理事会和欧盟委员会所达成的共识已指明了发展方向，即放弃过去那种较为灵活、以结果为导向的对等制度，转而要求外国中央对手方更精确地满足《欧洲市场基础设施监管条例》的规定。具体而言，欧盟监管机构[13]将对合规性提出更明确的要求，并更频繁地审查对等决定。

若最终无法实现监管对等，相关实体可能被迫迁往欧盟境内。

对于第三国的中央对手方而言，增强监管对等颇具吸引力。因为这一举措使决策更加可预测且公开透明，同时确保金融机构能在不设立获得全面执照的子公司的情况下提供跨境清算服务。

但就美国中央对手方而言，这种做法可能并不合适，或并不必要。因为欧盟与美国之间已经有了一个健全的对等决定。鉴于双方已经进行了深入的相互评估，我们有充分的理由维持这一结果——其中一种方式就是履行美欧之间关于中央对手方对等性的双边协议。至关重要的是，大西洋两岸的监管部门需要开展务实的对话。

不过，仍有一个关键问题亟待解决，即如何妥善处理国际活跃的中央对手方。在这方面，我们仍有大量工作需要推进。

英国"脱欧"对金融机构进入欧盟市场第二大途径的影响体现在欧盟对外国银行分支机构和子公司的执照申请要求将更为严格。以欧盟中间母公司相关法律草案的讨论为例，这一机制类似于美国的中间控股公司，外国银行需要将其在欧盟的业务整合至单一的控股公司之下。这一草案很有可能成为正式法律，原因也颇为充分：我们需要对在欧洲经营的国际银行有更为清晰全面的了解，并在市场动荡时能够迅速、有效地采取行动。否则，我们将无法履行保障金融稳定的职责。但需要明确的是，这一措施并非旨在增加外国银行进入市场的难度。德意志联邦银行将继续为外国银行提供清晰公平的准入机会。

简而言之，英国"脱欧"将从多个方面影响美国银行及第三国银行在欧盟单一市场的业务运营方式。无论是新的中间母公司要求，还是潜在的对等制度增强，都反映出跨境金融服务监管正日益朝着系统化、透明化和稳定化的方向发展。虽然这些变革可能带来一些新的挑战，但它们也有助于简化规则并促进明确的监管对话。相信美国银行不会因为这些变革而面临任何实质性新障碍，因为这不符合欧盟的自身利益。

## 5.6.6 结语

女士们，先生们，随着英国"脱欧"重塑全球金融版图，我们必须深思如何妥善限制与监管跨境金融服务，因为我们今日做出的抉择或将成为未来国际监管的原则。

欧盟与英国将分立为两个独立的监管司法辖区，其间金融服务的自由跨境流动将受到比现在更大的限制。我们需要从金融稳定性、民主问责制以及成本效益等多重角度，审慎分析最为适宜的差异化选择。

无论我们最终做出何种选择，我们的决策都将对美国及欧盟第三国产生间接而重大的影响。尽管我们在初期可能会面临一些挑战，但长远来看，执照审批和对等制度方面的改革有望为未来的跨境活动奠定更为坚实的基础——既明确了监管预期，又提高了监管透明度和确定性。

我坚信，在这个新的监管环境下，我们将能够进一步巩固并深化我们之间的紧密合作。再次感谢大家的倾听，并祝愿本次研讨会取得圆满成功。

\* \* \*

### 注释

1. Die Zeit，7 July 2016，No. 29，p. 37.

2. 相关数据来源于英格兰银行官网的统计数据。

3. A. Dombret（2016），Opt-in or opt-out? The future of the European Union in light of the UK referendum. Speech delivered at the Atlantik-Brücke，Hamburg，23 June 2016.

4. 英国"脱欧"后欧盟公民在英国的权利（反之亦然）、爱尔兰共和国和北爱尔兰的边界，以及未来几年英国对欧盟预算的财政贡献。

5. UK Finance（2017），Supporting Europe's economies and citizens：a modern approach to financial services in an EU–UK trade agreement. September 2017.

6. 引自 2017 年 12 月 18 日英国《卫报》对米歇尔·巴尼耶的采访。

7. Reuters（2017），Stairway to Brexit：Barnier maps out UK's Canadian path. 19 December 2017.

8. UK Finance（2017），Supporting Europe's economies and citizens：a modern approach to financial services in an EU–UK trade agreement. September 2017，p. 12.

9. 欧加《全面经济贸易协定》是欧盟与另一发达国家签订的最为详细的自贸区协定。

10. 即在此期间，英国虽不再是欧盟成员国，但仍留在欧盟单一市场和关税同盟。这一为期 21 个月的阶段始于 2019 年 3 月 30 日。这段时期不仅为决策制定者制定新伙伴关系规则提供了充足的时间，也为企业创造了从容应对新形势的契机，使其能以战略性的眼光和深思熟虑的态度规划未来发展。

11. 目前摆在我们面前的选择，要么是"硬脱欧"，要么是获得类似于欧加《全面经济贸易协定》中规定的有限金融服务自由。这两种选择对英国与欧盟之间的金融交易而言，都意味着两重挑战。首先，如果我们选择"硬脱欧"，那么欧盟和英国将不得不遵循世界贸易组织的规则进行贸易，而该套规则中与服务业相关的条款十分有限。这意味着服务提供商需要在两个司法管辖区申请全面执照，并满足在两个地方运营一家完整银行的所有条件。其次，即便达成类似于欧加《全面经济贸易协定》的结果，也不一定意味着可以在对方的司法管辖区内自由提供金融服务。这同样会迫使服务提供商在两个司法管辖区都申请全面执照。

12. 这可以通过全面修订欧盟对等评估程序及其覆盖范围来实现，或是与英国达成双边协议。

13. 欧洲证券与市场管理局（ESMA）很可能会负责与《欧洲市场基础设施监管条例》相关的对等决定。

# 6

# 数字化：未来银行业面临的最大挑战

# 6.1　数字化对银行和银行监管机构的负面影响

*2016年6月8日，吕讷堡大学，于主题为"数字化——银行业的革命与进化"第十六届北德银行日的演讲*

尊敬的巴克斯曼教授，

女士们，先生们：

人们普遍钟爱简洁明了的故事。研究显示，当我们能够迅速把握演讲的主旨与核心时，就能更轻松地跟随其思路并记住其中的内容。

金融业的数字化转型亦是如此。人们常将数字化描绘成大好的机遇、严峻的挑战、迈向无银行时代的第一步或数十年之久漫长而渐进的变革过程。然而，我认为我们不应被这些片面的观点所局限。只有用多种不同的眼光看待数字化，承认其复杂性和多元性，我们才能真正理解数字化对银行业的影响。因此，今天在吕讷堡大学的演讲中，我将致力于全面而深入地分析数字化，探讨其起源、发展，以及它将如何影响银行与银行监管机构。

## 6.1.1　数字化的总体趋势

女士们，先生们，银行业内的技术创新早已屡见不鲜。众所周知，信贷机构历来是行政管理、客户服务和交易领域采用信息技术的"弄潮儿"。如今，数字化话题频频占据新闻头条。这可能是因为人们普遍认为，如同其他行业一样，数字化将给银行业的结构和运作带来颠覆性的改变。

然而，数字化之所以如此引人注目，不仅因为其强大的技术能力，更因为其预计所引发且已经出现的社会剧变。在全球范围内，这样的现象层出不穷。就连在数字化进程上稍显保守的德国，大部分银行客户也已习惯在线办理业务，移动银行服务也呈现出蓬勃发展的势头。一些金融机构甚至已经将智能手机用作提供全方位服务的唯一平台。随着人们的习惯转变以及不断涌现的创新技术，银行业也有与时俱进、调整策略的迫切需求。客户越来越希望能在任意时间、任一地点，以任一方式使用银行服务。

尽管研究人员和决策制定者已启动各种计划，努力对各种技术进步和应用进行分类，并量化其对经济和社会的影响。但我们必须清醒地认识到，金融科技的未来发展仍然充满不确定性。毕竟，技术的发展充满无限可能——有些创意可能会在持续的优化和调整中逐渐完善，而有些则可能被淘汰。一项技术应用是否值得推广，在很大程度上取决于客户的反馈以及市场的其他动态。在我看来，预测某一创新应用能否经受住时间的考验，就如同预测十年后气候变化对吕讷堡石楠草原鸟类种群的影响一样，充满了未知和挑战。

尽管如此，数字化引发了不可逆转的进程已成为不争的事实。如今，很少有人会为胶片摄影、打字机或信用转账单的消失感到惋惜。因此，银行业的所有利益相关方都应明智地接受数字化变革，而且应尽早采取行动抢占先机。接下来，我想深入探讨数字化带来的挑战，特别是受监管的信贷机构、金融监管机构和标准制定方面临的挑战。

## 6.1.2　数字化：传统银行面临的挑战

女士们，先生们，作为一名银行监管工作人员，我将信贷机构所面临的挑战凝练为一个核心命题——在数字化新时代的浪潮中，银行能否在保持创新步伐的同时，保持盈利和稳健性，这一命题目前尚无定论。

由于种种原因，保持盈利对银行而言极具挑战性。首先，数字时代的竞争环境日益复杂多变，全球化与快速变革已成为常态。凭借其先进的信息技术基础，金融科技公司正在蚕食传统银行的市场份额。据统计，2014年全球金融科技初创公司吸引的资金投入超过120亿美元。[1]尽管近年来市场炒作有所降温，新竞争对手瓜分银行市场的威胁似乎已经减弱，银行业也已开始探索切实可行的商业创意。但我们不能忽视一个基本事实：新竞争对手的崛起、更高效技术的出现以及客户群体的日益精明，并不会减轻银行业的整合压力。

其次，许多前瞻性的理念仍需经受市场的检验，以证明其价值。企业家需要采取的平衡策略，就是尽早洞察发展动态，并构建一个全面而均衡的业务布局。

区块链技术这一频登头条的创新领域，便是该挑战的典型代表。据称，这一技术在降低成本、提升效率以及缩短周转时间方面具有巨大的潜力。这一预测并不令人意外，因为区块链技术有望彻底改变传统的记账和结算方式，使各方能够实时获取金融交易的原始数据。因此，区块链技术很有可能助力银行降低运营成本、缩短处理时间，甚至提高支付、证券交易和复杂合同的准确性。然而，区块链技术的应用也面临着技术和法律层面的多重挑战。

对于银行业而言，是否值得全面采用这一技术，取决于众多具体因素的权衡。金融机构面临的主要挑战在于，成功的区块链应用和其他创新技术，可能会由于网络效应而迅速成为行业新标准。

换言之，技术可能会动摇各银行的经营模式。因此，银行业需要积极主动地应对技术和社会的变革，制定相应的战略规划。

此外，银行业还应把握数字化机遇，以提升自身的盈利能力。数字化绝不能沦为一场零和博弈，即各机构试图争夺当前有限的市场份额，而非把"蛋糕"做大。从中期来看，银行可以通过数字化手段大幅降低运营成本，并通过提供创新服务收取合理费用。

无论是多渠道经营的银行、专注于智能手机应用的纯数字银行还是服务特定细分市场的小众机构，作为银行监管工作人员，我并无评估其商业模式和策略的义务。至于银行应如何以及是否需要像金融科技公司那样展现创新能力，我亦无意做最终论断。这个问题的答案应交由市场来决定。监管机构的关注点在于金融机构的可持续盈利能力。我认为，若金融机构缺乏与数字时代相适应的战略规划，其长期发展将会陷入困境。毕竟，从信息技术架构到长期人员管理，金融机构的整体运营都围绕数字化战略展开。因此，金融机构的高层管理人员必须将数字化议题作为战略发展的重中之重。

然而，数字化的发展也给银行业务带来了安全性和可靠性的隐忧。若不能提前解决这些问题，银行业必然会受到负面影响。信息技术领域的操作风险日益显著，而银行业的数字化变革也促使金融犯罪的形式发生转变。网络攻击的动机多种多样。既有业余黑客出于个人兴趣的随意攻击，也有专业人士出于经济利益或政治目的而精心策划的复杂攻击。同时，新型黑客技术层出不穷，以惊人的速度在网络中传播并持续进化，给银行的网络安全防护带来了极大压力。据2015年的一项全球研究结果显示，高达61%的首席执行官将网络风险视为主要的威胁。[2]因此，金融机构在2014年成为网络风险保险的主要购买者，且平均保额高达5700万美元。[3]

正因如此，银行监管机构多年来一直高度关注信息技术风险和网络风险。在这方面，再如何谨慎也不为过。在数字时代，对银行的信任几乎等同于对信息技术的信任。因此，信息技术和网络安全仍是欧洲单一监管机制在2016年的工作重点。

作为金融监管工作人员，我们强烈呼吁信贷机构以管理传统银行业务风险的严谨态度，管理其信息技术和网络风险。信贷机构的信息技术部门无法自下而上地建立起端到端的网络防御系统——这在本质上是管理层的职责。而且，不仅是信贷机构，监管机构也应与数字化发展保持同步。接下来，我便要探讨银行监管的相关问题。

## 6.1.3 银行监管必须与发展保持同步……

监管机构自然无法为信息技术和网络安全问题提供精确的解决方案，毕竟信息技术应用和网络环境瞬息万变，具体的技术细节也是日新月异。此外，也没有放之四海而皆准的方案，可以解决各种规模、各种类型机构面临的问题。我们最终还是要面对这样一个事实：这世上并不存在针对某些特定威胁的完美防御措施。因此，我们的重点已从追求绝对网络安全转向提升抗网络风险能力，以及在各种安全措施的成本与效益之间寻求最佳平衡点。

正因如此，尽管网络环境发展迅速，但德国的银行监管机构还是制定了风险管理原则，为监管范围内的机构设立了固定的参照框架。当然，网络防御措施等特定要求，所有机构都必须满足。这些要求包括适当的网络规划、多级网络安全分区、应急预案，以及严密的更新管理系统。

网络防御尤其凸显了一个重要事实：网络安全是企业内部运转良好的第一道防线。网络风险的防御并非小事一桩，需要各机构管理层以前瞻性的战略眼光和创造力来应对。网络安全威胁不断演变，而各金融机构的客户和员工往往就是安全防线上的薄弱环节，银行和储蓄银行亦不例外。所以，除了实施技术层面的措施以外，金融机构还需要进行智能风险管理。因此，要长期保障网络安全，金融机构就必须灵活应对新情况甚至未知挑战，同时确保能够稳定地履行其职责。毕竟，企业和组织总是在不断成长和发展。

因此，管理好各种职责显得尤为重要。这意味着要打破责任"壁垒"，避免在应对网络风险的多个相互关联环节出现相互推诿责任的现象。银行经常将信息技术服务的部分环节外包给外部供应商，如服务器和软件等。云计算在银行业务中也发挥着越来越重要的作用。但无论如何，银行仍需为所有故障承担责任。因此，作为一名监管工作人员，我呼吁各机构深刻认识到其中的利害关系，并制订全面的风险应对计划。此外，各机构也需要建立并推广安全文化，使风险意识和负责任的行事态度植根于整个数字化银行，而并非仅限于个别业务部门。

## 6.1.4 ……但不必白费力气另起炉灶

面对日新月异的外部环境，即新科技、新行为模式、新竞争者和新风险的涌现，许多人开始质疑现行监管方式是否能适应未来的发展。然而，在我看来，这种质疑往往是由于对技术和银行业本质一知半解。

提到技术，我们想到的往往是其积极作用，如互联网24小时不间断提供服务的能力、比价网站的透明度、智能手机应用软件的便捷性以及众多线上供应商看似免费的在线服务。但我们也必须正视技术的不足。实际上，技术始终存在出错的可能性，而且也同样受到经济利益的驱使。例如，一家美国贷款中介平台最近就被曝出操纵发行行为。此外，一些像分布式账本技术这样的自我监管或自我监督金融科技，虽然能通过无数计算机相互核查账目降低错误和欺诈的可能性，但也并不能完全消除相关风险。所以在我看来，认为科技能使整个世界焕然一新的憧憬，实际上也是对我开篇时提及的简单现实和叙事的向往。

因此，我们仍然需要从外部对技术进行批判性审视。我坚信，国家不能也不应放弃其监管职责。此外，技术并没有改变银行和银行监管机构的立身之本，即二者的根本职责和所面临的风险。金融系统需要货币政策中介，以及能提供贷款、存款和支付等基本服务的机构。因此，银行的存在与经济和金融系统的运作机制紧密相连。更重要的是，金融业在风险承担等关键方面不能单纯依赖计算机，因为金融决策本质上充满了不确定性。所以，在数字金融市场秩序中，银行和银行监管机构都将继续发挥关键作用。

从监管的角度来看，系统性偏袒或歧视新技术都不可取。相反，我们需要的是一种中立的科技监管制度，仅在科技手段和机构带来不当风险时进行干预。国际监管界已经确立了"同行业，同风险，同规则"的一致性原则，并将其作为我们当前和未来监管工作的指导方针。

因此，在监管领域，我们不必另起炉灶。德国以风险为导向的监管模式依然稳固，且具有必要的监管手段，可以在必要时对违法的、未获许可的创新金融产品和服务采取相应措施。

因此，我们当前及未来的任务在于持续、连贯地将风险导向的监管方法应用于新兴领域和经营模式。例如，我们是否应将自动化投资建议或机器人咨询服务纳入《德国银行法》规定的咨询业务范畴？第三方经纪活动与自营贷款或自营存款的界限究竟在何处？在这些法律灰色地带，我们必须根据各金融初创企业的具体经营模式做出审慎评判。因此，金融科技公司向监管部门提出的大量咨询请求，如今已成为德国监管机构的一项繁重且耗时的工作任务。值得一提的是，这一流程并非新兴事物。几十年来，监管机构一直通过详细评估个案的方式，审核金融创新是否存在可能需要监管的风险。

若要保持风险导向监管的一致性，我们不仅要审视现有的、运作良好的监管机制，还需密切监测可能威胁金融系统稳定的新风险。在此背景下，数据保护和消费者保护或将在未来几年成为我们关注的重点。

那么，数字金融领域的竞争态势又如何呢？我们的监管目标应当是构建一个公平竞争的框架，将风险承担设立为衡量所有市场参与者的标准。但关于公平竞争环境的讨论常常失之偏颇，即简单地将不受监管的金融科技公司与受监管的传统金融机构进行比较，而忽视了二者金融风险的实际差异。金融机构往往将监督和管理要求视为额外的成本负担，而未获执照的金融科技公司则视其为市场准入壁垒。但从监管的角度看，竞争框架不应偏向任何一方，而应服务于整体经济发展。

最后，关于监管对数字化的态度，我想就鼓励创新与维护金融稳定之间的关系再做一点阐述。这两个目标在经济层面上无疑是相辅相成的。然而，虽然银行和储蓄银行需要兼具创新性和稳健性，但从执法者和决策制定者的角度来看，我们应尽可能在机构内部明确区分不同职能，以避免发生潜在的利益冲突。

## 6.1.5　结语

人们对金融业数字化进程的评价，往往取决于其立场和身份。

①银行视数字化为维持盈利与安全性的双重机遇与挑战。各银行精心制定并实施一项既平衡又明确的数字化战略。

②在日新月异的环境中，监管机构面临的挑战是确保公众始终信任金融机构。这要求监管机构紧跟行业发展的步伐，并在风险出现时确保企业承担起应有的责任。

③尽管新竞争者和新技术不断涌现，监管工作人员也不必白费力气做无用功。只需在特定经营模式和创新对金融系统构成风险时，才进行有针对性的监管。

若我们能够充分考虑到数字化的各个方面，相信数年后，金融业的数字化进程将成为各行业共同赞誉的成功范例。

感谢各位的倾听。现在请大家尽情提问，我会尽力作答。

\* \* \*

## 6.2 "数字原住民"？数字化时代银行业的未来

2018年1月24日，周三，于开普敦大学举办的"解锁区块链"黑客马拉松主题演讲

### 6.2.1 引言

女士们，先生们：

很荣幸能够来到开普敦，并在这场汇聚众多技术精英的黑客马拉松活动（聚集一群技术人员在一个或多个特定主题下进行密集的编程和创新活动）中发表演讲。在通常情况下，中央银行家与银行监管工作人员鲜有机会面对如此精通信息技术的听众。然而，我想对在座的各位，特别是刚刚完成首日区块链培训的朋友们说，接下来的内容大多只涉及非技术层面——尽管我们德意志联邦银行也对区块链技术这一前景广阔的领域进行了深入研究，并一直期待与各位技术专家分享我们的见解。其实早在2016年，我们就与位于法兰克福的德意志交易所携手，共同启动了一个区块链项目。

今天，我想借此机会与各位一起深入探讨一个更宽泛的问题：为何众多银行无法把握数字时代所带来的丰富机遇，步履维艰，难以取得成功？过时

信息技术系统的作用、银行是否"大而不能创新",甚至"键盘经济学"中提到的路径依赖等问题,都已经引发了广泛讨论。

我想重点讨论的是另一个主题,即"数字原住民"的作用及其与传统银行家之间的冲突。这种冲突与银行业务在数字时代的成功之间究竟有着怎样的联系?

## 6.2.2 "数字原住民"与"数字文盲":不同文化的冲突

一些人将"数字原住民"定义为1980年出生的人,[4]但我所说的"数字原住民"却并非局限于这一出生日期,而是指对数字世界持特定态度的人。

在我看来,现场的大多数人都可以称为"数字原住民",至少从职业选择或个人兴趣的角度来看是如此。相信大家绝不会对区块链的作用抱有任何疑虑。对于"数字原住民"而言,数字时代带来的好处清晰明了。"数字原住民"热衷于发掘这些机遇,敢于想象并追求任何可能的创新。

但金融业内并非只有"数字原住民"。业内有一部分人与"数字原住民"完全相反,对数字创新持消极态度。还有一些人,虽然总体上可称为"数字友好派",但实际上从未真正深入接触过编程代码或网络规划。这或许才是金融业内的主要群体——也包括我自己在内。我们或可将这一群体称为"数字文盲"。

这两个群体在互动时,难免会产生摩擦。比如,我们经常听到信息技术人员抱怨与非技术人员的沟通障碍。

同样,经验丰富的银行家也常因数字创新者对银行业的了解不足而感到困扰。

那么,问题来了:相去甚远的"数字原住民"与老派银行家能否和谐共处?或者说,数字化时代银行业的未来,是否注定只属于其中一个群体?

对此,我的回答很简短:这两个群体不会自然而然地变得融洽,但他们必须如此。

为了更深入地理解这两种文化之间的冲突,我认为我们需要分别从这两个群体的角度出发进行分析。

## 6.2.3 "数字文盲"对金融机构发展的潜在阻碍

站在"数字原住民"的角度，我想深入探讨非技术人员展现出的三种倾向。在我看来，这些倾向对金融机构的未来发展至关重要。

①过度简化信息技术事务。

②轻视信息技术风险。

③低估数字化机遇。

各位或许也曾在某些时刻感受到这些倾向。接下来，我将结合自己在银行监管方面的实践经验，为每一种倾向列举一个具体的例子并加以说明。

在非信息技术部门中，过度简化信息技术事务似乎已是一种普遍态度。

如果向各部门经理与信息技术部门询问其合作经历时，他们可能会一再宣称："信息技术部门本该迅速找到每个问题的简易解决方案！可他们却只是在浪费钱！"

坦白讲，我们这些从未从事过信息技术工作的人，都有过这样的想法。

而信息技术部门往往将这种互动和合作视为"数字文盲"造成的沟通障碍。若前来沟通的非技术人员能够理解代码、计算机和网络能实现的功能，信息技术专家们就已经很感激了。但非技术人员提出对数字解决方案的需求时，却常常因为过度简化信息技术专家的工作而未能得到满意的回应。例如，他们往往无法准确描述需要应用程序实现的目标和功能，因为他们既不懂得专业术语和实际解决方案的运作方式，也在于他们根本就不关心这些技术细节。

然而，沟通伊始的概念不清经常会导致银行家们做一些仓促的修补和权宜之计，最终只会带来高昂的成本和长期的不便。更让信息技术专家感到不快的是，这还会导致他们的能力受到质疑。

而且在日常工作中，其他部门往往不能理解信息技术部门需要面对的挑战。信息技术部门需要确保软件应用程序的稳定性、安全性和效率，使其能够适应不断变化的用户需求和"外部环境"，并保证哪怕是最笨的用户也可以轻松理解和使用该程序。这些都是信息技术部门必须不断权衡的要素，涉及诸多战略决策。但高层管理人员必须首先理解这些权衡的重要性。

然而，另一个更要紧的问题是资源匮乏。在监管检查中，我们发现高层管理人员常常不愿意为信息技术项目提供足够的资金。这导致信息技术部门难以推行长期的解决方案。出现这一现象可能是由于"短视的态度"作祟（因为信息技术项目通常只能在中期和长期才有收益），也可能是高层管理人员低估了信息技术项目价值。

接下来，我想谈谈高层管理的另一个偏见，即对信息技术和网络风险的轻视。近年来，针对普通人和企业的网络攻击事件频发。尽管人们对潜在威胁的警觉性有所提高，但许多人仍然将网络攻击视为偶然事件，认为只是一时倒霉。但平心而论，对于许多应用程序和大型信息技术系统而言，构建可靠的防御机制确实颇具挑战，因为风险总是在不断演变。同时，技术也在不断进步，带来更多新的漏洞——近日，计算机处理器就被曝出了新的弱点。

尽管如此，通过采用信息技术部门已经熟知的措施，企业仍然可以有效降低网络攻击的成功概率。所以从理论上讲，企业应该具备管理其信息技术和网络风险的能力。当然，这些措施的有效实施离不开高层管理人员的支持，因为网络防御措施不应仅局限于用户界面。整体来看，银行等金融机构的高层管理人员在数字领域的无知，可能会严重制约其信息技术部门的运作效率。我们的银行监管工作人员经常观察到这一现象。信息技术专家通常很欢迎我们在监管检查中提出的批评和建议，因为这有助于他们推动改革，推行更可靠、更持久的信息技术解决方案，而非无奈地实施权宜之计。

## 6.2.4 为何金融和银行业的未来仍未可知

女士们，先生们，银行内部"技术迷"和非技术人员之间的文化冲突，已经超越了日常运营事务，深入战略层面。这种冲突反映了对数字化优先级的不同看法，而这种看法往往深受个人数字背景的影响。

面对市场环境变化和监管改革等挑战，银行管理层常常忙于维稳。然而，那些拥抱数字化理念并将其融入生活的人，却积极倡导更深层次的战略调整。他们认为，在数字化时代，银行若不积极变革，便只能面临被淘汰的命运。

为变革做好准备显然是明智之举。金融行业的进步，无疑是一股不可逆的潮流。从即时支付到移动银行，再到机器人咨询服务，银行业的各个领域都在发生变化。一些机构甚至完全通过智能手机为客户提供服务。尤其在南非等地，智能手机银行正在逐渐取代实体银行。在这场变革中，客户扮演核心角色：一些机构低估了客户的需求以及他们快速适应变化的能力。十五年前，大多数客户或许还愿意排队等待服务。但如今，哪怕在线服务只是中断几分钟，精通数字技术的用户可能就会感到不满。

我们有理由相信，这种变革将持续下去，因为技术变革与客户习惯是同步发展的。虽然一些创新热潮目前正处于"幻灭低谷"，但银行不应忽视整个银行业未来的进一步发展。在短期内，我们可能会给予这些进步过高的评价；但从长远来看，我们往往只会低估变革的力量。

所以，银行业正面临着一系列亟待解决的问题：数字化将如何影响银行的收入结构？新进入市场的竞争者将夺取多少利润？数字金融经济中，应有多少同类服务机构共存以维系市场健康？

这些问题令人担忧。出于对未来的恐惧，一些银行管理人员可能会错误地假设银行是特殊的存在，不会受数字时代市场力量的影响。

但换个角度来说，这是否真的意味着银行已经跟不上时代了？"数字原住民"是否真的为我们指了一条明路？

接下来，我将着重探讨"数字原住民"可能存在的偏见和谬误。换言之，尽管我认同金融业正在发生持续变革的观点，但我们也不应被"数字原住民"的乐观情绪所蒙蔽。

首先，"数字原住民"需要保持谨慎，不要对数字银行的发展过度自信。

保持谨慎的原因有很多。即使金融数字化是大势所趋，但技术发展的方向却充满未知——有些技术会日趋成熟，有些则会被市场淘汰。除非大多数人接纳并使用这些创新技术，否则任何关于数字创新将主导市场的论断都仅仅是空谈。例如，智能手机早在20世纪90年代就已问世，却并未在当时引起广泛关注。因此，我们应当以技术能否成功打入市场为标准来评估其价值，而非其创新性。

我还要指出对数字化过度自信的另一个根源，即过度将数字时代与全新的、独立的"规则"挂钩。1996年约翰·巴洛发表的《赛博空间独立宣言》就是这一思潮的先驱之一，[5]认为虚拟世界可以遵循与现实世界完全不同的规则。这一观念至今仍在影响"数字原住民"对自身角色的认知。例如，许多新的市场参与者就曾怀揣着雄心壮志，试图通过设计高效便捷的服务全方位超越传统银行。

但时至今日，这些新的市场参与者也发现，即使在数字时代，打造出色的产品也需要付出巨大的努力。在数字化世界提供服务并非零成本。比特币的巨大电力成本就是一个广为人知的例子。世上可没有免费的午餐。我们也需要面对各种权衡取舍，比如在便捷性与安全性之间做出选择。以德国为例，多种智能手机支付应用就因缺乏双重身份认证而遭到黑客攻击，因为追求便捷的客户认为双重身份认证过于烦琐。

所以，即便数字化的世界看似有无限可能，但背后仍伴随成本的付出与各种权衡。"数字原住民"必须学会正视这些局限和权衡，不被理论观念和数字化的思想蒙蔽双眼。实践的效果才是衡量成功的最终标准。

## 6.2.5　"数字原住民"为何也可能易受谬误影响

我还注意到，"数字原住民"在进军金融业时，往往容易对现有的金融系统产生误解，甚至低估其复杂性和重要性。

我接下来要探讨的正是这些误解。近日，比特币和其他加密货币受到了媒体的广泛关注，但公众对加密货币仍充满疑惑。作为一名密切关注金融动态的央行人员，我意识到这种疑惑的根源在于公众对传统货币系统的了解不足。若人们无法清晰地区分各种货币和其他金融工具，那么数字创新就可能会带来潜在的风险。

所以，我要在此强调，无论数字金融多么便利且富有创新性，法律所定义的金融机构仍然在社会中发挥着举足轻重的作用。客户将储蓄托付给银行，企业依靠银行获取可靠的金融服务，而整体经济也依赖于银行的信贷支持。银行是经济的支柱，必须确保金融服务可靠、可信和可持续。

因此，银行仍然具有特殊性。这也正是我们在数字时代仍需给予银行特别关注和待遇的原因。例如，德国的银行虽然可以外包信息技术服务和基础设施，但仍对客户负有不可推卸的责任。如果信贷机构想要将业务迁移到外部云提供商，就必须证明自己能够管理和控制服务中涉及的所有潜在风险。

因此，那些断言银行将走向消亡的论调会遭到这样的反驳：出于充分的理由，银行仍然具有特殊地位。

## 6.2.6　那么，我们应如何处理文化冲突?

如前所述，银行业的数字化转型是一股不可逆的潮流——但银行应如何应对这股潮流？在此次演讲中，我提出了一个更为具体的问题：如何处理金融公司内部"数字原住民"和"数字文盲"之间的文化冲突？"守旧派"是否阻碍了金融业的进步？还是说，金融行业的特殊性是否真的让信息技术专家难以施展拳脚？

我深信，银行业的未来并不在于消除这两种文化之一，因为二者都是推动行业进步的关键力量。

基于我之前的观察，我总结了三点经验教训：

①尊重与互补：虽然数字银行发展势头强劲，但银行在经济中的独特地位和作用仍不可撼动。因此，数字时代并没有削弱资深银行家的价值。在德国，许多金融科技公司和传统银行已经不再相互对抗，而是转向合作共赢。未来，制定银行业运营规范依然至关重要。

②正视并解决沟通障碍：银行和其他公司不应仅依赖高度标准化的互动方式，因为这种方式往往会导致误解。我们应寻求更有效的沟通方法。"敏捷"项目就是促进有效沟通和增进理解的典范。在德意志联邦银行内部，我

们启动了一个全员参与的网络风险意识项目，并将其设计为一次穿越"网络丛林"的冒险之旅。一些员工可能会取笑这个项目，但如果取笑这个项目能激发他们更深入地思考和理解网络风险，那我并不介意。

③增加高层管理人员中的"数字原住民"数量：德国银行监管机构已经采取相应措施，让没有传统银行业和信贷业务背景的数字专家更容易成为银行董事会的一员。

总之，在银行业的数字时代，无论是"数字原住民"还是"数字文盲"，都需要正视一些令人不安的现实。银行业的未来在于承认"数字原住民"和"数字文盲"之间的差异，并努力寻求和谐的共存之道。能够做到这一点的机构，无疑将成为行业中的佼佼者。

感谢大家的倾听。

\* \* \*

# 6.3　银行为创新所惑？从数字化中汲取的教训

2017年3月22日，巴登－巴登，巴登－巴登企业家研讨会开幕致辞

## 6.3.1　引言

女士们，先生们，

尊敬的霍勒先生，

亲爱的约翰·克莱恩：

相信在座的各位与我一样，对今天的会议主题充满了好奇。我们即将探讨金融行业的创新——这个话题本身就充满无尽魅力。

创新的本质在于引入前所未有的元素。但创新的意义，又是否仅限于此呢？爱德华·德·波诺[6]在思考交通领域的进步时，曾这样描述创新的关键：

"马车经过不断修缮，或许能近乎完美，但却不可能摇身一变成为汽车。"

因此，当我们谈论创新时，关键并不在于探讨如何完善已有的思维模式和行为方式，而在于如何激发灵感和横向思考。相信今天的丰富议程将有效激发横向思考。

接下来，我想以我最近担任银行监管者时常思考的三个问题，开启我们今天的讨论：

①金融行业的创新为何偏偏在当下成为焦点？

②我们所说的银行业务创新，其内涵究竟是什么？

③银行真的能创新吗？

## 6.3.2 创新：为何偏偏是现在？

首先谈谈第一个问题：金融行业为什么偏偏要在此时进行创新？我想先声明，这个问题并非无的放矢。从金融危机的沉痛教训可知，盲目鼓励银行不断创新并非明智之举。人们在进行这方面的讨论时常常引用保罗·沃尔克的话。他指出，过去25年，该行业"最有意义"的进步就是自动取款机的普及。

让我明确一点，我今天要讨论的创新不再是浮于表面的噱头，而是那些能够为银行业当前面临的一系列问题提供切实解决方案的创新。

从表面上看，德国的银行业似乎风光无限：德国的银行和储蓄银行近期内都处于持续稳定盈利状态，也累积了颇为充足的资本缓冲。然而，由于诸多原因，其盈利前景黯淡。我想特别指出两个使情况更为严峻的因素。

第一个关键因素就是利息业务。低利率环境无疑正在挤压银行的利润空间，导致银行的盈利前景持续恶化。但是，提高利率并非灵丹妙药。与普遍预期相反，调高利率在初期可能会加剧利率风险，这在德国尤为明显。金融机构必须提前做好应对准备。

另一个导致盈利能力疲软的关键因素就是监管，我不会对此避而不谈。为应对金融危机，监管机构提高了监管标准，为银行业设置了更高的门槛。这一举措无疑是正确且必要的——相信大家都认可，稳定的金融系统有益于每一个人。但同样不可否认的是，更为严格的监管加重了许多银行的负担。监管框架的改变对银行业的影响正在逐渐显现。

金融机构一次又一次地将困境归咎于货币政策和监管，但这种"此消彼长"的片面思维对任何人都没有益处。正如爱因斯坦所说："疯狂就是重复做同样的事，却期望能得到不一样的结果。"因为银行业的游戏规则已经彻底改变，这是不争的事实。逃避现实无济于事——每个人都要适应新环境。改变定价模式、削减成本，以及并购整合都是可行的策略。

此外，创新也是一条值得探索的道路。近年来数字化的快速发展备受关注。至少可以说，数字化浪潮已经点燃了人们对未来的强烈乐观情绪，催生了拥有新颖理念和经营模式的一众金融科技公司。客户对数字银行的热情开始日益高涨，而宽带互联网等关键技术的普及也为数字化提供了有力支持。

历史悠久的银行业中出现了一个全新的领域——在这个领域里，横向思维再次成为关键，不断完善数学模型已不再是盈利的最佳途径。银行业正经历着创新热潮，背后原因有二：一是银行的众多传统业务领域前景黯淡，二是数字化带来的挑战与机遇并存。

## 6.3.3 创新究竟为何物？

在数字银行时代，创新究竟是什么？金融行业的数字化成为焦点，离不开三个既具前瞻性却又隐忧重重的设想：数字银行会给金融业带来的颠覆性影响、行业革命和无限自由。

我会逐一剖析这三种设想。

第一种设想是数字银行对金融行业的颠覆性影响。这种设想源于人们对金融科技公司，尤其是科技巨头的担忧。这些公司可能会凭借价格更低的创新金融服务迅速崛起，成为传统金融机构难以匹敌的对手。

这种担忧并非无中生有。以交易所为例，许多交易早已不再局限于交易大厅。在法兰克福交易所和其他交易所，一台台高性能计算机占据了大量空间。这正是机器在高频交易领域逐步取代人工服务的生动写照。过去由交易员做出决策的事务，如今已交由算法处理。与交易员相比，这些算法能在极短的时间内做出决策，全天候运行，并与全球保持实时通信，而其主要成本不过是一点电费。

然而，到目前为止，数字化的颠覆性影响只波及了部分银行业务。尚未有技术创新能够全面复制银行或储蓄银行的经济功能。尽管在在线支付等领域，老牌机构在短时间内落后于发展步伐，但创新往往受到"先行者诅咒"的困扰，即最先提出创意的市场参与者往往因为市场准备不足而失败。相比之下，硅谷的科技巨头则擅长收购这些创意，并使其成功落地。因此，进入市场的时机并非决定性因素。

我并不认为数字化会在当下或不久的将来全面颠覆金融业。目前，金融科技公司与德国银行之间的关系可以说是"错综复杂"。从传统金融科技公司的并购到白标银行业务，再到将银行视为数字生态系统的构想，几乎每一种经营模式构想都已在市面上出现。尽管金融科技公司最初以挑战者的姿态出现，但如今它们与传统机构已形成了基于竞争、合作与业务拓展的多元共存状态。

我将第二种设想称为"行业革命"。这一设想同样尚未成真。数字化看似可以创造出比当前金融系统更稳定、更贴合客户需求的新系统。金融科技公司也因此自视为传统金融机构的对立面，以平易近人、"小而美"的形象示人，而不像传统银行一样严肃正经、"大而不能倒"。但仅凭新颖的理念和以客户为中心的文化，真的足以带来如此巨大的变革吗？金融科技公司的自我定位真的能够为它们争取到更为宽松的监管环境吗？

过去，感知差异从未对监管机构产生过实质影响，这一点至今依然未变。真正能影响监管机构的，是关于安全性和可靠性的确凿证据。全球金融科技公司的系统故障、运营失误以及个别欺诈案例都清晰地表明，仅仅依赖技术和新颖的企业形象，并不能完全避免事故和不当行为的发生。

从审慎监管的角度出发，当两家公司采用相似的经营模式时，人为区分创新型企业与传统金融机构并无实质意义。因此，监管机构和监管工作人员其实只关注企业的实际经营模式。一旦企业涉足银行业务，即吸收存款和发放贷款，监管机构就会将其视为银行，并要求其获得相应的执照、满足监管标准，至于这家机构是仅依托智能手机应用运营的新型银行，还是拥有多家分行的老牌银行，对监管机构来说并不重要。同样的逻辑也适用于金融服务机构和支付机构的业务活动。因此，如果一家德国的金融科技公司获得了监管豁免，那仅仅是因为目前其经营模式中不存在需要监管的风险。所以，监管机构将继续遵循"同行业，同风险，同规则"的一致性原则。

现在，我要简要谈一下之前提到的第三种设想：数字化带来的对金融服务无限自由的渴望。数年前，比特币作为金融服务无限自由的先驱，以其完全基于比特和字节、不受任何外部权威管理的特性，引发了广泛关注。那么，我们是否能够将这种用计算机程序确保互动公正、可信的理念，推广至整个金融领域呢？

首先，我想明确指出，我认为区块链和分布式账本等技术创新确实极其先进。当人们正确地结合应用这两种技术时，不仅可以防止交易、合同或文件的伪造，还可以在数秒内完成交易结算。这使区块链技术在商业领域极具吸引力，因为它可以部分取代烦琐的行政流程和外部控制机制。

然而，随着最初的激动逐渐平息，我们清楚地意识到：没有任何事物能够游离于现有金融系统之外，成为一个完全不受监管的领域。当然，人们可以，并且必将会利用"区块链"技术。但在未来的金融系统中，我们同样需要法律系统的保护。金融问题常常涉及重大利益，绝不可能仅凭计算机程序就能裁决所有纷争。因此，技术必须服从法律，这一点毋庸置疑。对于银行而言，只要区块链技术能够在法律允许的范畴内运作，并且银行管理层愿意为应用这一技术承担风险，银行就可以使用这项技术。

女士们，先生们，希望我的发言解答了"数字银行业的创新是什么"的疑问：极端的数字化设想已经大体上回归了理性。如今，大多数公司已经不追求另起炉灶，而是追求更务实、更迅速，特别是更具成本效益的解决方案。我们面临的问题不再是选择银行还是金融科技公司，而是如何优化编程接口和如何在成本上精打细算。这不再是一场哪个银行或储蓄银行"最数字化"的竞赛，而是一场如何打造创新且令人信服的全面解决方案的较量。

## 6.3.4　银行真的能创新吗？

现在，让我们来探讨我在开场白中提及的第三个问题："银行真的能创新吗？"近年来，信贷机构并未在创新领域脱颖而出，尤其是与金融科技公司相比。虽然银行在此期间也开始启动自己的创新项目，但至今为止，金融科技公司依然是数字化进程的主要推动者。

但我们谈论的并非某个孤立的创意，而是一家银行的整体策略布局。创新往往需要的是不懈的努力和坚持，而非一时的灵光乍现。因此，创新是可以通过有效的管理策略来推动的。作为银行监管工作人员，我的职责并非规定机构应如何发展。监管工作人员对创新持中立态度：我们的工作只是确保银行和储蓄银行能够自行承担其特定业务的风险。当然，监管工作人员也会密切关注行业动态。在这个过程中，我们识别出了创新成功的三个关键因素。

首先，创新的前提是保持对新观念和新发展的开放态度。迄今为止，许多变革都源自观念的转变。银行高管首先要学会严肃对待数字化和新的竞争格局，并始终以客户为中心进行思考。我并非要求银行高管学习编程或网络架构，但他们应该能够大致理解数字化术语。

其次，创新要求金融机构具备处理复杂情况的能力。以银行的网络安全防护为例，信贷机构常常成为网络攻击者的主要目标，因为成功的攻击能带来巨额回报。面对日益增长的威胁，信贷机构必须保持高度警惕。

然而，仅保持高度警惕是远远不够的。网络防御并非小事一桩。在中世纪，城堡凭借护城河和堡垒就能够相对容易地抵御外敌的侵袭，而且敌人的入侵方向也清晰明确——入侵者常常是同一支敌军。但在信息技术领域，情况却大相径庭：攻击者身份不明，且几乎从不现身。有时，专业的黑客会在公司防御系统内部潜伏数月之久。即使公司检测到了系统安全漏洞，也并不意味着入侵者已被彻底清除——这有时需要顶尖的侦查技术才能实现。因此，信息技术安全应更像一种免疫系统，而非一座堡垒。可想而知，仅凭强大的防病毒软件和防火墙远远不足以保护这一免疫系统。

要使银行的免疫系统保持健康，就必须具备一个健全的公司架构。简而言之，良好的公司治理是关键。因此，我们的监管工作人员敦促部分机构打破"职责壁垒"，避免在应对网络风险的多个相关环节出现相互推诿责任的现象。此外，我们还需要考虑到"人为"因素是信息技术和网络安全的薄弱环节。

因此，任何机构在启动新项目时，都必须直接考虑信息技术安全这一重要因素。金融服务初创公司也不例外。虽然金融服务初创公司以先进的信息技术而著称，但缺乏全面的安全管理同样会使它们受到网络风险的侵袭。

至于第三点，我要强调的是，创新通常应该由每家机构根据自身情况自行推动。由于境内银行种类繁多，德国并没有一个能适用于所有机构的解决方案。无论机构规模大小、位于城市还是乡镇、是特殊目的融资机构还是"全能银行"，各机构都需寻找并走出自己的创新之路。

## 6.3.5  结语

女士们，先生们，请允许我简要概括我的演讲内容：

银行是否能仅凭过去的成功策略，便能在当前的环境下继续稳坐钓鱼台？我的答案是，不能。

那么，我们究竟需要什么样的创新？我认为，数字时代的优胜者将是那些在自己领域内整体表现更出色的银行，而非那些试图另起炉灶的机构。

银行能创新吗？当然可以。至少，银行有众多创新点和可采取行动的领域。数字化是大势所趋，银行无法置身事外。正如格雷厄姆·霍顿所言："创新并非必须之举，生存亦非必保之事。"

感谢大家的倾听。

\* \* \*

# 6.4 资本市场逐渐电子化的展望

*2016年4月25日，阿姆斯特丹，于欧洲金融智库Eurofi高端研讨会的讲话*

当我们从宏观角度探讨资本市场的电子化时，实际上是在探讨一系列纷繁复杂的问题。区块链技术正挑战着市场的基础设施，有潜力使市场参与者之间的合同签订和交易结算变得更加高效、成本更低。同时，电子市场众筹平台也在推动资本市场的发展，架起了连接供需双方的桥梁。其他金融科技公司也在努力为整个金融行业带来更高效、更便捷的服务。

然而，这些发展趋势的最终走向仍充满未知。例如，区块链对金融服务业的潜在颠覆性影响可能需要数年时间才能显现。我们必须意识到，电子化涉及众多不同的政策领域和巨大的不确定性，所以我们的当务之急是制定一个清晰的政策发展战略。

那么，我们接下来该如何行动？以欧洲资本市场联盟项目为参考，我们的共同期望是一个既繁荣又稳健的资本市场。然而，关键问题在于，我们是否有理由认为电子化能够从根本上消除资本市场的既有风险。

虽然数字应用确实展现出诸多优势，但认为数字金融万无一失的观点是不切实际的。众筹平台所展现的集体智慧并不能保证决策绝对正确，也无法遏制经济衰退时期恐慌情绪的蔓延。算法固然透明、可靠，甚至智能，但在复杂的应用情境中，它们也可能出错或受到人为操纵。正如我的一位同事几天前所说，即使是自动驾驶的谷歌汽车也可能撞倒行人。同样，区块链技术的自我调节机制也并非万能：法律问题已经浮出水面，任何涉及金融风险的技术应用都需要监管的介入。

因此，我们不应尝试在金融监管中人为地划分界限，而应持中立态度看待技术。事实证明，银行监管领域"同行业，同风险，同规则"的一致性原则确实行之有效。

技术本身并不具备自我监管能力。无论金融创新如何发展，我们都必须确保，部门监管机构能够继续确认未来的运营风险将由明确的实体负责。由于存在诸多不确定性，密切监测创新发展态势尤为重要。

接下来，我想探讨金融科技的增长潜力。金融科技在降低交易成本、减少延迟和提高便利性方面的潜在益处是显而易见的。但在制定政策时，我们应避免陷入将创新与审慎对立起来的误区。

在公平的竞争环境和与时俱进的规则体系下，我相信市场力量将在长期内发挥积极作用。因此，我们的首要任务不是直接推动创新，而是消除不必要的监管障碍。当前的监管在某种程度上忽视了数字化的真实情况，即数字环境中市场参与者的互动方式与传统环境有所不同。我们必须调整法律观念以适应数字环境，同时确保创新者拥有可靠的规划方向。

在我看来，一个在欧洲范围内协调一致的、长期的监管框架，将是我们为促进金融创新所能提供的最佳支持。

\* \* \*

## 6.5 大数据下的银行业：政策问题有何不同？

2015年11月6日，法兰克福，于主题为"数字化金融"的第三届法兰克福金融市场政策会议的讲话

感谢各位给予我机会，让我能够在此阐述对数字化银行业及其政策问题

的看法。

首先，我想谈谈人们对于金融科技席卷金融领域的一个普遍观点，我认为这个观点有些误导性。人们认为金融科技公司是专门为了与传统银行竞争而出现。然而，这些公司的独特之处在于全面运用信息技术，特别是互联网技术，以及其独特的业务结构和外在形象。虽然这些公司看起来可能与传统银行有所不同，并且更注重满足客户的各项需求，如全天候无间断服务、操作简便性以及个性化服务，但这并不意味着银行的基础金融功能已经过时。事实上，一些金融科技公司已经获得了银行执照。

尽管整个行业的银行业务呈现形式和技术实现方式都可能发生变化，但银行作为受监管的金融机构，仍然在金融系统中享有不可动摇的重要地位。银行之所以能提供贷款和存款服务，是因为它们满足了监管机构的审慎要求。金融系统依赖于这些持有执照的货币中介机构，这是计算机算法也改变不了的事实。

然而，银行的盈利能力和市场地位确实受到了挑战。金融科技公司不免会瞄准银行最具盈利潜力的业务领域。这意味着银行需要面对新的竞争对手，行业格局在未来十年内可能会发生显著变化。但银行并不是注定会被淘汰。首先，银行与客户之间建立了深厚的信任，对业务有深入了解，并且对监管环境在过去几十年的变化了如指掌。

此外，银行与创新科技公司并不只是竞争对手。据我观察，金融科技公司一旦有了成熟的创意，就会频繁接触银行以寻求合作。虽然银行在创新和反应速度上可能不如新兴科技公司，但双方之间仍有许多合作机会。

在监管层面，我们应当摒弃将技术驱动与传统金融服务方法割裂开的观念。监管的初衷并非惩罚或优待某些市场参与者。金融监管的核心目的始终是维护金融稳定，防止为稳定可靠的金融业带来风险。

对于金融科技公司和银行来说，智能技术所带来的新风险不容忽视。大数据就是一个鲜明的例子：大数据固然能帮助我们全面、及时地掌控银行业中的风险与流程，但与此同时，大数据技术也可能催生新的风险类型。例如，有了大数据技术，银行及不受监管的市场参与者可能会过度依赖算法进行信用评估或交易决策。但我们必须确保，最终承担决策责任的是具备丰富经验和风险意识的人类。

同样，我们也需要谨慎对待智能数据处理在风险管理中的应用。目前看来，这个做法似乎极具潜力，但我们必须牢记计算机算法并非总是准确无误。随着金融行业对信息技术的依赖程度日益加深，网络安全问题也日益显著。

总体而言，监管机构需要持续关注新技术的发展动态。新业务与技术层出不穷，我们无法预见所有潜在风险，也无法限制潜在风险的范围。因此，我们的目标应当是确保采用与风险相匹配的审慎监管方法，并在必要时进行干预。

谢谢大家。

\* \* \*

# 6.6　全盘数字化？银行业的未来

2015 年 10 月 26 日，慕尼黑，于主题为"数字化给银行和保险公司带来的机遇和挑战"2015 巴伐利亚金融峰会的演讲

尊敬的格尔克教授，

女士们，先生们：

非常感谢各位给予我这个宝贵的机会，让我在享有盛誉的巴伐利亚金融峰会上，就银行业数字化的相关观点和挑战发表见解，以此作为我们讨论的引子。

## 6.6.1　金融业的数字化：是光明的未来还是危机的伏笔？

数字化浪潮已经席卷了整个银行业，带来了深远影响。在德国，已有63%的银行客户成为线上银行服务的忠实用户。[7]

他们中许多人都拥有智能手机，期望能在任何时间、任何地点享受便捷的金融服务。银行业必须在这个新环境中重新审视自身的定位。了解数字化趋势的最终走向无疑将对我们有所帮助。但我不禁要问：金融业真的会全盘数字化吗？

数字化为金融行业带来了大好机遇。利用现代信息技术，我们可以打造一个成本更低、速度更快、更个性化并且更灵活高效的金融系统。个人用户如今可以随时随地通过手机处理银行业务、进行资产规划。在线贷款平台可以为中小型企业提供定制化的贷款服务，而计算机算法则能为客户提供个性化的投资建议。因此，我们有理由期待一个更加先进的金融系统，它将在多个方面为整个社会提供更好的服务，特别是广大个人客户。格尔克教授，我与您一样，期待数字化变革能使透明度、安全性和公平性在未来成为常态。[8]新兴的金融服务提供商对变革满怀期待，而一些银行则感受到了压力。但只要这些新创意能够得到妥善落实，它们将释放出巨大的经济潜力。

然而，任何社会进步都伴随风险。在一个高度互联的世界里，这些风险甚至可能悄无声息地渗透到我们的手机中。据一家安全服务提供商统计，每14秒就会出现一个针对安卓智能手机的新恶意软件样本。[9]银行每天都要抵御成千上万次对其信息技术系统的攻击。创新可能会带来严重的副作用——金融监管机构在过去的20年里对此深有体会。

金融数字科技也不例外。人类的每次创新都伴随着错误和未知风险，这在金融系统中尤为突出。不当创新可能会给社会带来严重后果。因此有人断言，信息技术将是引发下一场金融危机的关键因素。国际证监会组织（IOSCO）理事会主席格雷格·梅德科拉夫特甚至预测，随着金融机构遭受一系列网络攻击，网络空间将成为下一个重大金融冲击的源头。坦白说，我也认同这个观点。

数字化浪潮可能会将我们推向各个未知的领域。因此，银行和监管机构必须刻不容缓明确未来发展方向。在此，我想申明一点：我并不认为全盘数字化是适合所有人的最佳选择；相反，我们需要找到最佳平衡点，寻求一个能够长期赢得社会信赖的全面方案。接下来，我将概述银行和储蓄银行在数字化世界中应如何生存发展，以及我认为监管机构和监管工作人员将要面临的新挑战。

## 6.6.2　银行：适应数字化世界

银行不能再将数字化视为可有可无的众多趋势之一。如今，来自客户和行业内部的新期望，以及其他行业的新竞争对手的涌入，都给银行带来了莫大的压力。仅拥有高耸的办公大楼和庞大的分支网络，已不足以证明一家金融机构的正规性以及在全国范围内提供服务的实力了。

金融科技公司的崛起，如同"小而快"的急行军。这些高科技金融服务公司虽然服务范围有限，但创新力极强，展现出巨大的竞争潜力。银行应摒弃嫉妒心理，正视并尊重金融科技公司强大的创新能力。这些新兴市场参与者提出了众多创新想法，如通过贷款中介平台实现贷款需求者和投资者的高效连接，使双方都能通过这一数字平台迅速、低成本地获取信息。贝宝（PayPal）、谷歌钱包（Google Wallet）、苹果支付（Apple Pay）等支付平台也催生了新的支付方法。此外，投资者也可以在线使用自动化投资工具。这些金融科技公司的发展势头惊人，每月在全球范围内筹集的资金高达约10亿美元，其中不乏众多具有开创性的企业，尤其是在美国。

银行必须保持高度警觉——不仅是因为银行的利润可能被金融科技公司分薄，更因为在日新月异的数字世界中，若银行不能迅速响应并推出具有竞争力的产品，就可能会一蹶不振。换言之，整个银行业都无法逃避，必须积极应对挑战。

金融科技公司和利润下滑只是冰山一角，真正的挑战是所谓的"颠覆性技术"。这些技术之所以被称为"颠覆性技术"，是因为它们不仅能提升单个流程的效率，还会淘汰整个行业的现行经营模式。例如，当音乐开始以压缩文件的形式在互联网上广泛传播，从CD压制机到唱片店的整条价值增加链就会变得多余。如今，智能手机及其先进的摄像头技术也给相机行业带来了很大的压力。同样，金融行业也必须正视这些颠覆性技术。例如，移动支付就可能颠覆金融行业多年来构建的支付结构。

业界认为，"区块链"技术对银行的影响尤其重大。依托全球计算机网络，区块链技术让全球金融交易都能以接近实时、防伪且去中心化的方式被记录在案，这意味着未来金融交易可能不再需要依赖中央证券托管机构和银行。因此，任何个人或公司均可直接与其他金融市场参与者进行资金、证券或其他类型资产与负债的结算，从而避免了银行、中央证券托管机构（CSD）和中央银行对现有烦琐结算基础设施的依赖。作为整个金融系统的潜在解决方案，区块链技术也引发了包括监管在内的一系列根本性问题。目前，银行业正在积极探索如何在内部运用这一新技术，特别是在跨境交易领域。例如，美国纳斯达克证券交易所已在部分服务中率先采用了区块链技术。

面对这一技术发展，若银行和储蓄机构仅采取观望态度，无疑是一种不负责任的表现：新技术可能迅速成为行业新标准，这在其他行业已有先例，如数码摄影、智能手机和在线媒体的崛起。一旦数字技术在金融领域站稳脚跟，银行业将难以再将其"封印"。在移动支付和线上支付领域，德国银行已经敏锐地捕捉到这一趋势，并推出了自己的支付平台，即Paydirekt。

近年来，银行客户对银行频繁曝出的负面新闻深感失望——尤其是客户和实体经济的需求在很多情况下与银行的核心利益相去甚远。这种情绪在一定程度上解释了客户为何热衷于拥抱这些数字新贵。金融科技公司与银行在形象上的显著差异也反映了这一点：金融科技公司的员工上班时只着便装，网站设计极简。因此，我认为客户对金融科技公司和新型服务提供商的青睐，实际上是对近年来银行业形象受损的一种回应。

数字化因此凸显了客户对公平待遇和透明银行服务的渴望。然而，在数字化环境中，信任仍然脆弱不堪：作为财务决策辅助的算法应真正帮助用户，而非摆布用户。利用"大数据"进行分析需确保其有意义，且不会剥夺人类的自主决策权。毕竟，信任是无法被编程的。

因此，我不希望在具有创新精神且经济前景诱人的新竞争者与看似老旧、步履维艰的银行之间挑起争端。相反，我认为金融系统无法被简单地拆解为一个个孤立的数字化流程和服务。

优质的金融服务绝非简单的算法堆砌。金融业必须展现对经济、金融产品的透彻理解，并与时俱进地更新其见解。我赞同格尔克教授的观点，客户并不希望在不同的银行或金融科技公司之间辗转，以获得不同的金融服务，而是更偏爱能提供"一站式"服务的银行。此外，新经营模式在落地前必须经过严格考验——数据显示，多数新尝试都以失败告终。没有哪一种数字银行经营模式绝对优于其他模式，金融科技公司也非银行的敌人：双方合作同样大有可为，众多银行已在积极探索这种合作。

但我也认为，银行的核心目标不应只是盲目追逐创新浪潮。相反，它们应致力于提供一个全面、竞争力强的"一站式"解决方案。这要求银行董事会给予数字化足够的重视。但事实却是，部分银行和储蓄银行甚至尚未真正意识到数字化的存在。即使是已经意识到数字化重要性的银行，往往也面临着不小的改革阻力。

但我们必须明确一点：变革是不可逆的，银行必须正视数字化的重要性，并相应制定合适的数字化战略以保持盈利能力。在我看来，成功的关键在于始终以客户为中心，深刻理解并满足他们的个性化需求，从而开发出具有长期价值的优质金融产品。

### 6.6.3 行业监管机构：勇于洞见未来

现在，让我们来谈谈数字化给银行监管机构带来的新挑战。毕竟，数字化也迫使监管机构与时俱进。

这并不意味着我们需要为数字金融服务单独设立一个监管框架——毕竟我们的目标始终是确保金融稳定。所以，我们需要做的是通过监管来覆盖所有可能危害金融系统稳定性的风险。

因此，我们的监管框架应当继续以这些风险为导向，而不是刻意区分传统金融服务和数字金融服务。我们应该通过法律手段应对任何威胁金融市场结构稳定性的风险，如某公司通过在线平台大规模发放贷款的行为。

但若是不关注数字化变革，我们将无法以与风险相称的方式对银行业进行有效监管。因此，无论数字化可能会给哪些领域带来风险，我们都必须保持警惕并及时应对；监管和监督实践也需要随之做出调整。

金融业曾经因不透明的抵押贷款证券化或高频交易等问题陷入困境。这些教训告诉我们，监管机构需要尽早以批判和前瞻性的眼光审视创新和金融趋势——这是我们在未来的必经之路。

目前的一个主要隐患在于过度关注创新的盈利潜力，而忽视其背后的服务或长期影响。这种短视乃是大忌。因此，银行董事会必须全面了解其经营模式的风险，并明确各自的职责。即使外包了信息技术服务和服务器，银行仍需对数据的安全性和有效性负责，并向监管机构提供审计线索。

不仅在信息技术安全领域，还在数据保护、计算机对行为的操纵以及算法驱动的集群风险等领域，出现了更多全新的重大风险。我们需应对层出不穷的新挑战：在经济不景气时，众筹和点对点贷款能否成为有效的经济支撑？当算法广泛用于辅助客户决策时，我们又该如何防范潜在的系统性风险？

我坚信我们不应争先恐后地追求全盘数字化，而应致力于持续为所有人带来实实在在的益处，并确保这些益处在十年后也仍然能惠及所有人。我们需要从源头解决数字金融领域的具体问题，确保数字银行得到充分的信任，让持怀疑态度的客户也能基于合理的理由接受数字银行。

值得特别注意的是，我们并没有办法掌握数字世界中的所有潜在问题。这些"未知的未知"，即尚未得名的风险，要先进入监管机构和监督机构的视野才能得到解决。

网络攻击和信息技术风险就是典型的例子。近年来，这些领域的发展迅猛——不仅攻击手段在不断进步，其经济组织的模式也在不断变化。如今，网络攻击已经变得高度专业化。甚至可以说，黑客行为已经形成了一条产业链。数据黑市正在兴起，甚至还形成了分工明确的市场：[10]人们可以雇佣黑客专家团队专门攻击银行网络。这种趋势将持续下去，因为越来越多的资产已经数字化，如账户余额、信用卡信息和可使用的服务等。所以我们必须预先做好应对新型攻击和全新风险的准备。新型攻击和新型风险无法完全根除，我们做好充分准备。

鉴于以上情况，我在此呼吁监管和监督同行：我们要做好跳出传统思维的准备，突破过往经验的束缚，以全新的视角思考问题。

因此，我强烈要求监管工作人员具备前瞻性思维。首先，这意味着监管工作人员应考虑到方方面面。我们不能假设所有新风险都能用现有的规则和监管实践来应对。其次，我们需要及时发现和理解新的趋势和发展，以便及时洞察潜在的风险。例如，不知道或不了解"区块链"概念的人就无法跟上发展的步伐。尽管所面临的监管和监督议题繁多，但我们仍需勇于面对那些尚未明显引发危机的领域。直白地说，我提倡监管工作人员以创业精神进行监管。

## 6.6.4  结语

无论是否全盘数字化，我们最终都应以金融系统服务于人民和实体经济的实效作为最终评判标准。我热切鼓励银行和储蓄银行通过推出创新且可靠的金融产品来参与数字化进程。这需要银行和储蓄银行以一种创业精神面对数字化变革，不是消极应对，而是积极拥抱数字化变革带来的机遇。因此，银行和储蓄银行需要在一定程度上重塑自我。我所说的并不是给旧有业务穿上时髦的新装，而是建立能够使银行业在长期内更加稳定、抗风险能力更强的经营模式，并始终以客户为中心。

在这个变革的时代，监管机构和监督机构比以往任何时候都需要有洞见未来的勇气。数字创新并非终点，也不能免受潜在风险的影响。正因我们无法预知未来，才绝不能固守现有的监管和监督框架。有效的银行监管意味着要不抱偏见地看待新创意和新发展——尤其是在这个瞬息万变的变革时代。

希望大家能展开热烈讨论。

\* \* \*

## 注释

1. Accenture（2015），The future of fintech and banking：digitally disrupted or reimagined? Accenture，1-12.

2. PwC（2015），A marketplace without boundaries? Responding to disruption. 18th Annual Global CEO Survey.

3. 这个数字与2014年营业额达10亿美元以上的企业购买的网络保险总限额有关。参考：Marsh（2015），Benchmarking trends：as cyber concerns broaden，insurance purchases rise. A. Turner（2015），Between Debt and the Devil：Money，Credit，and Fixing Global Finance，Princeton，NJ：Princeton University Press.

4. J. Palfrey and U. Gasser（2008），Born Digital：Understanding the First Generation of Digital Natives，New York：Basic Books.

5. J. P. Barlow（1996），A declaration of the independence of cyberspace. Available at：https：//www.eff.org/cyberspace-independence，accessed 19 January 2018.

6. 英国医生，认知研究者，作家（生于1933年）。

7. R. Berger（2015），Digital revolution in retail banking：chances in the new multi-channel world from a customer's perspective，Frankfurt，February.

8. BearingPoint（2015），7 digital questions for banks.

9. G Data（2015），Mobile malware report：threat report Q2/2015.

10. 网络犯罪即服务。

# 7

# 中央银行业务和国际合作的作用

## 7.1 全球经济合作的前景：英国"脱欧"、《巴塞尔协议Ⅲ》及其他合作

2017年2月23日，伦敦，于金融专员奥尔加·维辰担任德意志联邦银行驻伦敦代表迎新招待会的演讲

### 7.1.1 引言

亲爱的萨姆·伍兹先生，

女士们，先生们：

很高兴能够重返伦敦这座交织着英国、欧洲乃至全球文化的城市。能够在此与众多旧友以及伦敦的杰出人士相聚，我倍感欣喜。

上次造访伦敦时，我听过这样一个说法："德国人对英国人的好感可能超过了英国人对德国人的好感。"但愿这没有影响到英国"脱欧"公投。虽然这可能仅仅只是一句戏言，但我一直认为英德两国极为尊重彼此。

其实，我坚信两国人民都同样珍视英国与德国之间的友谊与伙伴关系。然而，在英国"脱欧"与国际合作面临挑战的今天，我们必须为这份友谊与合作找到新的基石。在政治环境日趋容易产生冲突和对立之际，建立紧密的人际关系并了解对方的立场就变得尤为重要。所以，今晚的活动对我而言意义非凡。

今晚我们欢聚一堂，欢迎新任德意志联邦银行驻伦敦代表的到来。借此机会，我想简要谈谈如何稳定并加强全球合作，并探讨当前两个关键议题：英国"脱欧"与《巴塞尔协议Ⅲ》。

## 7.1.2 全球合作的未来如何?

在全球经济融合与合作的讨论中，我们时常听到两种极端的、为意识形态所主导的解决方案：一是民族民粹主义者鼓吹的贸易保护主义，认为只要在国与国之间设置贸易壁垒，一切问题就会迎刃而解；二是超全球化，其拥护者主张经济活动应完全无国界，实现全球一体化。

然而，历史已反复证明，这两种极端都只是空洞的意识形态。它们各自的理论框架在现实中根本站不住脚，甚至在很大程度上是错误的。

那么，何种国际经济协作才切实可行呢?

我们可以借鉴全球化"三难选择"这一简单命题，言简意赅地回答这一问题。哈佛大学知名经济学家丹尼·罗德里克提出了一个"三难选择"命题，即我们无法同时实现全球市场完全自由化、维护国家主权、维护民主制度这三个目标。我们只能三者选其二。[1]

如果我们选择完全经济全球化，消除自由贸易的所有障碍，那么就必须牺牲国家主权，或是民主地反对全球规则。例如，如果我们放弃民主，那么独裁统治者就可以强制推行全球化规则。如果放弃国家主权，就可以实现全球化的民主。但在我看来，我们绝不会放弃民主和国家主权。

因此，必要时我们需要限制市场自由化。这并非一件易事，因为我们需要在纷繁复杂的局势中，弄清适合全球合作和统一的领域以及程度。实施这一策略的同时，也必须保证各国有更多解决国内问题的自主权。

考虑到以上种种限制，一个切实可行的折中方案便是进行有侧重点的全球合作。在可能的情况下，我们应该继续合作并统一法规，但也要注重提高效率。有侧重点的全球合作将为那些希望保持经济独立性的国家提供更大的选择空间，并尊重这些国家的合法权益。

### 7.1.3 英国"脱欧"

我想简要阐述一下，有侧重点的全球合作对英国"脱欧"谈判以及欧盟与英国未来关系的重要性。

可以说，我们正在努力寻找一个能够确保友好合作的可行解决方案。然而，这一过程受限于英国坚定的"硬脱欧"立场，以及欧盟为了维护自身权益而不准许英国"挑三拣四"的合理主张。

现在，我们必须考虑的一种情况，便是在两个法律体系独立、法律框架迥异的司法辖区内实现有效合作。这意味着跨国公司将必须遵守两套不尽相同的规则。为确保在另一辖区内继续为客户提供服务，银行可能需要了解在对应经济区设立分支机构或子公司的可行性。

在此情况下，监管机构间的密切协作变得至关重要。当监管法规存在差异时，作为监管工作人员，我们有责任在不妨碍银行跨境业务正常开展的前提下，减轻银行不必要的运营负担。萨姆·伍兹先生和我今晚共同出席这次招待会，便是我们对此事高度重视的证明。

我可以举个具体的例子：当欧盟的监管机构在审查一家银行的内部模型以计算监管资本要求时，它们可以暂时参考英国审慎监管局的调查结果；同样，英国审慎监管局也可以参考欧盟单一监管机制的裁决结果。为了实现这一点，英国审慎监管局和欧洲中央银行或德意志联邦银行需要相互了解对方的决策。我们迫切需要监管机构之间建立紧密而负责任的合作关系。

### 7.1.4 《巴塞尔协议Ⅲ》

现在，让我们来讨论另一个议题，即《巴塞尔协议Ⅲ》的最终敲定。这是金融危机后全球监管改革链条上的最后一环。我们期待的结果是为全球银行业建立一个统一的监管标准。

但在这个过程中，我们仍面临一个挑战：如何在全球范围内统一监管标准的同时，实现地区间的资本要求平衡。统一监管标准固然重要，但我们也必须确保地区间的公平性。但我相信，我们一定能找到一个巴塞尔银行监管委员会全体成员都同意的解决方案。至于最近美国国会成员对巴塞尔改革的质疑，我希望这只是政治场上的言辞交锋，而不是真的要阻碍全球银行监管的统一。请大家放心，我们一定会不遗余力地推动《巴塞尔协议Ⅲ》的成功实施。

## 7.1.5　逐底竞争？

但我想强调一点：有侧重点的合作与各国自主权的提升，都不应成为推行特殊利益政策的幌子。我们绝不容许因此引发的监管标准逐底竞争。

近期，一些旨在削弱危机后金融监管改革的尝试让我深感不安，无论是美国削弱《多德—弗兰克法案》的总统令，还是英国的"金融中心策略"，抑或是欧盟委员会有时过于积极为欧洲银行减负的举措。

这些政策看似符合国家利益，但实质上却是特殊利益政策。正是这些政策为民粹主义的崛起提供了土壤。我们必须揭露这些政策的真实面目：它们是对金融稳定的严重威胁。

## 7.1.6　促进合作

我衷心希望数年后，英国与德国、欧盟与英国、美国与欧洲之间的深厚友谊，依然是国际合作的坚固基石。

在这样的世界里，我们仍将是紧密的合作伙伴，金融中心间将继续保持紧密的联系——各方监管机构将携手合作，确保实施高标准的监管要求，同时避免给企业带来不必要的负担。

但我们也必须认清现实：达成这种合作并非易事。我们必须明确合作的领域和深度，这将是政治层面的一大挑战。但为了通过进一步发展来维护第二次世界大战后建立的国际秩序，促成这种合作值得一试。

我们每个人都可以为此作出贡献：我们可以探寻一个可行的解决方案，既尊重想要提高自主权的国家的合法权益，又能继续推动全球经济合作。

德意志联邦银行驻伦敦代表正致力于实现这一目标。朱莉亚·贝克女士在过去的两年半中表现出色：她极大地促进了德意志联邦银行与英格兰银行之间的交流，并在我们关于英国"脱欧"的分析中发挥了关键作用。我很高兴在经过短暂的家庭休假之后，她将继续在法兰克福的总部担任重要职务。

我相信奥尔加·维辰女士能够在这一岗位上继续创造佳绩。她曾在银行和金融监管总局任职，是国际银行监管领域的专家。我们曾在金融稳定理事会的多个项目中有过合作，我深信她将运用她的专业知识和经验，进一步推动英国和德国的合作。

## 7.1.7　结语

女士们，先生们，20世纪初一位颇具影响力的美国作家亨利·路易斯·门肯曾说过："每个复杂的问题，都有一个简单明了却偏偏错误的答案。"

让我们一同找寻正确的答案，揭露那些过度简化、误导人的意识形态——无论是民族民粹主义还是超全球化，都无法为我们带来真正的繁荣和安全。

全球经济合作确实让我们的社会变得更繁荣，但也带来了一些副作用。只有减少并妥善处理这些副作用，我们才能促进长期的全球合作。

有侧重点的全球合作是可行的道路。让我们集思广益，探讨实现这一目标的最佳方式。感谢大家的倾听。萨姆，接下来请你发言。

\* \* \*

## 7.2 全球化前景如何？自由市场前景如何？欧洲在不确定局势中的优化策略

*2017年10月11日，纽约，于纽约大学的演讲*

### 7.2.1 引言：全球化何去何从？自由市场何去何从？

女士们，先生们：

很高兴能再次来到纽约和纽约大学。

今天，我想谈谈巧克力和诺贝尔奖。

请容我细细道来。我曾偶然读到一则将巧克力和诺贝尔奖巧妙联系在一起的故事，让我不禁联想到我们现在对全球化的讨论。2012年，一位在纽约任职的医生兼研究员在《新英格兰医学杂志》上发表了一篇论文，分析了巧克力消费量和认知功能之间的关系。[2]虽然此类研究并不罕见，但他的研究方法却颇具新意。他测量了一个国家的巧克力消费量与人均诺贝尔奖获得者数量之间的相关性。结果发现瑞士脱颖而出，而美国和德国则表现平平。

虽然作者本人很谨慎，没有断言二者之间存在因果关系，但却强调二者存在极强的相关性——他在论文中给出的唯一一个回归分析图表确实很接近于一条直线。因此，不少人开始探讨是否应该发起一项政府计划，提高本国的可可消费量。

相关性并非意指因果关系。直觉也不总是基于事实。

混淆相关性和因果关系虽常被引为笑谈，但当前政治辩论中的类似情况却令人很是不安。"多吃巧克力就能多拿诺贝尔奖"的说法与"实施保护主义就能带回工作岗位"的论调有何不同？又与"英国'脱欧'、欧盟解体将带来更多福利、增强安全"的论调有何本质区别？

民粹主义势力正在全球范围内逐渐崛起——这让许多人开始担忧第二次世界大战后建立的经济秩序即将终结。此外，人们甚至怀疑未来西方联盟能否继续存在。

我注意到，美国仍有很多人有着这种担忧。政治局势依旧紧张，全球合作的作用仍存在争议，全球化和自由市场的理念仍然受到挑战。

在座的一些人可能会好奇，我是否从大洋彼岸带来了一些好消息。

很遗憾，并没有。在接下来的演讲中，我将探讨我们尚未充分解决的经济难题。正是这些难题导致民粹主义成功崛起。

首先，我将从现状出发，谈谈我对欧盟当前局势的看法。欧盟和美国的情况差距不大，我们尚未找到解决根源问题的方法。随后，我将回顾历史，解释我们市场经济出现问题的根本原因：创新与社会凝聚力之间长达200多年的冲突。最后，我将展望未来，探讨能够改善经济政策的三项原则，以及几项可能有助于贯彻这些原则的具体政策。

## 7.2.2　欧洲在不确定局势中的优化策略

让我们首先探讨一下现况——欧洲当前的经济和政治状况。

自金融危机以来，欧元区的复苏速度相对于美国而言显得较为迟缓。但近来，欧元区出现了经济广泛复苏的迹象。

欧元区近期的一系列经济数据令人振奋。2017年第二季度的国民生产总值稳步增长0.6%。2017年7月的失业率下降至9.1%，远低于2013年12.1%的历史峰值。

但近期的一项研究显示，欧元区劳动力市场的状况远比官方就业数据所显示的更为严峻。由于不充分就业率居高不下，职工的工资几乎没有实际增长。[3]衡量劳动力市场"萧条"程度的一个指标显示，约有15%~18%的欧元区劳动力处于无工作或渴望增加工作量的状态——几乎是官方公布失业率的两倍。更令人担忧的是，即使是法国和意大利这样劳动力市场较为疲软的国家，就业不足的情况也愈发严重。

欧元区许多地区的劳动力市场仍然疲软，这是金融危机留下的深刻烙印之一，也表明经济复苏仍然疲弱。欧元区边缘地区和年轻群体就业不足的情况尤为严重。

虽然欧元区经济在宏观层面看似逐渐向好，但深入观察不难发现，要实现真正可持续且包容的繁荣，欧元区还有很长的路要走。

欧元区经济面临的这些问题，正是极端民粹主义者在选举中频频得势的原因之一。不过，法国极右翼领军人物玛丽娜·勒庞未能成为法国总统，荷兰极右翼领袖海尔特·维尔德斯也未能成为荷兰首相。所以，我们不必太过悲观。

然而，两周前的德国大选结果显示，我们仍然不能对政治形势抱乐观态度，因为有一个民粹主义政党位列第三。我稍后会详细讨论这一点。

但在我看来，这次大选的积极结果是德国政府的稳定性得以维持：默克尔总理的保守联盟再次获得了多数席位。但摆在默克尔面前的是一项艰巨的组阁任务，因为她只有两个选择。第一个选择是继续与社民党（SDP，德国社会民主党）维持当前的大联合政府，但成功的概率并不大，因为社民党更倾向于成为反对党派。第二个选择是与自由民主党和绿党组成所谓的"牙买加联盟"（代指基民盟、自民党及绿党的联盟，因为三党标志色正好是牙买加国旗颜色）。尽管所有党派都愿意参与谈判，但达成共识将是一项艰巨的任务，需要创造性的政治议程设定和政治外交手段。但我相信各党派最终一定能够达成一致。因此，我对德国政治格局的稳定性充满信心。德国政治格局的稳定也将为德国经济的强劲增长势头保驾护航，进一步为欧元区经济的持续增长奠定坚实的基础。

但这次大选揭示了一个令人不安的深层现实——我们根本没有找到根治民粹主义盛行的可持续方案。德国选择党（AfD）的崛起便是这一现实的生动写照，这是自1949年以来首个进入德国联邦议院的极右翼政党。如今，德国选择党已成为德国联邦议院中的第三大党，获得了近13%的选民支持。

支持德国选择党的选民大致可分为三类：首先是长期存在的极右翼选民群体；其次是对政府在难民危机及难民融入问题上的处理方式感到失望的群体；最后则是经济受挫的群体，这部分人约占德国选择党选民的一半。

导致这部分选民支持德国选择党的经济问题，正是保护主义和民粹主义仍能获得广泛支持的原因之一。德国选择党与许多其他民粹主义政党一样，将经济困境归咎于全球化和欧洲一体化，并呼吁逆全球化和欧洲去一体化。

这些简单的解释为欧洲面临的问题提供了直观且诱人的解决方案——如同多吃巧克力可以多拿诺贝尔奖的说法一样。然而，这些解释却掩盖了真正的经济问题。

如果我们不解决这些真正的经济问题，民粹主义的影响力恐怕会日益强大——这将严重威胁全球及欧洲的合作。这些尚未解决的经济矛盾，很有可能成为严重政治冲突的导火索。

事情真的会发展到这个地步吗？我的回答是：看看英国"脱欧"就知道了。

2016年6月，英国选民做出了退出欧盟的决定——他们被告知，退出欧盟可以让他们节省开支、更高效地利用资金，并在全球经济中重获主权，且不会带来任何负面影响。不幸的是，这场"脱欧"运动是建立在虚假的反欧盟信息上的。这些看似诱人的反欧观点，确实在经济受挫的民众中得到了不小的支持。

我们目前的处境如何？英国"脱欧"已成定局，且极有可能走向"硬脱欧"——我的意思是，英国将会完全离开欧盟，而不是部分脱离欧盟控制。英国与欧盟将在2019年3月分道扬镳。一旦欧盟与英国就"分手"细节达成共识，双方便会着手谈判新的伙伴关系条款。鉴于谈判进展缓慢，双方可能会在2019年至2021年设立一个两年的过渡期——在此期间，旧有规则依旧适用，双方也将拟出新伙伴关系的具体条款。至于这一新的经济伙伴关系将呈现何种形态，目前尚不得而知。若双方无法达成共识，欧盟与英国将不得不按照世界贸易组织的规则进行贸易往来。这对双方都没有益处，对英国经济来说尤为不利。我希望在谈判中，欧盟和英国能达成一种经济伙伴关系，充分展现双方深厚的政治友谊。

英国"脱欧"事件表明，降低一体化并不能从根本上解决我们的经济问题。但单纯提高一体化也并非良策。

欧盟如今展现出的实力比一年前更为强大。欧盟委员会主席让-克洛德·容克于9月13日发表的"盟情咨文",以及法国总统埃马纽埃尔·马克龙在9月26日演讲中提出的欧盟改革计划均体现了这一点。我完全赞同他们的观点,一个强大的欧盟无疑是所有欧洲人的共同福祉,并且能在国际关系中发挥举足轻重的作用。

然而,我认为我们首先需要明确行动的先后顺序:改革先行,一体化随后。以经济和货币联盟为例,我们仍需付出巨大的努力才能构建稳定的货币联盟——即便是美国,也耗费了一个多世纪的时间,克服了多种冲突才达成这一目标。我们需要努力缩小欧元区内各经济体之间生活水平的差距,并不断完善财政规则。为此,我们需要花费数年完成政治工作和深入讨论。在匆忙推进一体化项目之前,我们应当先迈出这一步。

请允许我表明我的立场:我是一个对欧洲怀有深厚情感的欧洲人,我衷心期望欧盟在未来能够变得更好更强大。

无论是不计后果地降低还是提高一体化,都不是解决市场经济问题的灵丹妙药。问题的根源并不在于欧洲或全球层面的合作——欧盟和全球化都是值得骄傲的成就。但欧盟和全球化也带来了严重的副作用。这些副作用揭示了我们的经济所面临的根本问题,而这一根本问题也在不同程度上影响着所有发达的市场经济体。

这一根本问题究竟是什么?

## 7.2.3 傻瓜,根本问题不是全球化——是(市场)经济

这个问题正是我们市场经济的核心矛盾:追求经济交流自由化与维护社会凝聚力的矛盾。

让我们借助两位伟大经济学家的视角,从历史的角度审视这一矛盾。亚当·斯密在18世纪就指出,若允许人们自由选择工作和雇主,市场就会如"看不

见的手"一样自发调节，推动社会的繁荣。[4]这便是自由市场经济理念的起源。

然而，这种自由化也引发了矛盾。经济史学家卡尔·波兰尼便发现了这一矛盾。[5]20世纪40年代初，波兰尼正流亡于美国佛蒙特州。他在深入思考德国和奥地利法西斯主义崛起的根源时，察觉到了支撑希特勒等人上台的经济矛盾。他认识到，市场经济的蓬勃发展不仅带来了空前的繁荣，也带来了日益加剧的社会困境和矛盾。

波兰尼深入研究了18世纪和19世纪工业革命期间现代市场经济的兴起。当时，为满足生产商品的需求，工厂需要大量的劳动力。人们放弃了原有的职业，进入工厂工作。劳动力因此变为一种经济资源，需要灵活应变以适应复杂的经济环境。

工业化和市场经济的兴起改变了社会结构，使人们开始依赖于宏观经济生产过程。然而，这种依赖在恶劣的工作条件或失业情况下，可能会带来严重的负面影响。

因此，虽然市场经济极大地推动了社会繁荣，但也深刻改变了社会结构。波兰尼意识到，社会结构的变化引发了一场持久的社会斗争，进而影响了工业革命以来许多历史事件的发展轨迹：自由市场的确带来了变革和繁荣，但其所引发的社会问题也催生了反对力量。苦于这些社会问题的人们开始呼吁实施社会保障制度等政策，以应对自由市场的负面影响。

透过这场社会斗争，我们可以清晰地看到市场在过去200年的发展历程。在20世纪30年代之前，自由放任理念盛行，市场几乎不受约束，从而加剧了社会矛盾，为法西斯主义的崛起埋下了伏笔。

从20世纪40年代后期到20世纪70年代，发达国家迎来了一个经济繁荣和社会福利增长的黄金时期。市场在这一时期受到政府监管的约束。然而，这一黄金时期在20世纪70年代的滞胀危机中走向了终结。

为应对滞胀，市场再次自由化。自20世纪80年代至今，私有化和全球化一直是经济发展的主流。

2008年的金融危机也许是一个转折点。如今经济领域的激烈讨论，极有可能是市场风向转变的征兆。

对全球化的质疑、对不平等的批判，以及民粹主义和社会主义的崛起，都反映出是市场经济模式中的深层问题。

这就是对过去200年经济历史的快速回顾。需要强调的是，我简化了许多细节，也提出了许多不同的解释。我的核心观点是，我们的市场经济在本质上就矛盾重重——追求市场交易自由与维护社会凝聚力的矛盾。这种矛盾可能会引发社会与政治冲突。

我们必须以合作的精神调和这些冲突，确保我们的经济和政治模式得以存续。

我们如何才能实现这一目标？

## 7.2.4　如何缓解冲击：优化全球经济的原则

遗憾的是，我并没有实现这一目标的总体计划。原因在于，我们面临的问题并没有简单、实际且快速有效的解决方案。所以，我们需要深入探讨如何让我们的经济面向未来。

在我看来，这一讨论应有三项指导原则。

首先，我们需要构建一个更加公平的市场经济环境。这是什么意思呢？原则上，市场在组织复杂的劳动分工方面是成功的。但市场也会产生负面外部效应——换言之，两个个体或企业之间的市场交易可能会对他人造成不利影响。这些不利影响包括环境污染、劳工权益受损或就业机会流失。如果市场的这些副作用过于严重，就可能会破坏社会的凝聚力。

为了防止这种情况发生，我们需要在两种政策之间找到平衡：一种是激发市场经济竞争活力的政策，另一种则是维护市场经济和民主社会不可或缺的社会凝聚力的政策。

最直接的手段当然是采用旨在强化社会保障体系的财政政策，为失业者等个人提供经济上的补偿。

与提供经济补偿同样重要的，是确保人们有自力更生的能力。为此，我们需要提升教育质量并培养更高水平的人才：各国应努力确保公民能够平等接受优质的基础教育、中等教育和高等教育。而未来5—50年教育成功的关键，则在于增加用于培养合格人才的公共支出。此外，我们还需要实施积极的劳动力市场政策，以支持失业者获得从事其他职业所需的技能和资格。

第二个原则是，我们必须正视并解决那些正在削弱市场经济的隐形问题。这些问题是什么呢？正是那些因性质复杂、难以解决而不太受到重视，但实则影响深远的问题。

我们需要就这些问题进行开诚布公的讨论，即便这样的讨论可能在选举支持率上没有什么助益。因为如果我们选择沉默，民粹主义者必定会趁机发声——一旦他们主导了这场讨论，事实就可能会被忽视。

让我举一个实例来说明：为了支持我刚刚提及的经济补偿和教育措施，我们应如何在不增加公共债务的前提下筹集资金？这是一个棘手的问题，其中有一个重要方面尚未得到充分的讨论：资金的来源应该是税收而非债务。而国际逃税和避税行为已经严重削弱了税基。

国际逃税和避税行为正是全球化带来的重大问题之一。加布里埃尔·祖克曼的统计显示，2016年全球家庭财富总额的8%，即7.6万亿美元，被藏匿于"避税天堂"。按照祖克曼的保守估计，其中75%的被藏匿资金来源于非法逃税。[6]在2009年，G20国家曾采取行动，要求各"避税天堂"签署双边条约，以实现银行信息的交换。虽然这是治理国际逃税问题的重要一步，但效果并不显著，我们仍需加大力度。[7]

除了逃税问题以外，公众还因国际企业利用利润转移策略避税的行为蒙受了巨大损失。[8]这背后的原因十分简单：我们的税收法规未能跟上数字时代的步伐，使企业能够轻松地在全球范围内转移利润。但令人欣慰的是，我们已经迈出了解决问题的第一步。

经济合作与发展组织与G20国家已经通过了税基侵蚀和利润转移（BEPS）行动计划。然而，若未能得到有效执行，这一计划也将形同虚设——有效执行这一计划是签署国都需要完成的重要任务。近期，十个欧盟成员国提出了一项值得关注的举措，即更新企业所得税法，使其不再依赖于企业利润，从而加强对国际公司的税收征管。

这便引出了第三个核心原则：我们需要更加优质的全球化。我们需要在意识形态催生的贸易保护主义与无国界全球经济这两个极端之间，找到一种合适的全球合作形式。

有侧重点的全球合作便是一个可行的折中方案：在条件允许的情况下，我们可以不断深化交流、强化合作并推动法规统一，同时注重提升效率。有侧重点的全球合作将为那些希望保持经济独立性的国家提供更大的选择空间，并尊重这些国家的合法权益。

全球银行监管协调就是一个很好的例子。由G20国家的银行监管工作人员组成的巴塞尔银行监管委员会，正在致力于完成金融危机后全球监管改革的最后一环——《巴塞尔协议Ⅲ》，并即将达成共识。《巴塞尔协议Ⅲ》是监管跨国银行的全球性最低标准。

但全球性最低监管标准并不适用于仅在一个国家内开展业务的银行。各国监管机构可以根据本国的历史背景和实际情况，灵活调整这些标准。例如，在欧盟，我们正在考虑为小型、低风险且专注于国内市场的银行制定一套较为简单的监管规则，即"小型银行监管框架"。

但我要特别强调一点，有侧重点的合作和给予各国更大的自主权绝不能成为削弱危机后金融监管改革的借口。我对此类尝试深感忧虑，因为削弱后的金融监管可能会被金融行业利用，导致监管标准的逐底竞争。相反，我们需要制定健全的最低监管标准，以确保全球金融系统的稳定。

## 7.2.5　结语

女士们，先生们，很遗憾，多吃巧克力并不能带来更多的诺贝尔奖——即便看起来似乎可以。

美国和欧洲都尚未解决那些导致民粹主义兴起的经济难题。作为乐观主义者，我会说我们已取得了一些进步——但显然还任重道远。

我们的经济政策需要在亚当·斯密与卡尔·波兰尼的理论之间找到一个平衡点——既要释放市场经济的竞争活力，又要维护民主社会不可或缺的社会凝聚力。

或许在座的各位并非完全认同我们所探讨的每一项政策。但我希望，我们能基于上述三个原则深入讨论以下事项：建立公平的社会市场经济、识别并解决潜在的隐患，以及通过有侧重点的全球合作实现更优质的全球化。

这场讨论注定不会轻松，因为它要求我们中的许多人摆脱意识形态的束缚。唯有如此，我们才能充分利用市场经济的优势、降低市场经济社会成本，构建更健全的市场经济和全球经济，并稳定经济和民主制度。

现在，就让我们开始这场讨论吧！

\* \* \*

# 7.3 通往天堂的阶梯？全球一体化的承诺与局限

2018年2月8日，伦敦，于伦敦政治经济学院的演讲

## 7.3.1 引言

尊敬的古德哈特教授，亲爱的查尔斯，
女士们，先生们：

非常感谢各位的盛情邀请。能够再次来到伦敦政治经济学院，我倍感荣幸。对我而言，这所大学是增进对世界的理解、建设更美好社会的象征。而伦敦这座迷人的多元文化城市，也为了解世界增添了更多乐趣。

我必须承认，得知大多数英国选民投票退出欧盟时，我确实感到震惊。

我尊重他们的选择，也理解投票支持"脱欧"是许多选民对现状表达不满的方式。但我坚信，英国与欧盟的分离对双方而言都是巨大的损失。我期盼在未来几个月，我们能够找到切实可行的方式，建立一种相互尊重、和谐友好的新型伙伴关系。

然而，仅凭一纸合约无法构建如此牢固的伙伴关系。我们还需要公民的积极参与——大学正是培养这种参与精神的重要土壤，特别是伦敦政治经济学院这样的国际学术合作典范。伦敦政治经济学院的教师、教授和学生们也完全有能力，甚至可以说必须成为我们持续交流、增进相互理解的基石。

正因如此，今日能够来到伦敦政治经济学院，对我个人而言意义非凡。我之所以想要在此探讨国际合作的未来，是因为其局限性已愈发明显——这不仅是由于英国"脱欧"公投，更是全球范围内对全球解决方案的部分排斥和主权国家经济政策受到日益追捧的必然结果。

在接下来的演讲中，我将审视过去40年，全球经济一体化（即我们常说的全球化）是否兑现承诺，成为提升整体经济福祉的阶梯。我认为，全球化的表现实际上喜忧参半。在此基础上，我将探讨我们如何从后"脱欧"协议这样的未来伙伴关系中汲取经验。我计划提出一个介于支持和反对全球化之间的折中方法：不再推行完全全球化，并尊重各国的多样性。为此，我将以全球贸易监管、全球金融监管以及英国与欧盟的未来关系这三个当前政策挑战为例展开论述。

## 7.3.2　全球化太过火了吗?

全球化有益于绝大多数人。这曾是长期以来的主流观点，大家的观念已经转变。英国"脱欧"公投已经过去一年多了，新的美国政府也已上台，对全球化的不满情绪似乎无处不在。英国"脱欧"和新的美国贸易政策是否会因逆全球化而降低整体经济福祉? 还是说全球化已经太过火了? 全球化是否只让少数人积累了财富，却让大多数人承受了损失?

全球化确实是一把"双刃剑"。一方面，全球经济一体化令许多国家的经济蓬勃发展。关税的降低促进了整体经济的繁荣，《关税及贸易总协定》（GATT）的推行就是一个很好的例子。全球范围内的劳动分工为经济发展提供了从规模经济、比较优势到全球技术转移等多种途径。[9]过去40年，公众讨论的重点一直是全球化的这些益处。

由于英国"脱欧"和全球范围内民粹主义势力的崛起，我们不得不正视全球化的弊端。过去40年的全球经济一体化导致了两个显著问题。

首先，进出口贸易推动了行业变革和财富再分配，有人从中受益，也有人利益受损。尽管全球化在财富再分配方面的影响力不及技术变革，但我们早已认识到国际贸易必然会导致社会内部出现受益者和受害者。[10]大量证据表明，国际贸易使一些在进口竞争行业工作的人们失业或工资下降。[11]这种现象在美国的"铁锈地带"和英格兰北部尤为明显。进出口贸易的这一后果也加剧了政治的两极分化。[12]

如今，社会或许想要为那些全球化负面影响的受害群体提供保护，或至少给予他们一定的补偿。[13]但这并非易事，因为全球化导致的第二个问题是：全球监管的统一削弱了各国维持高于全球最低标准的福利和监管水平的能力。这种现象可能会引发所谓的逐底竞争。

关税削减的成功让更多人坚信，全球市场的进一步融合将让所有参与国的经济繁荣增长。全球化的支持者认为，各国法规的差异是目前阻碍贸易的主要非关税壁垒。为了扩大全球市场并推动经济进一步繁荣，全球化的支持者建议通过协调各国法规以降低交易成本。这一建议催生了一系列贸易协定，所协调的法规远远超出了减少简单贸易壁垒的范围。

各国之所以协调法规，不仅是为了遵循正式国际协议的要求，更是出于适应全球市场的需要。适应全球市场需要的压力会让各国在制定政策时感到束手束脚，因为各国担心企业可能会迁移到条件更有利的地方。[14]

全球范围内的广泛自由化和法规协调一度被视为解决一切问题的灵丹妙药。然而，这种趋势的弊端在于限制了各国在政策制定上的自主权。欧加

《全面经济贸易协定》和《跨大西洋贸易与投资伙伴关系协定》都受到了许多批评。英国希望自主制定法规的诉求也反映了这一趋势的局限性。全面协调法规的协议存在一个显著缺陷，即赋予了全球性机构和跨国公司超出民主原则允许范围的影响力。此外，这些协议也忽视了不同历史和偏好的国家之间的制度、法律和监管多样性。

这些例子揭示了一个问题：当政府和议会试图通过税收或制定劳工和环境标准等手段来调控市场和企业的自由度时，却往往因为受到统一规则和全球市场压力的制约而犹豫不决。这种情况可能会破坏社会契约并导致政治两极分化。

总之，全球化具有两面性。一方面，贸易自由化和世界经济一体化创造了巨大的财富。我们必须珍惜这一成果。退回到纯粹的民族主义解决方案只会让情况恶化，几乎每个人都会受到负面影响。但另一方面，全球化可能已经太过火了——过去40年里所采取的方针可能有些过犹不及。

## 7.3.3 接受全球化的局限性

面对这一现状，我们能做些什么呢？我们需要找到一个介于支持和反对全球化之间的折中方法——既发挥全球化优势，又能缓解其负面影响。但我们究竟要怎么做才能实现这一理想目标？

民粹主义给出了一个"解决方案"，即民族主义保护主义。民族主义保护主义甚至有可能鼓吹自给自足。对此，我并不打算过多置喙，因为这显然是一种狭隘而偏颇的主张。民族主义保护主义声称可以保护人们免受经济和社会变革的影响，却忽略了即便在封闭的国家内部，这也是不可能的。

相比之下，一个更为务实且广受关注的解决方法是，补偿国际贸易中的受损群体。[15]许多福利国家已经在很大程度上实现了这一点。但随着各国为提升国际竞争力而不断削减社会成本，福利国家在给予补偿方面似乎有所退却。所以，我们仍有改进的空间。但仅仅如此还远不足以解决问题，因为给予补偿无法根治"逐底竞争"的问题，也无法降低全球性机构和跨国公司的影响力。

我们可以借助一个简单而有力的理论来理解所面临的选择：全球经济的"阿罗不可能定理"。哈佛大学的丹尼·罗德里克教授在国际政治经济学领域的研究成果引起了广泛关注，他认为在构建全球经济一体化框架时，全球市场完全自由化、维护国家主权、维护民主制度这三个当前全球化秩序的支柱是无法共存的。[16]

换言之，全球化"三难选择"命题迫使我们在这三者中做出取舍。无论我们如何抉择，三者兼得是不可能实现的，只能选其二。因此，在当前关于全球化的讨论中，我们必须权衡哪两个核心要素更重要。

尽管听起来可能有些过于简单，但我认为丹尼·罗德里克的理论是有道理的。试想一下，如果我们持续推动全球市场的自由化和协调，那么各国及其人民自主制定政策的权利将受到越来越大的限制。如果我们放弃维护民主制度，那么独裁统治者或技术统治型政府就可以下令，强制推行市场完全自由化或是全球统一的规则。若我们珍视民主并希望保留全球市场，我们可以将部分国家主权让渡给全球民主机制，让全球政府和议会来纠正全球化的弊端。

所以，如果我们继续追求全球市场的完全一体化和法规的广泛统一，恐怕需要在国家主权与反对全球规则的民主权利之间做出抉择。然而，我们绝无可能舍弃民主；而英国"脱欧"与民粹主义的抬头也已证明，各国社会并不准备放弃国家主权。

如此一来，我们只能选择限制全球市场自由化。但具体该如何限制呢？

在市场营销中，我们一般不会首先介绍产品的不足之处。但我在此想明确一点：限制全球化并不等于放弃外交和多边国际政治，也不意味着停止促进各国增进相互理解与友谊。同样，限制全球化并不排斥在"危机时刻"协调经济政策——上次金融危机已经证明了协调经济政策的作用。最后，限制全球化亦非鼓励我们采取保护特殊利益集团的重商主义政策，重设关税壁垒。

那么我们接下来要做什么？答案显而易见，我们必须制定一套更为强硬的规则体系，以遏制自由市场可能带来的负面影响。这个解决方案涉及国家和全球两个层面，而我们现在需要比过去的40年更重视国家层面的策略。在此，我想着重强调三个政策要点。

第一，各国需要自行决定为全球化的受害者提供何种程度的补偿。

第二，各国社会都应重新考虑，在哪些情况下对全球市场进行适当限制是合理的。这样的调整可能会使国际经济活动面临更多的限制，但也可能使不同历史背景、不同偏好的国家之间在制度、法律和监管方面形成更为丰富的多样性。

不过，这个解决方案在全球层面仍有相当大的发展空间。因此，未来全球化框架的第三个政策要点便是持续但更为节制、精准的协调。我认为，我们应集中精力协调那些既具有实际意义又符合法律要求的最低标准。

有人可能会称之为"受控的全球化"，但我更倾向于使用"精准协调"这一表述：各国政府在审慎权衡后选择适合自己的全球化领域，并尊重其他国家认为其重大利益可能受损而不参与全球化的领域。这就要求我们深入思考，在哪些领域推进全球的自由化和协调才有意义，并且应当控制在什么范围内——在许多情况下，答案可能是"少即是多"；换言之，适度的自由化和协调才能造就更好的全球化。

然而，什么时候实行各国自主制定的政策是在合法地保护其社会契约，什么时候又可能变成对特殊利益集团的非法庇护？我们能否为这一问题找到切实可行的解决方案，将是精准全球化面临的关键考验。政治家及其顾问需要审慎权衡，在哪些领域进行协调是合理的，以及应当推进到何种程度。

这些问题并没有一个简单的解决方法，我们需要的是一个更为均衡的基准，而非一个完全自由化且零法律交易成本的全球市场理念。在涉及国家社会契约核心要素的领域，我们应允许不同的国家采取不同的方法，这才是更为实际可行的道路。

我现在意识到，选择这样的道路会让我们走出既定政策原则的舒适区。但创新总是需要跳出舒适区，特别是在面对如此重要且充满挑战的问题时，我们并没有现成的答案可以参考。

因此，我们面临的关键问题是：如何确保精准协调能真正发挥作用？让我们将刚才讨论的这些原则付诸实践，应用于贸易、金融和英国"脱欧"这三个关键政策领域。

### 7.3.4 贸易协定应协调哪些内容？

在贸易领域，各国社会必须制定创新政策以补偿或预防贸易再分配效应，这一点至关重要。[17]

至于如何才能最有效地实现这一目标，各方争议不断。[18]在我看来，我们需要持续探索一种理想的政策组合，将打击逃税和避税等既有措施与新理念相结合。只有这样，我们才能巩固那些支撑市场导向政策的社会契约。

但今天我演讲的重点不是再分配效应，而是全球自由化和协调在应对这些挑战时的重要程度。具体到贸易协定领域，这便引出了一个重要问题：我们应对与贸易相关的监管和法律进行多大程度的协调？跨大西洋贸易与投资伙伴关系协定的失败已向我们证明，奉行"越多越好"的简单原则并不可取。

相反，未来的贸易协定应当更加精准，并尊重各国的权益。贸易协定应纯粹以推动全球分工和商品交换为目的，不应超出这一范围。因此，我们不需要跨大西洋贸易与投资伙伴关系协定中提议的跨国仲裁法院。我们真正需要的是所有发达经济体都能提供的可靠法律框架。

若想在某国社会开展业务或将商品与服务推向该国市场，我们就必须遵守该国社会的基本规则。在这种情况下，公司的成本效益分析将揭示，遵守这些规则能否为公司带来可接受的回报，从而决定是否进入该市场。

### 7.3.5 全球金融领域应该实现多大程度的协调？

接下来，让我们谈谈第二个例子：全球金融和监管的协调。在这个领域，我们可以在实施精准协调的同时保留更大的多样性。

我的这一观点或许会让在座的部分人感到意外，毕竟巴塞尔银行监管委员会在长达八年的全球合作后，才刚刚敲定了《巴塞尔协议Ⅲ》，构建了一套详尽的监管规则。

当然，我并非要否定这一成果。《巴塞尔协议Ⅲ》无疑是一个重要的里程碑，设定了全球最低监管标准，限制了国际银行可承担的风险。通过规定银行相对于其风险加权资产的最低股本要求，《巴塞尔协议Ⅲ》力图降低威胁金融稳定的国际风险。

巴塞尔银行监管委员会，这个由28个司法管辖区的监管机构组成的跨国机构，自金融危机爆发以来便一直致力于提供全球性解决方案，以解决引发了金融危机的问题。我极力主张在欧盟内实施《巴塞尔协议Ⅲ》这一监管标准，使其成为具有法律约束力的法规。我坚信，英国监管部门也持有相似立场。

但请注意两点：这些标准仅适用于跨国经营的银行，且仅仅只是最低标准。[19]

鉴于《巴塞尔协议Ⅲ》只是最低标准，各国可以自行制定更为严格的监管要求。例如，瑞士就设有更高的杠杆率要求。在座的许多人应该也知道，英国已经实施了"围栏"政策，将银行的核心职能与高风险业务隔离开来。这一政策并非由巴塞尔银行监管委员会制定，而是英国在其司法管辖范围内自由实施的。

《巴塞尔协议Ⅲ》的另一重要限定性条件是，它是针对跨国银行的标准。因此，各司法管辖区有权为那些规模较小、仅在国内运营且不会对国际金融稳定造成威胁的银行制定不同的监管规则。许多国家已经为小型银行制定了较为宽松的监管规则，以减轻其运营压力。我强烈支持进一步推广这种比例原则，因为金融危机后的复杂监管改革是针对大型跨国银行设计的，给规模较小的地区性银行带来了过重的负担。

综上所述，我们应集中力量处理真正的全球性问题，如跨国银行的监管，同时让各国监管部门负责那些更适合由各国自行处理的事务，如监管仅在国内运营的银行。

## 7.3.6 英国"脱欧"与未来伙伴关系的局限性

这不禁让我们联想到英国"脱欧"。我们中的许多人都在思考，欧盟与英国未来将如何开展合作？若无法达成合作方案，欧盟与英国将不得不按照世界贸易组织的规则进行贸易往来，这显然对双方都没有益处，但对英国经济来说尤为不利。

政治家和谈判代表们正在努力促成协议，旨在最大限度地减少贸易和供应链中的摩擦。与此同时，这项协议也必须确保英国和欧盟能够基于各自独特的历史背景、发展情况和当前需求来制定自己的规则。

这项新的协议可能会有诸多限制，如协议条款可能会主要集中于商品交易。劳动力迁移很可能会被排除在外，这似乎是英国政府不容触碰的底线。同样，服务贸易的自由化也显得越发不可能。正如欧盟谈判代表米歇尔·巴尼耶所言："（金融服务）没有立足之地。没有任何一项贸易协定为金融服务而制定，根本不存在与金融服务相关的条款。"[20]

因此，金融服务或其他服务行业很可能无法达成自由贸易协定。届时，服务提供商将需要在两个司法管辖区分别申请包括各项业务许可在内的全面执照，并同时在两地满足运营一家银行所必要的条件。

虽然在某些情况下，金融服务无法自由贸易可能会增加交易成本，但这也使欧盟和英国得以在经济政策的关键领域自主制定规则。经济效率固然重要，但在维护社会凝聚力方面，找到能够稳固社会契约的国家级解决方案和规则更为重要。

即使这在一年前看起来还像是天方夜谭，但金融服务无法自由贸易几乎已是定局。正因如此，我们一直在敦促银行和其他金融服务企业为此情况做好准备。

无论政治决策结果如何，监管机构都将不遗余力地确保向新体制的过渡尽可能平稳，并且会在长期内尽可能减少不必要的效率损失。我们希望能通过这些努力，将经济效率损失控制在几乎可以忽略不计的水平。但我们必须明确指出一点：将放松监管标准作为经济政策手段是不可取的。通过税收或监管政策进行监管上的逐底竞争将破坏我们未来合作的基础。

## 7.3.7 结语

女士们，先生们，我生于美国，长于德国，一生中大部分时间都在世界各地工作，也在伦敦度过了一段日子。就我个人而言，全球化所遭遇的强烈反对严重冲击了我的信念，让我深感忧虑。

但我也意识到，全球经济一体化的程度确实已经超出了合理的范围。理论上，一个全球统一的市场听起来很美好，但现实却是全球化市场并不尽如人意。全球经济一体化带来了相当大的负面影响，而我们当前的全球化策略显然无法妥善应对这些问题。

因此，我们需要找到一个全新的方法——一个既能保留全球化带来的好处，又能有效控制其负面影响的折中方案。为避免逐底竞争，各国政府和议会都必须更加坚定地走自己的道路，而非盲目相信完全自由、无摩擦的全球市场和完全统一的规则。

各国政府和议会必须决定，为全球化的受害群体提供何种程度的补偿。各国社会也需重新考虑，在哪些领域对全球市场和跨国企业施加限制才是合理的。

尽管如此，我们仍然可以协调许多方面的规则。但这种协调应更加有价值，且更加精准，仅在那些经过精心挑选、有意义的领域内设立最低标准。我个人将倾尽所能，为找到正确的协调方法贡献自己的力量。

希望在十年后，我们已经调整和完善了多边体制，不再将各国的不同规则视为不合规或低效的体制，而是视其为合理的全球一体化和制度多样性的结合体。只有当我们以开放的心态接纳人类文化的多样性，才能维持一个地缘政治稳定、受到广大民众支持的多边体制。

我们需要就此议题进行深入而热烈的讨论，以催生新的思考和见解。在此，我热切期待与各位展开进一步的探讨。感谢大家的倾听。

\* \* \*

**注释**

1. D. Rodrik（2000），How far will international economic integration go? Journal of Economic Perspectives，14（1）：177–186.

2. F. H. Messerli（2012），Chocolate consumption，cognitive function，and Nobel Laureates. New England Journal of Medicine，367（16）：1562–1564.

3. European Central Bank（2017），Assessing labour market slack. ECB Economic Bulletin，2017（3）：31–35.

4. A. Smith（1776），An Inquiry into the Nature and Causes of the Wealth of Nations，London：William Strahan and Thomas Cadell.

5. K. Polanyi（1957），The Great Transformation：The Political and Economic Origin of Our Time，Boston，MA：Beacon Press.

6. G. Zucman（2015），The Hidden Wealth of Nations：The Scourge of Tax Havens，Chicago，IL：University of Chicago Press.

7. N. Johannesen and G. Zucman（2014），The end of bank secrecy? An evaluation of the G20 tax haven crackdown. American Economic Journal：Economic Policy，6（1）：65–91.

8. G. Zucman（2015），The Hidden Wealth of Nations：The Scourge of Tax Havens，Chicago，IL：University of Chicago Press.

9. Deutsche Bundesbank（2017），The danger posed to the global economy by protectionist tendencies. Monthly Report，July：77–91.

10. W. F. Stolper and P. A. Samuelson（1941）, Protection and real wages. Review of Economic Studies, 9（1）: 58–73.

11. D. H. Autor, D. Dorn and G. H. Hanson（2013）, The China syndrome: local labor market effects of import competition in the United States. American Economic Review, 103（6）: 2121–2168. J. R. Pierce and P.K. Schott（2016）, The surprisingly swift decline of US manufacturing employment. American Economic Review, 106（7）: 1632–1662. D. Goldschmidt and J. F. Schmieder（2017）, The rise of domestic outsourcing and the evolution of the German wage structure. Quarterly Journal of Economics, 132（3）: 1165–1217.

12. D. H. Autor, D. Dorn, G. H. Hanson and K. Majlesi（2016）, Importing political polarization? The electoral consequences of rising trade exposure. NBER Working Paper No. 22637. C. Dippel, R. Gold and S. Heblich（2015）, Globalisation and its (dis-)content: trade shocks and voting behaviour. NBER Working Paper No. 21812.

13. A. Dombret（2017）, Current challenges for the European economy and international trade. Speech given at the German Chamber of Commerce in Beijing, 25 May 2017.

14. D. Drezner（2007）, All Politics is Global: Explaining International Regulatory Regimes, Princeton, NJ: Princeton University Press.

15. A. Dombret（2017）, Election time(s) in Europe: challenges on the way to economic recovery. Speech at the University of Tokyo, 23 May 2017.

16. D. Rodrik（2000）, How far will international economic integration go? Journal of Economic Perspectives, 14（1）: 177–186.

17. 但不要忘记，由于数字化和技术革命带来的再分配效应要大得多，这些对市场经济的社会干预也更为重要。

18. D. Rodrik（2017）, Straight Talk on Trade: Ideas for a Sane World Economy, Princeton, NJ: Princeton University Press. A. Dombret（2017）,

Election time(s) in Europe: challenges on the way to economic recovery. Speech at the University of Tokyo, 23 May 2017.

19. A. Dombret（2017）, Basel Ⅲ: are we done now? Statement at the ILF Conference in Frankfurt am Main, 29 January 2018.

20. 引自2017年12月18日英国《卫投》对米歇尔·巴尼耶的采访。

# 8

## 总　结

# 在不同的世界中斡旋：我在德意志联邦银行的这八年

2018年5月4日，法兰克福，告别演讲

尊敬的延斯·魏德曼行长，

肖尔茨财政部长，

库基斯国务秘书、朗格国务秘书、尼默曼国务秘书和沃姆斯国务秘书，

各位国会议员，

亲爱的卡尔－路德维希·蒂勒，

德意志联邦银行执行董事会的各位前任、现任及未来成员们，

亲爱的家人、朋友们，

以及亲临现场或在线与会的同事们，

女士们，先生们：

时光飞逝。回想八年前，也就是2010年的4月中旬，那时的我比现在年轻，头上的白发也少得多，身上还穿着便装短裤。

我那时正在马略卡岛上享受着悠闲的假期，却突然接到了时任德意志联邦银行行长阿克塞尔·韦伯秘书处的电话，通知我前往帕尔马的德国领事馆领取一些私人文件。我自然照办。那时的我并未意识到，接下来将要迎接的是怎样一个重大转折。就这样，在德国国旗的见证下，我身着休闲的马球衫和短裤，接过了任命我为德意志联邦银行执行董事会成员的证书……

那是2010年的春天。但众所周知，形式总是为功能服务。所以我换上了正式的西装，系好领带，满怀期待地踏入了德意志联邦银行的大门。

作为一名资深的银行家，此刻我的心中充满感动与感激，因为我看到了曾效力过的各银行的现任首席执行官们齐聚一堂：德意志银行的克里斯蒂

安·泽温、摩根大通的多萝特·布莱森、罗斯柴尔德银行的马丁·赖茨和美国银行的阿明·冯·法尔肯海因。作为一名资深银行家，我曾以为中央银行与商业银行在某种程度上会有诸多相似之处。你们大概也可以想象得到，实际情况是多么让我震惊——不过这份惊讶很快变成了惊喜。

这八年来，我深刻地认识到中央银行与商业银行之间的本质不同。这种不同不是什么坏事。因为中央银行承载着特定的使命，即为公共利益服务。而德意志联邦银行员工们对工作的热忱和投入，更是在八年前就引起了我的注意。"专业至上，超越自我"是德意志联邦银行员工的工作信条，而我自第一天起就深感这种工作模式与我高度契合。

众所周知，德国传统经济学强调的是稳定性与规则导向。而这也是我在德意志联邦银行任职期间一直秉持的理念。作为古典经济学派的追随者，我同样坚定支持市场经济，致力于维护稳定，并对过度的政府干预持怀疑态度。坦白说，有着这样的背景和理念，还有哪里能比德意志联邦银行更适合我工作呢？

从更宏观的角度看，德意志联邦银行为我提供了一个不必放弃"秩序政策信念"，便能全身心投入工作、提出新见解的平台——这些见解有时颇具争议。但衡量一名银行监管工作人员的价值，不应仅以是否让所有人满意为标准——费利克斯·胡菲尔德一定能深刻理解这一点。正如弗朗茨·约瑟夫·施特劳斯所言："人人喜爱，即是人人轻视。"我始终坚守立场、表明观点、积极对话，并致力于让德意志联邦银行始终走在时代的前沿。

在任期间，我始终视自己为德意志联邦银行的"外交大使"。这不仅是我对所在职位的诠释，更是我内心深处的一种使命——我希望能提升德意志联邦银行在银行业、市场、德国及全球性机构、财政政策领域以及经济教育领域的地位。我的目标不局限于德国本土，而是希望将德意志联邦银行的影响力推向全球。

所以在过去的八年间，我频繁奔波于世界各地，这几乎成了我生活的常态。对此，我的妻子一定有诸多感慨。作为德意志联邦银行在G20的代表，我亲历了韩国、法国、墨西哥、澳大利亚和土耳其作为主席国的时光；我也见证了加拿大、法国、美国、英国和德国作为G7主席国的风采。作为德意志联邦银行在国际货币基金组织的代表，我定期前往华盛顿，同时也参与了在东京和利马举行的国际货币基金组织会议。除此之外，我的足迹还遍布位于巴塞尔的国际清算银行、位于巴黎的经济合作与发展组织、位于布鲁塞尔的欧洲议会和欧盟委员会等重要国际机构。

我承认，我始终心系德意志联邦银行驻外代表处网络的拓展工作。很高兴在我的任期内，我们不仅巩固了已有的驻外代表处网络，还新增了伊斯坦布尔和比勒陀利亚两个重要驻点。如今，我们想要派驻代表的地方都已经有了德意志联邦银行代表的身影。

你们一定已经察觉到，我一直十分重视国际化。我记得2010年首次参加法德金融峰会时，我有幸代表阿克塞尔·韦伯行长出席。法方代表是让-皮埃尔·兰道，他是法兰西银行克里斯蒂安·诺瓦耶行长的副手，也是我的同事兼好友。当时的法国财政部长克里斯蒂娜·拉加德看到我们两人后，转向德国财政部长沃尔夫冈·朔伊布勒打趣道："沃尔夫冈，德国央行的代表姓多布雷特（Dombret），法国央行的代表姓兰道（Landau）。连双方代表的姓氏都没有一个字母相同，我们举办这样的法德峰会还有什么意义呢？"

但在外代表德意志联邦银行只是我职责的一部分。作为一名管理者，我也希望能从内部对周围的环境施加一点影响。然而，德意志联邦银行却是那种能够影响甚至塑造其执行理事会成员的机构，所以我现在会很自豪地称自己为德意志联邦银行人。

同时，我很高兴能在德意志联邦银行内部推动若干项目的实施。我从未将偏居法兰克福市金海姆区的德意志联邦银行视作远离尘嚣的"象牙塔"。我一直认为，与市场保持互动以及与银行展开对话很有必要，也积极倡导和推动这些交流。在保持适当距离的前提下，我始终认为中央银行与政界之间、监管机构与银行之间的互通有无至关重要。

所谓的平行世界或是如今流行的"回声室"概念，实则对各方都毫无裨益。因此，我始终致力于在中央银行家和银行家之间建立积极、开放的关系。我敢说，在过去八年里，我在拉近银行与监管机构的距离方面取得了成功——我所说的不是裙带关系或私人友谊，而是加深银行与监管机构的相互理解。

在此，我也想为那些从银行"跨界"到公共部门的银行家发声，如马里奥·德拉吉和近期"跨界"的约尔格·库基斯。毕竟，我也是这样的"跨界者"。我认为，在当前这个复杂多变的时代，我们更需要加强交流和对话。担任公职，为公众利益服务，本身就是一种责任与使命。我真诚地希望更多的银行家能够挺身而出，投身于公共事务。请相信，为公共利益服务的经历远比仅仅为少数人谋利要更充实、更有意义。作为在两个领域都工作过的人，我自然最有发言权。

过去八年里，我办公桌上堆积如山的工作涵盖了诸多议题。我与卡尔-路德维希·蒂勒共同履职的这段时期，无疑是一个充满重大变革的时代。甚至在我们上任的第一个周末，变革就已经开始了。当时我们需要在政治与时间的双重压力下，在巴塞尔制定首个希腊援助计划。在德意志联邦银行就职的第一周里，卡尔-路德维希·蒂勒和我几乎每天都要参加两场德意志联邦银行金融危机小组的会议——2010年5月是一个充满了挑战的起点。

岁月流转，时移世易。低利率时代为银行业和中央银行界带来了前所未有的挑战。大型机构的监管也已升级至欧洲层面。低利率、数字化和监管改革这"三大浪潮"引发了银行业的结构性变革。无论是信贷机构、中央银行、银行监管机构，还是广大消费者和银行客户，所有人都必须正视并应对这一变革。毫不夸张地说，这是几十年来最严峻的挑战。展望未来，我甚至认为地缘政治风险可能会超越经济风险，成为更大的威胁。但愿这只是我的杞人忧天。

随着时代的变迁，我们的议程也在不断更新。若让我挑选在联邦银行任职期间的核心要务，我首推资本市场联盟——虽然初时受到一些阻力，但我始终是资本市场联盟的坚定支持者。此外，德国信贷机构的盈利能力、英国"脱欧"及其连锁效应，以及新兴金融科技公司的崛起等命题也备受关注。而《巴塞尔协议Ⅲ》的实施对我来说尤为特殊——多年来，我一直投身于维护银行稳定的一线工作，始终把德国的利益放在首位。我希望这些改革能按照合理比例在小型机构中妥善实施。我自始至终都在主张按照比例原则进行改革，并坚信我们正在朝着正确的方向前进。在过去的八年里，我参与了多项重要工作，包括与国际货币基金组织谈判并延长双边借款协议，将日元、澳元和人民币纳入德国的储备货币，加强德意志联邦银行的风险控制能力，以及在德意志联邦银行统计总局下设立"微观数据之家"。如果你们觉得德意志联邦银行内的雕塑有美有丑，那我很可能也要为此承担一定的责任。

我认为还有一个议题也很重要，那就是强调气候变化给银行资产负债表带来的潜在风险并呼吁变革。因此，我们决定将今年的年度银行监管研讨会用于探讨气候变化和可持续银行业——绝大多数与会者都给予了高度评价，认为这是一次巨大的成功。

八年任期结束之际，我手上自然还有一些未竟之事。首先，我热切希望能在德国建立监管沙箱，借此培育金融科技并从中汲取经验——但并非所有人都认同这一计划。其次，我原本想要再进一步统一财务报告标准。但遗憾的是，如今国际财务报告准则与美国通用会计准则的差距甚至比2010年还要大。再次，我曾希望能在政府债券的监管处理上达成国际共识，但如今看来，希望相当渺茫。不过，我绝不会因此放弃。

最后，德意志联邦银行面临的风险在过去几年中急剧上升，这主要是由于资产购买计划的实施和近期利率风险的攀升。为了应对这些上升的风险，自从我接管德意志联邦银行风险控制职能以来，我们已被迫为一般风险增加了145亿欧元的准备金。若在我上任之初就有人告诉我，我与卡尔-路德维希·蒂勒共同签署并管理了八年的德意志联邦银行资产负债表，将在我们上任后膨胀三倍多，TARGET2（第二代泛欧实时全额自动清算系统）债权将占据总资产近半壁江山，而超过40%的利息收入将来自负利率，我简直难以想象。无休止地推进资产购买计划绝非解决所有问题的万能方法——相反，这样的计划持续越久，其代价也将越发高昂。

在此，我衷心祝愿我的继任者能在这个岗位上取得巨大成功——希望他在卸任时能够宣布，我方才提及的四个问题都已有了显著的改善。

女士们，先生们，时光如梭，我在德意志联邦银行的任期已接近尾声，来到了终点。此刻的我虽然西装革履，但心中却思绪万千，略有感伤。

但正如过去八年的时光匆匆而过，今天的每分每秒也在飞快流逝。我的发言时间已所剩无几，此刻我只想向在座各位表达感激之情。首先，我要向阿克塞尔·韦伯先生和延斯·魏德曼先生致以诚挚的谢意。能够与两位如此杰出的行长共事，是我的一大荣幸。魏德曼先生，我在十年前与您相识，更是在过去七年里有幸近距离观察您的工作。我衷心祝愿您在中央银行界能够取得更大的成就，我相信这也是众多人的共同期待。

在将发言权交给卡尔-路德维希·蒂勒之前，我想向他表示最真挚的感谢。我们的合作取得了丰硕的成果，也结下了深厚的友谊。我们在未来仍将是亲密的朋友。卡尔-路德维希，衷心祝愿你未来一切顺遂！

同时，我也要特别感谢德意志联邦银行的全体员工。能有机会直接与你们中的许多人共事，对我而言意义非凡。德意志联邦银行不应是一座"象牙塔"，德意志联邦银行执行董事会也不例外。

虽然我已经和许多同事说过再见，但我并没有机会与所有人一一告别。因此，我想借此演讲的机会对大家说一声谢谢：无论我提出的问题多么复杂难解，你们总是能给出有理有据、逻辑严密的回答。这正是德意志联邦银行最突出的优势之一。

衷心感谢各位一直以来的友好合作与坚定支持。在过去的八年中，有幸与德意志联邦银行以及央行、财政部和德国联邦金融监管局的众多同仁共事，我受益良多，也得以将许多理论付诸实践。我对此深怀感激。在此，我要向德意志联邦银行内外给予过我支持的所有人表达真挚的谢意。

由于无法亲自向各位表达我的谢意，我只能借此机会向"我的"部长们致谢。感谢巴托洛梅先生、毕绍夫伯格先生、费尔先生、洛珀先生、莱施勒先生、齐巴思先生和宋女士。当然，我也要感谢约阿希姆·纳格尔先生，尽管他只在我任期的头六个月与我们共事。

同时，我也要深深感谢我的办公室团队，即萨特勒女士、舒尔茨女士、沃克女士以及贝克曼先生。没有他们的支持和协助，我绝对无法完成我的工作。他们一直是我信赖的工作伙伴。特别是我的秘书舒尔茨女士和司机贝克曼先生，他们在我于德意志联邦银行的八年里，始终与我同甘共苦。

希望你们不再震惊于没有在这周三收到我的电子邮件。你们的邮箱里再也不会收到我在黎明和深夜发送的邮件。

此刻，我还想提及几位没有在德意志联邦银行就职的人士。首先，我想要感谢的是阿古斯丁·卡斯滕斯。他不仅是国际清算银行的代表，更是我有幸合作过的、今天来到法兰克福的众多国际中央银行家和政府代表中的一员。我十分高兴他今天能来到现场。

其次，我要向达妮埃莱·努伊和萨宾·劳滕施莱格表达敬意。她们代表了尚处于新生阶段的欧洲单一监管机制。过去四年间，单一监管机制所取得的辉煌成就令人赞叹。能在她们的领导下为这一事业尽一份绵薄之力，我深感自豪。

再次，我想要感谢托马斯·斯特芬。他是我在财政部和德国联邦金融监管局的一位重要同事。在过去的几年里，我们建立了无比紧密且充满信任的工作关系。托马斯与我一直保持着密切联系，在许多议题上的共同见解为我们的合作带来了巨大助益。

我还要感谢特伦克勒先生和克朗伯格学院为我们带来精彩绝伦的音乐表演。

最后，我想要感谢的是我的妻子。每当我因工作而离家在外时，她总是给予我无尽的支持与理解。不过她曾提醒我，此刻此地或许并不适合深入展开这个话题。

长久以来，我都怀着一种自豪的心情，将德意志联邦银行的名片放在我的钱包中随身携带。八年来，我从未想过要转投其他机构。这种自豪感，部分源于德意志联邦银行一直以来所享有的那份当之无愧的公信力。这份公信力本身就是一种宝贵的资产，对德国有着无与伦比的重要性。我自己就从中受益良多。如果说我有什么心愿，那便是希望政治家们永远不要质疑这份宝贵的资产。

女士们，先生们，我在演讲之初便明确指出，德意志联邦银行并非商业银行——现在我更加确信这一点。德意志联邦银行就是德意志联邦银行，始终如一。去年夏天，我出于个人原因做出了不再连任的决定。不论我职业生涯的下一站会在哪里，我都希望那里能带给我在德意志联邦银行时的一丝感觉。

衷心感谢各位的宝贵支持和专注倾听。